国家出版基金项目
NATIONAL PUBLICATION FOUNDATION

王世襄集

中国古代漆器

王世襄 编著

生活·讀書·新知 三联书店

出版说明

2009年11月28日，王世襄先生在北京去世，享年95岁。随着王先生的辞世，他的研究及学问，即将成为真正的绝学。为使这些代表中国传统文化的绝学散发出璀璨的光芒，为后人所继承、发展，生活·读书·新知三联书店特推出《王世襄集》，力图全面、系统地展现王氏绝学。

王世襄，号畅安，汉族，祖籍福建福州，1914年5月25日生于北京。学者、文物鉴赏家。1938年获燕京大学文学院学士学位，1941年获硕士学位。1943年在四川李庄任中国营造学社助理研究员。1945年10月任南京教育部清理战时文物损失委员会平津区助理代表，在北京、天津追还战时被劫夺的文物。1948年5月由故宫博物院指派，接受洛克菲勒基金会奖金，赴美国、加拿大考察博物馆。1949年8月先后在故宫博物院任古物馆科长及陈列部主任。1953年6月在民族音乐研究所任副研究员。1961年在中央工艺美术学院讲授《中国家具风格史》。1962年10月任文物博物馆研究所、文物保护科学技术研究所副研究员。1980年，任文化部文物局古文献研究室研究员。1986年被国家文物局聘为国家文物鉴定委员会委员。2003年12月3日，荷兰王子约翰·佛利苏专程到北京为89岁高龄的王世襄先生颁发“克劳斯亲王奖最高荣誉奖”，其中一个重要的原因就是他对明式家具的研究，奠定了该学科的基础，把明式家具推向了至高无上的地位。

王世襄先生学识渊博，对文物研究与鉴定有精深的造诣。他的研究范围广泛，涉及书画、家具、髹漆、竹刻、民间游艺、音乐等多方面。他的研究见解独到、深刻，研究成果惠及海内外。《王世襄集》收入包括《明式家具研究》、《髹饰录解说》、《中国古代漆器》、《竹刻艺术》、《说葫芦》、《明代鸽经　清宫鸽谱》、《蟋蟀谱集成》、《中国画论研究》、《锦灰堆：王世襄自选集》（合编本）、《自珍集：俪松居长物志》共十部作品，堪称其各方面研究的代表之作，集中展现了王世襄先生的学问与人生。

其中，《蟋蟀谱集成》初版时为影印，保留了古籍的原貌，但于今日读者阅读或有些许不便。此次收入文集，依王先生之断句，加以现代标点，以利于读者阅读。《竹刻艺术》增补了王先生关于竹刻的文章若干，力图全面展现王先生在竹刻领域的成果和心得。“锦灰堆”系列出版以来，广受读者喜爱，已成为王世襄先生绝学的集大成者；因是不同年代所编，内容杂糅，此次收入《王世襄集》，重新按门类编排，辑为四卷，仍以《锦灰堆：王世襄自选集》为名。启功先生曾言，王世襄先生的每部作品，“一页页，一行行，一字字，无一不是中华民族文化的注脚”。其中风雅，细细品究，当得片刻清娱；其中岁月，慢慢琢磨，读者更可有所会心。

《王世襄集》的编辑工作始于王世襄先生辞世之时。工作历经三载，得到了许多喜爱王世襄先生以及王氏绝学人士的支持和帮助，也得到了王世襄家人的大力协助，并获得国家出版基金的资助，在此谨表真诚谢意。期待《王世襄集》的出版，能将这些代表中华文化并被称为“绝学”的学问保存下来，传承下去。

生活·讀書·新知三联书店 编辑部

2013年6月

目 录

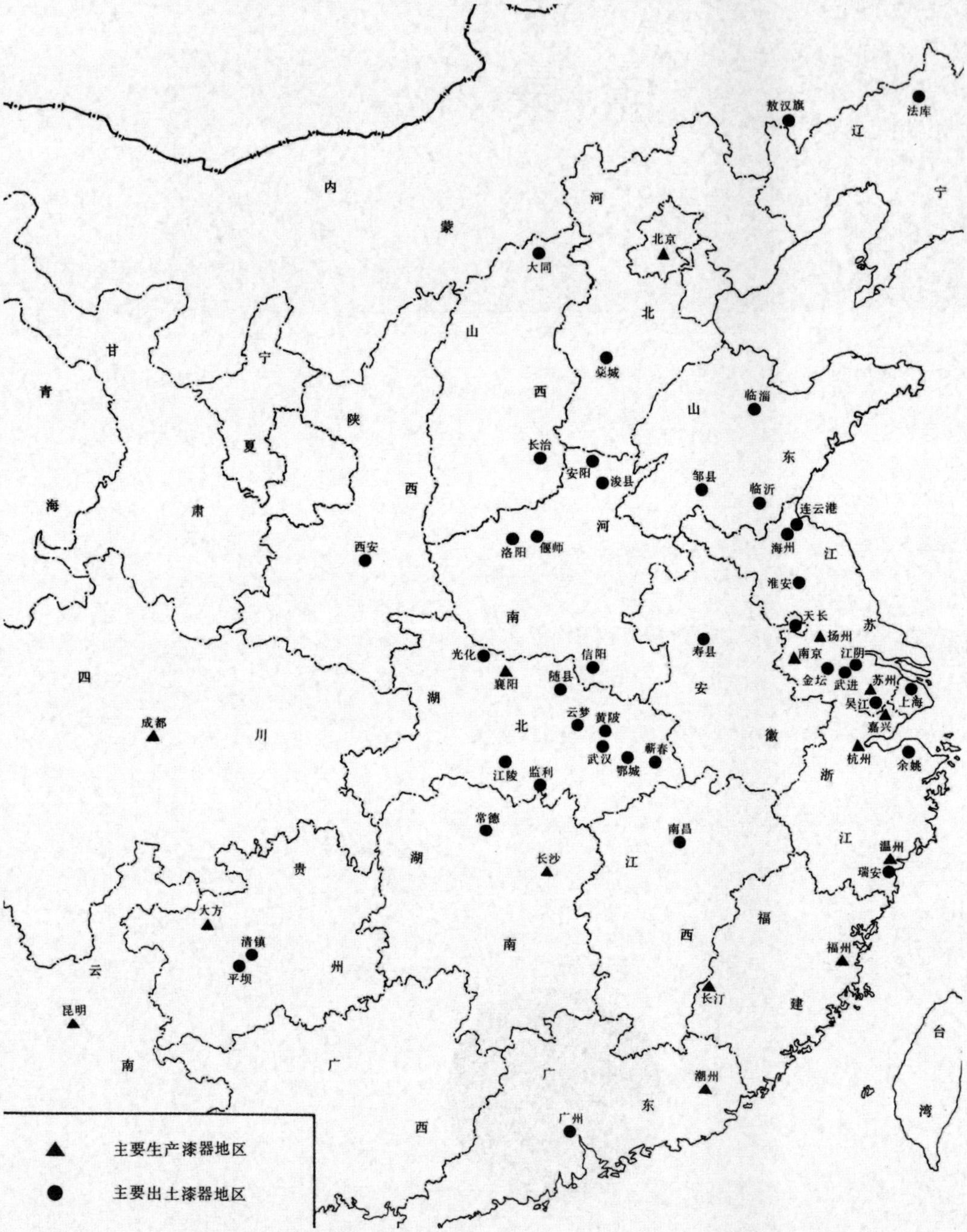

中国古代漆器主要生产和出土地区示意图

中国漆工艺简史

一 概述

我国是世界上最早发现并使用天然漆的国家。经过长期的实践，把漆器制造发展成为一种专门工艺并达到了很高的水平。

现知最早的漆器是1978年在浙江省的六七千年前河姆渡遗址中发现的木胎朱漆碗。不过从单纯使用天然漆到用色料调漆，其间还有一个漫长的过程，有待今后我们作进一步的探索。商周时代已用色漆和雕刻来装饰器物，并以松石、螺钿、蚌泡等作镶嵌花纹。战国在漆工史上是一个极为重要的时期，器物品种和髹饰技法等都有很大的发展。汉代漆器产地之广、数量之多、传播之远是前所未有的。器物的造型及装饰也呈现新的面貌。魏晋南北朝漆器发掘出土的虽不多，惟据历史文献可知当时花色颇繁，制作亦精。体大质轻的夹纻像，油漆兼用的密陀绘具有时代的特色。唐代文明高跻当时世界之巅，漆器和其他工艺一样有特殊的成就。它表现在起源于前代的金银平脱至此而愈加华美，盛行于后代的剔红、犀皮等又始创于斯时（据最近在马鞍山朱然墓发现的漆器，三国吴已有犀皮，本书不及收入和更改，另有专文论及）。宋代一向以一色漆器制作精良为世所称，而近年来又发现有极为精美纹饰的堆漆与镶嵌、戗金与填漆相结合的漆器更呈异彩。元代漆工名匠辈出，尤以剔红、剔犀、戗金诸作，达到了历史的顶峰。明代是我国漆工史上又一次有重大发展和革新的时代，髹饰工艺可谓至此而大备。多种技法和不同纹、地的结合，迎来了千文万华之盛。清代前半叶大规模地继承了明代髹工，由于宫廷的好尚，更趋精工细巧而不免流于纤密繁琐。中叶以后，国运日促，导致各种工艺的全面衰退。

总的说来，我国漆工艺几千年的发展和成就，对全世界的漆器工艺都产生了影响，先是东亚、东南亚，继而是西欧及北美。可以说世界上一切制造漆器或用其他物质摹仿漆器的国家，无不或多或少受中国漆器的影响。中国传统漆工艺曾经为人类文明作出了重大的贡献。

我国历史上有关髹工、漆器的著作，为数不多，且大都散佚失传。现存惟一的古代漆工专著是明代黄成撰的

《髹饰录》❶。它是研究漆工史、明代漆工的原料和技法的最为重要的文献，使我们认识和了解祖国漆器的丰富多彩，为继承发扬、推陈出新这一工艺提供了宝贵材料。它还为古代漆器的定名及分类提供了可靠的依据。《髹饰录》对漆器的分类如下：

1．质色门　即各种一色漆器。

2．纹匏门　即表面有不平细纹的各种漆器。

3．罩明门　即在各色漆地上罩透明漆的各种漆器。

4．描饰门　即用漆或油描绘花纹的各种漆器。

5．填嵌门　即填漆、嵌螺钿、嵌金银等各种漆器。

6．阳识门　即用漆堆出花纹的各种漆器。

7．堆起门　即用漆灰堆出花纹，上面再加雕琢、描绘的各种漆器。

8．雕镂门　即各种雕漆，包括剔红、剔犀等及假雕漆、雕螺钿等各种漆器。

9．戗划门　即刻划花纹，纹内填金或银或彩色的各种漆器。

10．斒斓门　即两种或两种以上纹饰相结合的各种漆器。

11．复饰门　即某种漆地与一种或多种文饰相结合的各种漆器。

12．纹间门　即填嵌门中的某种做法与戗划门中的某种做法相结合的各种漆器。

最后是裹衣门和单素门，讲的是两种用简易方法做胎骨的漆器。

本册所用的漆器名称及分类主要以《髹饰录》为依据。由于明、清两代传世的漆器实物较多，在分类时作了适当的归纳、调整和变通。这是因为黄成全凭漆器的制作方法及花色形态来分类，而并未考虑各种漆器存留的实际情况。这样就必然出现有的门类实物甚多，有的门类又实物极少以至举不出实例来。现在为了符合古代漆器存留的实际情况，为拟分类如下：

一、一色漆器　相当于《髹饰录》的质色门。

二、罩漆　相当于《髹饰录》的罩明门，再加上描饰门中的“描金罩漆”。

三、描漆　包括《髹饰录》描饰门的“描漆”、“漆画”、“描油”三种。

四、描金　从《髹饰录》描饰门中提出自成一大类，并加入阳识门中的“识文描金”。

五、堆漆　将《髹饰录》的阳识、堆起两门归纳成此类。

六、填漆　从《髹饰录》填嵌门中的填漆提出自成一类。

七、雕填　用描漆或填漆作花纹而又勾阴文纹理，内填金彩的漆器。它包括《髹饰录》斒斓门中的“戗金细勾描漆”和“戗金细勾填漆”两种做法。

八、螺钿　包括《髹饰录》填嵌门中的“螺钿”，斒斓门中的“螺钿加金银片”和“嵌螺钿描金”及雕镂门中的“镌甸”。

九、犀皮　从《髹饰录》填嵌门中提出自成一类，附带述及外貌近似犀皮的瘿木漆。

十、剔红　从《髹饰录》雕镂门中提出自成一大类，附以剔黄、剔绿、剔黑、剔彩等几种雕漆。

十一、剔犀　从《髹饰录》雕镂门中提出自成一类。

十二、款彩　《髹饰录》雕镂门中

提出自成一类。

十三、戗金　相当于《髹饰录》的戗划门。

十四、百宝嵌　从《髹饰录》斒斓门中提出自成一类。

漆器名称，也有极少数与《髹饰录》不同，所采用的只限于那些不仅流行于工匠之口，而且见诸文献记载，久已被人习惯使用的名词术语。上述分类和《髹饰录》分类的广狭异同，及为什么现在要这样归纳调整，在第三部分阐述明清漆器实物时，还将作进一步的说明。

二　新石器时代至宋元时期的漆器

（一）新石器时代已有髹朱色的漆器

在人类物质文明发展史上，天然漆的利用，最初应该是用于生产工具的粘连、加固，然后才发展到漆制的日用品和工艺品。漆的使用，最初应该是单纯的天然漆，然后才发展为有调颜色的色漆。这其间曾经历漫长的岁月。

新中国的考古发现，把我国的漆工史推得越来越早。但几处发掘所得，都只能说是已知的较早漆器，而不是历史上的最早漆器。

1978年在距今已有六七千年的浙江余姚县河姆渡遗址第三文化层中发掘到一件木碗，外壁有朱红色涂料。经科学鉴定，涂料物质性能与汉代漆器的漆皮相似（图版1）。

1960年前后，江苏省文物工作队在吴江梅堰新石器时代遗址中发现以棕红色为主的彩绘陶器，从上面可以观察到彩绘的原料十分像漆。取样与汉代漆片及纯属陶器的仰韶彩陶、吴江红衣陶试验对比，发现与汉代漆片相同而与仰韶、吴江陶器有异。报道的结论认为，梅堰遗址中出土的彩绘陶器上的彩绘物质和漆的性能完全相同[2]。

1977年中国科学院考古研究所在辽宁省敖汉旗大甸子古墓葬中发现两件近似觚形的薄胎朱漆器。墓葬遗物经碳14测定，距今约为三千四百至三千六百年，属于夏家店下层文化。夏鼐同志对该文化层作过分析，认为部分遗物与黄河流域的青铜器时代较早遗址的出土器物面目相似，而另一部分则有龙山文化的特征，因而视为中原地区晚期龙山文化的变种[3]。

在今后的考古发掘中，我们相信会发现单纯用天然漆、未经调色的、比河姆渡朱漆碗等更为原始、更为古老的漆器。

（二）用彩绘和镶嵌作装饰的商周漆器

1978年在河南堰师二里头商代早期一座大墓中发现红漆木匣，内放狗骨架[4]。

早在1928年考古工作者在安阳西北岗殷墟大墓中发现雕花木器印在土上的朱色花纹，称曰“花土”。木质已朽，花纹则清晰绚丽，其间还镶有蚌壳、蚌泡、磨琢过的玉石、松石等[5]。花土究竟是由深色木器还是漆木器印成，当时尚无定论。1974年在湖北黄陂县发现早于殷墟的商代盘龙城遗址，出土雕花涂朱木椁板朽痕，与殷墟“花土”很相似[6]。1973年在河北藁城台西村商代遗址发现漆器残片，制作形态与“花土”更为相似，使人相信“花土”就是由漆木器印成的。

台西村发现的漆器残片，原来是盘是盒，尚能依稀辨认，朱地黑纹，绘有饕餮纹、夔纹、雷纹、蕉叶纹等。有的还嵌着不同形状的松石（图版2）。

[1]《髹饰录》作者黄成，号大成，新安平沙人，是隆庆（1567—1572年）前后的一位名漆工。他总结了前人和他本人的经验，全面地叙述了有关髹漆的各个方面。此书在天启五年（1625年）又经另一位名漆工嘉兴西塘的杨明（号清仲）逐条作注，丰富了它的内容，并撰写了序言。全书分乾、坤两集，共18章，186条。《乾集》讲制造方法、原料、工具及漆工禁忌等。《坤集》主要讲漆器分类及各个品种的形态。此书一直只有抄本在日本流传，1927年才经朱启钤先生刊刻行世。笔者据朱氏刊本撰写《髹饰录解说》，1983年已由文物出版社出版。

[2] 江苏省文物工作队：《江苏吴江梅堰新石器时代遗址》，《考古》1963年6期。

[3] 夏鼐：《我国近五年来的考古新收获》，《考古》1964年10期。

[4] 中国社会科学院考古研究所二里头队：《河南偃师二里头宫殿遗址》，《考古》1983年3期。

[5] 胡厚宣：《殷墟发掘》，学习生活出版社1955年版。梅原末治：《殷墓发见木器印影图录》，京都便利堂1959年版。

[6] 湖北省博物馆、北京大学考古专业盘龙城发掘队：《盘龙城一九七四年度田野考古纪要》，《文物》1976年2期。

❶ 河北省文物管理处台西考古队：《河北藁城台西村商代遗址发掘简报》，《文物》1979年6期。

❷ 中国科学院考古研究所湖北发掘队：《湖北蕲春毛家嘴西周木构建筑》，《考古》1962年1期。

❸ 石兴邦：《长安普渡村西周墓葬发掘记》，《考古学报》第八册，1954年。

❹ 中国科学院考古研究所：《上村岭虢国墓地》，科学出版社1959年版。

❺ 洛阳博物馆：《洛阳庞家沟五座西周墓的清理》，《文物》1972年10期。

❻ 郭宝钧：《浚县辛村》页67，科学出版社1964年版。

❼ 山西省文物工作委员会晋东南工作组、山西省长治市博物馆：《长治分水岭269、270号东周墓》，《考古学报》1974年2期。

这是一次重要发现，使我们看到了技法复杂、有高度文饰的无可置疑的商代漆器，尽管它们只是残片。更使人惊异的是墓中还发现一具圆盒的朽痕，其中有“半圆形的金饰片，厚不到0.1厘米，正面阴刻云雷纹，显然是原来贴在漆器上的金箔片”❶。由此可见汉代流行的嵌贴金银箔花纹漆器，以及到唐代更成为重要品种的“金银平脱”，其始都可远溯到商代。

西周漆器在湖北、陕西、河南等省都有发现。在湖北蕲春西周遗址中发掘出的漆杯，呈圆筒形，黑色和棕色地上绘红彩，纹饰分四组，每组由雷纹或回纹组成带状纹饰。第二组中还绘有圆涡纹蚌泡。每组纹饰间均用红色彩线间隔❷。

这时期的漆器常用蚌泡做装饰，如陕西长安普渡村西周一号墓中就发现过镶蚌片的残件❸。河南陕县上村岭虢国墓也发现外壁镶嵌六个蚌泡的漆豆❹。洛阳邙山庞家沟西周墓发现瓷豆，豆外套有嵌镶蚌泡的漆器托残片❺。至于浚县辛村的西周晚期墓内发现的“蚌组花纹”，又比镶蚌泡更前进了一步（图1）。郭宝钧先生的发掘报告称：这种“用磨制的小蚌条组成图案，……应为我国螺钿的初制”❻。嵌螺钿是我国漆工艺的重要品种之一，而且传布甚广，它的出现目前至少可以上溯到西周晚期。

东周漆器在山东、山西两省都有重要发现。1972年在临淄郎家庄东周墓出土的大量彩绘漆器中，有一件中绘三兽，外描屋宇、人物、花鸟的圆形残片（图版3）。山西长治分水岭269号墓出土的漆箱绘有彩色的蟠龙、蟠螭，和青铜器花纹相似（图2），由此可以看到铜器与漆器之间的装饰关系❼。以上两墓的年代都约当春秋晚期到战国初期。

（三）战国——漆工史上第一次重大发展时期

战国在漆工史上是一个有重大发展和极为繁盛的时期，并一直延续到西

图1　西周蚌组花纹

图2　东周漆绘蟠龙图案（摹制图）

汉，它表现在以下几个方面。

这一时期器物品种大增。生活各方面所需，无不用漆器，许多品种是前所未有的。择要列举如下：

饮食类：耳杯、豆、樽、盘、壶、卮、盂、鼎、勺、食具箱、酒具箱等。

日用器皿及家具：奁、盒、匣、协、鉴、枕、床、案、几、俎、箱、屏风、天秤等。

文具：笔、文具箱等。

乐器：编钟架、钟锤、编磬架、大鼓、小鼓、虎座双鸟鼓、瑟、琴、笙、竽、排箫、笛等。

兵器：甲、弓、弩、矛柲、戈柲、箭、箭箙、剑鞘、盾等。

交通用具：车、车盖、船等。

丧葬用具：棺、椁、笭床、木俑、镇墓兽等。

漆器产量也随着品种大量增加。新中国成立后，考古发掘出土的战国漆器，幅员之广，地点之多[8]，数量之大，都远远超过前代。

漆器胎骨至战国而大备，木胎之外还有夹纻胎、皮胎和竹胎。胎骨的发展正是为了适应制造各种器物的需要，故与品种的增多有密切的关系。

为了制造圆筒状器物，用大张薄木片来圈制卷木胎，下另安底。木片接口处，两边都削成斜坡，使其交搭平整匀称。圆形而体轻的奁和卮等就是用这种方法做成的。

精美的高浮雕、透雕和圆雕也用来做漆器胎骨，这是雕刻艺术和漆工艺术的结合。高浮雕如曾侯乙墓出土的彩绘描漆豆（图版5）。几何纹的透雕如放在棺底的笭床（图版6），动物形象的透雕如鸟、兽、蛙、蛇巧妙地纠结在一起的小屏风（图版8）。立体圆雕则有虎座双鸟鼓（图版11）、怪诞可怖的镇墓兽[9]和头与颈可以转动、形态如生的鸳鸯盒（图版4）。

战国及更早的漆器多在木胎上直接髹漆。1955年在成都羊子山第172号战国墓发现的漆奁为木胎刷灰后再涂漆加朱绘。一件大方扣器，是在木胎上贴编织物再涂漆的[10]。先刷灰可以填没木胎的节眼缝隙，取得表面平整及加固的效果。粘贴编织物更能防止木胎开裂，稳定造型，所以是一项重大发展。此后逐渐成为制作胎骨的基本法则，一直沿用到今天。

粘贴编织物的做法还导致夹纻胎的出现。这种纯用漆与编织物构成的胎骨，比木胎体质更轻，造型更稳定，还适宜制造形状复杂而且不规则的器物，它就是现在通称的“脱胎漆器”。承湖南省文物管理委员会的同志见告，1964年发掘的长沙左家塘3号墓，时代为战国中期，墓中出土的黑漆杯及彩绘羽觞均为夹纻胎。1959年在常德德山战国晚期墓发现深褐色朱绘龙纹漆奁，1982年在江陵马山砖厂战国中晚期墓发现15件漆器中的盘，均为夹纻胎[11]。

皮胎性韧而分量较轻，多用来做防御武器，如甲胄及盾牌，长沙近郊出土的龙凤纹描漆盾（图版9），虽可能是一件舞蹈用的道具，但仍是皮胎。竹胎漆器则有江陵拍马山出土的双层篾胎奁[12]。这两种胎骨此后亦被长期使用。

沿漆器的盖口或器口镶金属箍，名曰“扣器”。它兼有加固和装饰的功能。据现有考古材料来看，扣器也始于战国。成都羊子山172号墓出土的圆漆盒，底、盖上下同大，扣合处各镶铜

[8] 马文宽：《略谈战国时期的漆器》，《中国历史博物馆馆刊》1981年3期，页110有《战国漆器出土地点分布图》。

[9] 见《文物参考资料》1957年9期彩色版及河南省文化局文物工作队：《河南信阳楚墓文物图录》，河南人民出版社1959年版。

[10] 四川省文物管理委员会：《成都羊子山172号墓发掘报告》，《考古学报》1956年4期。

[11] 湖南省博物馆：《湖南常德德山楚墓发掘报告》，《考古》1963年9期。荆州地区博物馆：《湖北江陵马山砖厂一号墓出土大批战国时期丝织品》，《文物》1982年10期。

[12] 湖北省博物馆等发掘小组：《湖北江陵拍马山楚墓发掘简报》，《考古》1973年3期。

扣，上面还有精美的错银花纹（图3）。底、盖的圆足也镶铜圈❶。成都在战国时已是制造漆器的重要中心，一些髹漆新工艺首先在这一地区出现是完全可以理解的。

战国时漆器装饰也达到空前的水平。首先是用色比过去大为丰富，彩绘漆器如信阳长台关楚墓出土的小瑟（图版10），曾就实物仔细观察，至少用了鲜红、暗红、浅黄、黄、褐、绿、蓝、白、金等九种颜色。尤其是金、银的熟练使用，标志着技法的发展。小瑟既用浓金作点和线，又用淡金作平涂，浮动欲流，有如水彩颜色，使人惊叹。同墓出土的棺板，大量使用银彩，成为全器的主调（图版7）。这在后代的漆器中也是少见的。

花纹的精美生动是战国漆器的又一个重要成就，它可分为图案与绘画两大类。前者以云、雷、龙、凤纹及其变体为主，飘逸轻盈，灵活多变；空间的处理，或全面铺陈，或边缘延续，或圆周几匝，或二、三等分，仿佛随心所欲，皆可成章。后者就是用漆作画，既有现实生活的写照，如鸳鸯盒两侧的撞钟、击磬和敲鼓舞蹈场面（图版4），小瑟（图版10）上的狩猎人，杠抬死兽归家的饰纹；又有纯出幻想臆造，有浓厚神秘气氛的神怪飞腾，龙蛇出没，这同样在小瑟上可以看到。

图3　战国圆漆盒（测绘图）
上：侧面纹饰　下：盖正面纹饰

除彩绘之外还有用针、刀的锋、刃来刻划花纹的。如长沙出土的针刻凤纹奁❷，盖上划纹细若游丝，鸟兽形象，顾盼多姿（图4）。这一技法为汉代出现的戗金准备了条件。

秦代漆器过去所知甚少，一直到1976年湖北云梦睡虎地墓葬发掘，才使我们有了比较确切的认识。在第11号墓中，发现漆器近四十件。在同时发掘的另十一座墓中又发现一百四十多件漆器，不仅数量多，制作也很精美。描漆圆盒（图版12），双耳长盒（图版13）都是这两批漆器中保存得较好的。有一具漆盂，中心朱漆绘双鱼，立鸟似凤，头顶有竿承物，好像在耍杂技。兽首凤形勺，造型也很奇特（图版14），楚文化色彩还非常浓厚。

早年出土的漆器有的一直认为是战国楚器，近年通过铭文字体及内容的研究，断定为秦制。如现藏美国旧金山亚洲艺术博物馆的有“廿九年……”长铭的漆卮，便经裘锡圭、李学勤两同志改正了过去的错误断代❸。随着今后的考古发现和对秦文化的研究，我们对这一时期的漆工艺将有进一步的认识。

❶ 四川省文物管理委员会：《成都羊子山172号墓发掘报告》，《考古学报》1956年4期。

❷ 楚文物展览会：《楚文物展览图录》页17—21，历史博物馆1954年版。

❸ 裘锡圭：《从马王堆一号汉墓“遣册”谈关于古隶的一些问题》，《考古》1974年1期。李学勤：《论美澳收藏的几件商周文物》，《文物》1979年12期。

❹ 湖南省博物馆、中国科学院考古研究所：《长沙马王堆二、三号汉墓发掘简报》，《文物》1974年7期。《长沙马王堆一号汉墓》，文物出版社1973年版。纪南城凤凰山168号汉墓发掘整理组：《湖北江陵凤凰山168号汉墓发掘简报》，《文物》1975年9期。

❺ 广州西村石头岗西汉墓出土漆器有“蕃禺”戳记。临沂银雀山西汉墓出土耳杯有“莒市”戳记。按“蕃禺”即番禺，“莒市”即莒市，当为两地市府所造漆器。贵州清镇元始四年墓出土漆饭盘铭文有“广汉郡工官”字样，是广汉郡官府所造漆器。

（四）规模宏大制作精美的汉代漆器

西汉漆器产量之多、规模之大、传播之广又远远超过战国。1973年湖南长沙马王堆3号墓出土漆器316件，1号墓出土184件，江陵凤凰山168号墓出土一百六十多件，这在战国墓中是少有的[4]。从漆器款识来看，有的不像是地名，可能是私人作坊的名号。有的标有“市府”或某市、某地字样，是当时各地封建政府的制品。有的则是工官的制品，即由汉中央政权直接设在各郡的官府制品[5]。据《汉书·地理志》记载，西汉有八个郡设工官[6]。其中的蜀郡、广汉郡都是以生产贵重漆器著称的地方。不仅贵州墓中发现广汉郡工官制的漆盘（图版24），远隔几千里的朝鲜也发现蜀郡、广汉郡工官漆器多件[7]。传播之广可以想见。

西汉漆器上承战国，有些器物十分相似，有的形制、技法则为战国所未见，具有汉代的特色。

就器形而言，这时期的漆器大小具备，新颖精巧。马王堆3号墓出土的六个从小到大叠放着的漆盘，最大一个直径达73.5厘米，高13厘米[8]；1号墓出土的镟木胎大平盘，直径也达53.6厘米，镟木胎钟高达57厘米[9]，都需要高超的技术才能镟出这样大型的器物。另一方

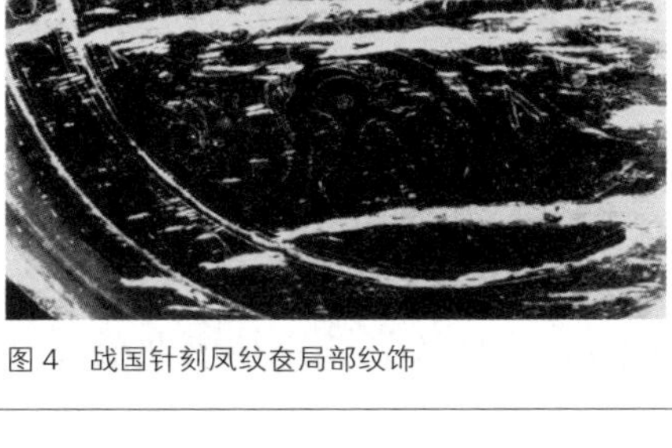

图4　战国针刻凤纹奁局部纹饰

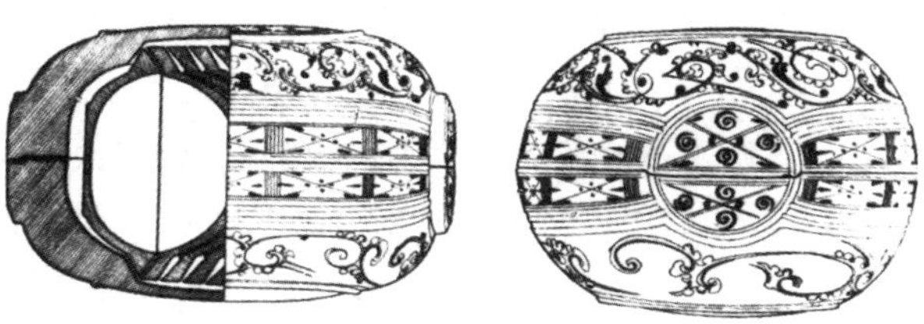

图5　西汉马王堆1号墓出土具杯盒（测绘图）
左：纵侧视及剖面　右：横侧视

面小型器物又向精致灵巧的方面发展。马王堆1号墓的具杯盒（图5），内套装耳杯七具，六具顺叠，一具反扣，恰好扣合紧密，填满了盒内的空间，设计之巧，使人叫绝[10]。马王堆、临沂银雀山等地汉墓都出土单层或双层的内装子盒的奁具，子盒或五（图版15）、或七（图版29）、或九，形状各异。它们多数用夹纻胎或夹纻与木胎相结合，所以能做得如此精巧准确。再如安徽天长县汉墓出土的鸭嘴柄盒（图版25），以鸭嘴为关键来开关盒盖，制作也很新颖。

再说髹饰技法。针划花纹，战国已有，马王堆3号墓出土的竹简上有“锥画”字样，乃指针划而言[11]。说明这一技法到汉代已很流行，因此才会出现专门术语。从出土的实物看来，西汉不仅有纯用针刻作装饰的技法，而且发展到在针划纹中加朱漆或彩笔勾点，如马王堆1号墓出土的单层五子奁中的一件小奁盒（图版107），银雀山的双层七子奁（图版29）皆是。至于湖北光化西汉墓出土的漆卮，在鸟兽云气的针划纹中更填进了金彩（图版22），使花纹更加灿烂生辉。可见宋、元时流行的“戗金”漆器，在西汉已经出现了。

用漆或油调灰堆出花纹，一般通称“堆漆”。近年我国出土漆器可窥堆漆端倪的有马王堆3号墓发现的盝顶长方奁（图版16），器上布满云气纹，

[6] 西汉设工官的八郡为：河内郡怀、河南郡荥阳、颍川郡阳翟、南阳郡宛、济南郡东平陵、泰山郡奉高、广汉郡雒、蜀郡成都。

[7] 指1916—1934年在朝鲜乐浪王盱、王光等墓中发现的汉代漆器。

[8] 湖南省博物馆、中国科学院考古研究所：《长沙马王堆二、三号汉墓发掘简报》，《文物》1974年7期。

[9] 湖南省博物馆、中国科学院考古研究所：《长沙马王堆一号汉墓》，文物出版社1973年版。

[10] 同上。

[11] 中国科学院考古研究所、湖南省博物馆写作小组：《马王堆二、三号汉墓发掘的主要收获》，《考古》1975年1期。

以白色而高起的线条作轮廓，内用彩漆勾填。高起的物质未经化验，惟由其白色，是用油调成的可能性较大。马王堆1号墓四层套棺中的第二层（图版18），云纹的轮廓线条显著高出，有如后代壁画的沥粉堆金。色彩脱落，露出深色的线条，其物质究竟是漆灰还是油灰，也有待作进一步的分析。至于长沙砂子塘木椁墓的棺木挡板（图版21），彩绘磬上的谷纹圆点，乃用稠灰堆起。可知堆漆不仅用于轮廓线条，也用来堆写花纹内部了。据以上数例，我们可以把堆漆作为西汉漆工的一种新兴装饰技法。

漆器上贴金箔花片，商代已有。不过镂刻精细，形象生动，与金、银扣、箍，彩绘描漆相结合，成为一种异常华丽的漆器，则要到西汉中期才开始流行，延续到东汉前期而渐衰替。这种漆器盖顶多镶白银或鎏金铜饰件，状如叶片，两叶、三叶或四叶，视器形而定。叶上常镶玛瑙或琉璃珠，用以作钮。盖壁及底壁多镶银箍，在盖顶饰件周围及各道银箍之间嵌贴镂金或镂银箔片，刻成人物、鸟兽等形象，其间还描绘云气山峦等。几种工艺的组合，萃众美于一器，自然显得灿烂夺目，瑰丽无比。安徽天长县汉墓出土的单层奁和双层奁（图版27、28），江苏连云港出土的长方形和椭圆形盒（图版23），都是这类漆器的较好实例。

西汉以后的漆器，只有扬州一带的东汉早期墓中出土的比较精美[1]，此后出土漆器不仅数量大减，质量也下降，而陶器逐渐在殉葬物中占主要地位。这可能与汉中央政权的削弱，官办手工业的衰微及丧葬习俗的改变，更主要的是陶器工艺的发展有关。东汉中期漆器值得提到的有安徽寿县马家古堆出土的夹纻砚[2]。它的形制并不精美，只是后来流行的漆沙砚可溯源于此。

（五）魏晋南北朝时期的夹纻像和密陀绘漆器

考古发掘到的魏晋南北朝一段时间的漆器并不多，虽然从历史文献中我们知道当时的漆工很考究，技法也多种多样。曹操的《上杂物疏》[3]开列了许多漆器名称，其中的纯银参镂带漆画书案、纯银参带台砚，漆画韦枕、银镂漆匣等不下一二十件。所谓银参镂带应当就是镶银扣和嵌银箔花纹漆器，而韦枕是皮胎漆器。在南昌吴高荣墓中发现漆器15件[4]。其中的奁盒、盖顶镶柿蒂纹花叶，上嵌水晶珠，盖有金属箍，箍间彩绘鸟兽纹，尚可见汉代遗风，但制作不甚精。这批漆器为我们理解《上杂物疏》所列的漆器能有一些启示。湖北鄂城吴墓发现分格的漆果盒，当时的名称叫“槅”，有圆和长方两式[5]。

晋代实物更少，江西南昌出土的长方形果盒分七格，底朱漆隶书“吴氏槅”三字[6]。底、四角及口沿施黑漆，内部施朱漆，无纹饰。同样的漆槅也在高荣墓中发现，其他晋墓中还出土造型相似的青瓷槅。它应视为三国、两晋之际的一种新兴用具。

南北朝佛教盛兴，大造佛像，供人膜拜，逢节日还要抬着它出行，于是髹漆工艺又被用来为宗教信仰服务。体形巨大而分量很轻的夹纻像就是从夹纻胎漆器发展而来的。不过要做出体形、面容及衣褶等，技术要求很高，最后还须在胎骨之上精心堆

[1] 南京博物院：《江苏邗江甘泉二号汉墓》，《文物》1981年11期。

[2] 安徽省文化局文物工作队、寿县博物馆：《安徽寿县茶庵马家古堆东汉墓》，《考古》1966年3期。

[3] 清严可均校辑：《全三国文》卷一，见《全上古三代秦汉三国六朝文》中华书局1958年影印本。

[4] 江西省历史博物馆：《江西南昌市东吴高荣墓的发掘》，《考古》1980年3期。

[5] 鄂城县博物馆：《湖北鄂城四座吴墓发掘报告》，《考古》1982年3期。

[6] 江西省博物馆：《江西南昌晋墓》，《考古》1974年6期。

[7] 戴逵传见《晋书》卷94，戴颙传见《宋书》卷93。《二十四史》校点本，中华书局1974年版。

[8] 郑珉中：《唐琴——九霄环佩》，《故宫博物院院刊》1982年4期。

[9] 杨宗稷：《藏琴录》，民国刊《琴学丛书》本。

[10] 湖北荆州地区博物馆保管组：《湖北监利县出土一批唐代漆器》，《文物》1982年2期。

[11] 《正仓院御物图录》，日本印本。

塑，才能使眉目清晰，仪容美好。新的要求促使堆漆技法进一步提高。晋代名艺术家戴逵、戴颙父子就是以善造夹纻佛像载名史册的[7]。艺术家与漆工的结合推动了漆工艺的发展。

北魏司马金龙墓出土的彩绘描漆屏风（图版30）是一个大发现。墓葬地处北方，时代在公元474～484年之间，和它类似的漆器极少。它还为书法和绘画的研究提供了宝贵材料，故显得更为重要。屏风彩绘，用油多于用漆，有可能是用当时流行的密陀僧调油彩绘制成的。

综上所述，可见魏晋南北朝四百年间出土的漆器远比战国、西汉为少，在我国漆工史上几乎还存在着一段空白。

（六）金银平脱超越两汉剔红犀皮下启宋元的唐代漆器

唐代文明高踌当时世界高峰。从《唐六典》、《新唐书·百官志》等书得知当时手工业达到空前的水平。不过目前所见到的唐代漆器的品种和数量都不及我们意想的那样多。据文献记载或从漆工发展进程来推断，有的品种到唐代已相当成熟，但目前并未能见到实物。

唐制七弦琴有一定数量传世，标准的漆色为紫褐色，即所谓“栗壳色”。木胎上有较厚的漆灰，并调入鹿角沙屑，闪烁可见。由于胎骨及漆层不断涨缩，年久琴身出现裂痕，这就是所谓的“断纹”。有断纹的古琴，声音更加松透优美。唐琴断纹大中间小，和元、明琴有显著的差别。这些特征对鉴定传世漆器年代很有参考价值。故宫博物院藏的“九霄环佩”是唐琴中的重器，年代确实可信，尽管背面的苏东坡、黄山谷两家题字系后人伪刻[8]。唐肃宗元年（756年）制的“大圣遗音”是又一张著名的唐琴（图版34），近代琴家杨时百推崇为“鸿宝”[9]。琴身大部分是原髹，只有个别地方有修补重漆的痕迹，这是极为难得的。

1978年在湖北监利发现的唐代墓葬[10]，出土漆器有褐黑色的碗、盘、盒、勺、盂等，保存大体完好，器形髹色，很像宋代一色漆器。其胎骨乃用窄而薄的杉木条圈成，外糊麻布，然后髹漆。由于器作花瓣形，木条须随着器形凹入凸出，要求有高度的技巧。此种卷木胎流行于宋代，始于何时，有待考证。如此墓的断代无误，则至少可将此法提早到唐代。

密陀绘是用密陀僧，即一氧化铅调油绘成的漆器，这种铅化合物能起加速干燥的作用。在唐代描绘漆器中密陀绘占重要地位，日本正仓院藏品中有不少件，如彩绘花鸟纹密陀绘箱、黄色山水花鸟人物纹密陀绘盆等[11]。花纹图案，纯作唐风，其中有的可能就是唐时由中国运往日本的。

用夹纻法造像，唐代依然盛行，且向高大发展。据张鷟《朝野佥载》记载，武则天时造佛像高九百尺，“夹纻以为之”，即使有些夸张，其大亦足以惊人。传世夹纻佛像有的从雕塑风格来判断可定为唐制，如纽约大都会美术馆所藏的一尊。

日本所谓的“干漆”，实际上是在木胎上堆漆。著名的鉴真法师干漆像，是在他死后，由随往日本的中国弟子和日本弟子共同堆塑的。此为唐代堆漆传往日本之证。另外日本法隆寺藏的舞风

图6　日本法隆寺藏舞凤纹堆漆光背

纹光背（图6），东大寺藏的宝相华断片，都用堆漆做纹饰，其技法也与唐代的堆漆技法相似。即使制于日本，也忠实地反映了唐代堆漆的技法。它比汉代的堆漆已有很大的发展，而和北宋的堆漆非常接近了。

唐代多用嵌螺钿作铜镜的装饰。镜背用漆灰铺地，上面再填嵌壳片花纹，故可以说是一种铜胎嵌螺钿的漆器。1957年在河南三门峡唐墓出土的云龙纹镜[1]，1955年在洛阳唐墓出土的人物花鸟纹漆背镜（图版31），嵌入漆背的甸片相当厚，按照《髹饰录》的说法"壳片古者厚而今者渐薄也"，乃属于"古者厚"的一种。

唐代最华丽而又最盛行的一种漆器叫"平脱"，它上承汉代嵌金银箔花纹漆器而镂刻錾凿得更加精美。当时平脱发展到如此之高的水平，与金银器工艺的发展有关。可能当时已有分工，平脱花片由金工镂刻，然后再由漆工往漆器上嵌贴。这里举两例：金银平脱镜（图版32）是中原地区发掘出土的，虽破裂而无损其光华。金银平脱琴（图版33）是传世品，唐时已携往日本。后者由于制作考究，花纹精细，题材丰富，往往被认为是这类漆器的代表作。

尽管史籍记载因金银平脱过于奢靡而官方几次下令禁造[2]，惟终唐之世未必能贯彻实行。前蜀王建墓发现极为豪华的金银平脱器朱漆册匣和宝盝等，嵌孔雀、狮、凤、武士等花纹，视唐代制品毫无逊色。说明五代工匠还能熟练制造平脱器[3]。

从文献记载和漆工艺的发展进程来看，我们相信唐代已有"雕漆"，而且其中的某些品种还达到相当高的水平。

这里所谓的雕漆乃指有雕刻花纹的漆器，与堆漆不同。堆漆往往一次或少数几次即堆成，所用多为一色稠漆或漆灰，堆成后或雕或不雕，雕后髹色漆或不髹色漆。雕漆则要经过多层一色漆或不同色漆的积累，少则几十层，多则逾百层，待达到需要的厚度再雕刻。雕漆要比堆漆工料费得多，技法复杂，要求较高，从漆工艺的发展来看，这一技法必然出现在堆漆之后。

雕漆二字，一般用来作为漆器中一个大类的名称，它包括剔红、剔黄、剔绿、剔黑、剔彩、剔犀等等，而传世实物以剔红和剔犀为最多。明代名漆工黄成、杨明在《髹饰录》中都讲到唐代的剔红，推崇其"古拙可赏"和"刀法快利，非后人所能及……与宋元以来之剔法大异"。味其语气，他们所见的唐代剔红决不止一两件。日本藏有比较可信的南宋剔黑器（图版117）。剔犀则有出自南宋墓的实物（图版115、116）。因此我们有理由相信唐代已有较高水平的雕漆。

英国学者迦纳（Harry Garner）认为最早的剔犀实例是1906年斯坦因（A.Stein）在米兰堡发现的8世纪唐代的皮质甲片❹（图7）。据斯坦因的描述，甲片可能用骆驼皮制成，各片均作长方形，长2～4英寸，两面髹漆，有的多至七层，以朱黑两色漆为主，有的地方施褐色及黄色漆。甲片上的花纹有同心圆圈、椭圆圈和近似逗号及倒置的S等几何花纹，是用刮擦的刀法透过不同的漆层取得的❺。

笔者认为皮甲表面只有刮擦花纹而无剔刻痕迹，故尚难称为真正的剔犀，它只能算是剔犀尚未定型的一种早期形态。《髹饰录》剔犀条杨明注有这样几句话："此制（指剔犀）原于锥毗而极巧致，精复色多，且厚用款刻，故名。"他讲得很清楚,剔犀是从更早的"锥毗"发展出来的，二者的差别是：剔犀比锥毗"精复色多"即反复积累起来的不同颜色漆层次多，而且"厚用款刻"，即剔刻得深。杨明所说的锥毗，不是和漆皮甲正相符合吗？我们承认漆皮甲和剔犀有密切的关系，不过和真正的剔犀还有距离。但这不等于说真正的剔犀要到唐以后才出现。很可能远在西陲制造锥毗皮甲之时，剔犀已在唐都长安流行了。

唐时已有的另一种漆器是"犀皮"。

"犀皮"或写作"西皮"，或写作"犀毗"，是漆器名称中最混乱的一种。古代言及犀皮的有不少家，其说纷纭，

图7　唐锥毗皮甲片

多相抵触❻。经过实物观察，并对照明代漆工的描述，我们认为说得切合实际，与髹理漆法相通的当数晚唐的赵璘。他说："西方马鞯，自黑而丹，自丹而黄，时复改易，五色相叠，马蹬磨擦有凹处粲然成文，遂以髹器仿为之"❼。他讲得明白，马鞯的粲然成文，是由于长期的磨擦而露出多层色漆的断面，出于无心，不是故意做出来的。而犀皮花纹则是有心地去仿效那种无心形成的花纹。既云"仿为"，我们不必一定理解为只有在漆器上做出马鞯受磨的凹痕才算犀皮。如果能在平面漆器上做出与马鞯相似的花纹，难道就不是仿效？在平面上仿效的方法就是先在漆面上做出高低不平的地子，上各种色漆多层，最后磨平，于是就出现类似马鞯那样的花纹。有的论者泥着于"凹处"两字,认定"仿为"必须剔刻，这样就把犀皮与剔犀混淆成一种漆器，使问题更加复杂化了。

❶ 黄河水库考古工作队：《1957年河南陕县发掘简报》，《考古通讯》1958年11期。此镜曾在北京中国历史博物馆陈列。

❷ 唐至德二年十二月戊午，有"禁珠玉、宝钿、平脱、金泥、刺绣"诏令。《新唐书·肃宗皇帝》，《二十四史》校点本，中华书局1975年版。

❸ 杨有润：《王建墓漆器的几片银饰件》，《文物参考资料》1957年7期。冯汉骥：《前蜀王建墓发掘报告》，文物出版社1964年版。

❹ Harry Garner：Chinese Lacquer, 1979, Faber and Faber, p.68.

❺ Aurel Stein：Serindia, Detailed Report of Explorations in Central Asia and Westernmost China, Vol.1 pp.459 – 467, 1921.

❻ 有关犀皮的不同说法，有唐赵璘（见《因话录》）、宋程大昌（见《演繁露》）、明都穆（见《听雨纪谈》）、明李日华（见《六研斋笔记》）等家。

❼ 唐赵璘：《因话录》。据元陶宗仪《辍耕录》卷11《西皮》条引文引。光绪乙酉福瀛书局重刊本。

明代漆工黄成、杨明所讲犀皮漆器的形态是十分明确的。《髹饰录》此条说:“文有片云、圆花、松鳞诸斑,近有红面者,以光滑为美。”他们强调光滑,自然不是有剔刻痕迹的剔犀了。

我们认为唐代已有犀皮,不仅因为赵璘是晚唐人。唐末袁郊《甘泽谣》中《红线》一则有“头枕文犀”之语[1],此枕有可能就是表面光滑的皮胎犀皮枕。南宋时成书的《西湖老人繁胜录》讲到“犀皮动使”。“动使”就是日用家具。又吴自牧《梦粱录》讲到临安设有专门制造犀皮的漆器铺。南宋时犀皮既已如此流行,在此之前,肯定还有一段初创与发展的历史。

(七)朴质无文与雕饰华美相映交辉的宋代漆器

到了宋代,河北的定州,湖北的襄阳,江苏的江宁,浙江的杭州、温州都是生产漆器的中心。南渡偏安以后,更促进了杭州、温州手工业的发展。

宋代最流行的是一色漆器。解放前在河北巨鹿故址发现宋黑漆碗[2]。定州在它的北面不过二百里,很可能漆碗就是定州的制品。1965年在武汉十里铺北宋墓发现一色漆器(图版111)十九件,上有“已丑襄州邢家造真上牢”、“戊子襄州驰(?)马巷西谢家上牢记□”等字样。襄州即今襄阳,当时漆器驰名全国,有“天下取法”,谓之“襄样”的说法[3]。江苏淮安杨庙镇北宋墓发现一色漆器(图版112)七十二件之多,有款识的就有十九件。其中制于江宁、杭州、温州三地的都有。杭州老和山南宋墓出土的漆碗(图版36)有“壬午临安府符家真上牢”款识则是南宋的制品。

两宋一色漆器差别不大,器物有碗、盘、碟、钵、盒等,纯黑的最多,紫色的次之,朱红的又次之,间有表里异色的,但都无文饰。器形除圆者外,起棱或分瓣的颇常见,往往与宋瓷造型有相似处。它们的质量则差别很大,有的漆质坚密,精光内含,莹洁可爱。有的漆灰疏松,晦暗无光,浮起欲脱。这似乎和入葬后的保存条件关系不大,而在造器时便有精制与粗造之别。大抵日用品的质量高,而专为殉葬制的明器,工料就从简了。

宋代堆漆,上承唐代。建于北宋初期的苏州瑞光寺塔,塔心窖穴发现真珠舍利宝幢一座[4]。八角形的幢座上贴狻猊、宝相花、供养人等花纹,由堆漆制成(图8)。该塔报道称之曰“漆雕”,容易引起误解。美籍日人桑山(G.Kuwayama)便据此报道,错认为经幢上出现了雕漆[5]。

于北宋庆历三年(1043年)建成的浙江瑞安慧光寺塔,发现用堆漆作装饰的经函和舍利函。经函的外函(图版35)用漆灰堆出佛像、神兽、飞鸟、花卉等花纹,并嵌小珍珠。舍利函底座四角堆花纹,中间留出壶门,内贴堆漆奔兽。函盖堆菊花图案,亦嵌珍珠为饰。

图8　北宋苏州瑞光寺塔经幢座堆漆花纹

[1] 唐袁郊:《甘泽谣·红线》,见李昉等编《太平广记》卷195,人民文学出版社1959年版。

[2] 见《河北第一博物院院刊》,1932年6月10日第18期。

[3] 见唐李肇《国史补》,《津逮秘书》本。

[4] 苏州市文管会、苏州博物馆:《苏州市瑞光寺塔发现一批五代、北宋文物》,《文物》1979年11期。

[5] G. Kuwayama:Recent1y discovered Sung Lacquers, Lacquerwork in Asia and Beyond, Colloquies on Art and Archaeology in Asia No.11, University of London, 1982, p.52.

[6] 浙江省博物馆:《浙江瑞安北宋慧光塔出土文物》,《文物》1973年1期。

[7] 徐兢称:“螺钿之工,细密可贵”。

[8] 见《世界美术全集》卷14,1951年日本平凡社修订本。

[9] 《钿屏十事》的标题是:度宗即位、南郊庆成、鄂渚守城、月峡断桥、鹿矶奏捷、草坪决战、安南献象、建献嘉禾、川献嘉禾、淮擒李花。据《津逮秘书》本。

[10] 冈田让:《宋の雕漆》,《东京国立博物馆美术志》页4~9。1969年1月号总214期。

经考证，经函为温州制品，而当时温州漆器是驰名全国的[6]。

嵌螺钿是宋代漆器的又一重要品种。苏州瑞光寺塔发现的黑漆经函（图版109），花鸟纹用贝片嵌成，使我们看到五代、宋初时期的厚螺钿做法。宣和中访问过朝鲜的徐兢，在所著《奉使高丽图经》中记载了当时受中国影响的高丽螺钿器并给予了很高的评价[7]。十三四世纪间朝鲜制的螺钿箱和唐草纹圆盒等，花纹枝梗都用铜丝来嵌制[8]，和明初《格古要论·螺钿》条中所说的“宋朝内府中物及旧者俱是坚漆，或有嵌铜丝者甚佳”正合。铜丝的使用足以说明宋代的螺钿技法传到了朝鲜。南宋临安，螺钿更为流行，《西湖老人繁胜录》讲到螺钿交椅，螺钿投鼓，螺钿鼓架，螺钿玩物等，说明南宋时已用螺钿来做多种器物用具了。

“螺钿古者厚而今者薄”是说厚与薄的出现有先有后。早期的薄螺钿，考古发掘已为我们提供了元代的实物。不过从文献记载来看，南宋时已有薄螺钿而且达到相当高的水平。据周密《癸辛杂识·钿屏十事》记载：“王楠，字茂悦，号会溪。初知郴州，就除福建市舶。其归也，为螺钿桌面屏风十副，图贾相盛事十项，各系之以赞以献之，贾大喜，每燕客必设于堂焉”。桌面屏风是陈置在桌案上的小型屏风。从贾似道事迹图标题来看[9]，可知有许多人物行列，宫殿楼阁，山水风景，乃至战争场面，而且还有赞颂文字，这是厚螺钿无法嵌出来的，只有精细如图画的薄螺钿才行。周密还为我们提供了一条漆工史料，即王楠在福建做官，为向贾似道献媚，特制此副桌屏。可见南宋时福建制造薄螺钿有很高的水平。

唐代雕漆有待发现，退而求宋制，有两件可信为南宋器的是流传在日本的醉翁亭剔黑盘（图9）及与它刻法极为相似的婴戏图剔黑盘（图版117）。据日本冈田让《宋の雕漆》一文，醉翁亭盘经宋遗民许子元于1279年携至日本，存在他任住持的圆觉寺中[10]。两盘的刀法相同，花纹凸起不高，与漆层肥厚的元代雕漆异趣，尚存《髹饰录》所谓“唐制多印板刻平锦朱色”的遗意。

现知最早的剔犀实例是从南宋墓中发掘出来的。武进宋墓出土的执镜盒（图版115），黑面，刀口见朱、黄、黑漆层，是《髹饰录》所谓“三色更

图9　南宋醉翁亭图剔黑盘及局部纹饰

叠”的做法。金坛周瑀墓发现的剔犀团扇柄（图版116），亦为黑面，刀口见朱漆十余层，乃属于“乌间朱线”一类。

近年在武进发现的三件戗金漆器，为宋代漆工史增添了重要材料，不仅因为改变了过去认为宋代漆器多一色不施装饰的看法，还使我们看到了戗金与斑纹地结合的早期做法。

两件朱漆戗金器是人物花卉纹长方盒（图版39）和人物花卉莲瓣式奁（图版38），戗金花纹并不布满全器，而留出了足够的空间。细密的刷丝也戗划得较少，和元代的人物花鸟纹戗金经箱（图版118）有明显的不同。

黑漆戗金长方盒（图版37、114）在盖面戗划出一幅池塘小景，盖墙及盒身戗划花卉。花纹之外的地子皆钻小眼，中填朱漆，磨平后成为斑纹地。它为花纹与地子的结合变化打开了一条门路，正孕育着被明代名漆工黄成命名为“斒斓”、“复饰”、“纹间”等类漆器的发展。

（八）名匠辈出艺臻绝诣的元代漆器

在元代统治中国的八九十年中，江南一带破坏最轻，工、农业发展始终未停顿，是全国最繁荣富庶的地区。嘉兴成为生产漆器的重要中心，名匠辈出，艺臻绝诣，正是由当时的社会经济条件造成的。陶宗仪《辍耕录》述及戗金、戗银工艺颇详，其法得自嘉兴杨汇的漆工。当时以戗金闻名的彭君宝就是杨汇人[1]。《格古要论》讲到“洪武初，抄没苏人沈万三家条凳、椅、桌螺钿剔红最妙”，这些漆器自然是元代江南地区的产物，有的可能即来自嘉兴。

元代漆器，品种不少[2]，有实物传世而且水平很高的是螺钿、戗金与雕漆。

《格古要论》后增《螺钿》条讲道，“元朝时富家，不限年月做造，漆坚而人物细，可爱”，足见当时的好尚。同条又称：“螺钿器皿出江西吉安府庐陵县。”江西与福建毗邻，宋时福建既能精制桌屏，两省间的工艺交流是可以意想到的。

近年考古发掘已为我们找到了确凿可信的元代薄螺钿器，那就是在北京元大都遗址中出土的广寒宫图嵌螺钿黑漆盘残片（图版46），不仅嵌工精美，而且已是“分截壳色，随采而施”。这一发现，更使人相信宋代已有薄螺钿器。

日人西冈康宏在1981年出版的《中国の螺钿》一书中共收薄螺钿器110件，被定为元代制的有二十三件之多。其中的海水龙纹嵌螺钿莲瓣式盘（图版119），可信为元代物。有的从图片来看，与广寒宫图嵌螺钿黑漆盘残片有相似之处，如东京出光美术馆藏的楼阁人物纹莲瓣式捧盒（图10）。可惜这一类螺钿器存在国内的竟不多，一时还缺乏可以和黑漆盘残片仔细对比的实物材料。对元代螺钿器的特征我们还所知甚少。

元代戗金漆器也以流往日本的为多。1977年在东京国立博物馆“东洋の漆工艺”展出的就有十件[3]，其中有延祐年款的四件，有的还写明制者和地点，如“延祐二年栋梁神正杭州油局桥金家造”。戗划的方法皆用黄成所谓的“物象细钩之间，一一划刷丝”。划丝细而密，故填金之后，灿然成片，华丽生辉。

在元代漆器中成就最高，可谓达到历史顶峰的是雕漆。嘉兴西塘名漆工张成是14世纪的杰出代表。现藏安徽省博物馆有“张成造”针划款的剔犀盒（图版120），形制古朴，漆质坚良，别具一种静穆淳厚之趣，使人爱不能释。所雕栀子纹剔红盘（图版40），繁文素地，厚叶肥花，在质感上有一种特殊的魅力。他的作品还有以茶花作背景，上压双绶带的剔红盘，花纹生动，有一种韵律回旋的美。元明之际，与此花纹设计约略相同的花鸟雕漆盘还有若干件，多无款识，即使不是张成亲制，也应出于他的子侄门徒之手。同时另一位名漆工为杨茂，也擅长剔红（图版41、44），虽同负盛名，似未能与张成抗衡，同为花卉题材的杨茂剔红渣斗（图版44）其艺术价值是不能与张成的栀子纹盘（图版40）相比的。

上海博物馆藏的东篱采菊图剔红盒（图版42）无款识，比起名家之作，稍逊一筹。因其出自年代可考的任氏墓，用它来比较、印证传世剔红器却是一件非常难得的实物。

图10　元楼阁人物纹莲瓣式捧盒（局部）

三　由盛至衰的明清漆器

纵观我国漆工史，前期的一个重大发展时期是战国，而后期则要数明代。其重大发展也表现在髹饰品种的增多和工艺上的极高成就。杨明在《髹饰录》序中作了很好的概括：“今之工法，以唐为古格，以宋元为通法。又出国朝厂工之始，制者殊多，是为新式。于此千文万华，纷然不可胜识矣。”他明确指出，自明初匠师服役果园厂后[4]，髹饰工艺有了一番重大的革新。这当然和宫廷爱好漆器、发展漆工业有关。而真正的贡献来自哲匠名工，不满足于宋元的通法，力求踵事增华，推陈出新，作了多方面的试验和实践。新的发展也来自借鉴海外漆工的成就。据明张汝弼《杨埙传》记载，“宣德间尝遣人至倭国传泥金画漆之法以归。埙遂习之，而自出己见，以五色金钿并施，不止如旧法，纯用金也。故物色名称，天真灿然，倭人见之亦齰指称叹，以为不可及”[5]。明季海航已便，当时去日本交流漆艺而未见史册记载的肯定还有人在。经过创新和借鉴的努力，终于迎来了漆工艺的千文万华之盛。我们相信有些前所未有的品种，明代始兴；有些虽滥觞于明前，赖技法的改进，至明而更加精美。而两种乃至多种技法的荟萃结合，不同纹饰和不同地子的递换迭更，繁衍出不可胜数的变化，更是明代髹漆的一大特色。正因如此，《髹饰录》才开辟了“斒斓”、“复饰”、“纹间”三个专门门类。

[1] 明王佐《新增格古要论》卷八“戗金”条：“元朝初嘉兴府西塘有彭君宝者甚得名，戗山水人物亭观花木鸟兽，种种臻妙”。清刊《惜阴轩丛书》本。

[2] 类书《碎金》，永乐初据洪武四年大字本修改本，所收多为元代事物。《家生篇三十二・漆器》列有以下名称：犀皮、罽浆、锦犀、剔红、朱红、退红、四明、退光、金漆、螺钿、桐叶色十一种。

[3] 日本东京国立博物馆：《东洋の漆工艺》，1977年。展品第469—478均为元戗金经箱。

[4] 英人迦纳（H.Garner）在所著《中国漆器》（*Chinese Lacquer*）页60讲到15～16世纪在北京根本不存在有制造漆器的工厂，意在否定有果园厂官家作坊的存在。但明、清两代讲到果园厂剔红的文献甚多，尤其是漆工杨明所说的：“国朝厂工”，正是指其乡前辈张德刚到果园厂任营缮所副。明刘侗、于奕正合著的《帝京景物略》也讲到果园厂，而于奕正在《略例》中说：“成斯编也良苦，景一未详，裹粮宿舂；事一未详，发箧细括。……”每事都经过调查研究，写作态度是非常严肃的。故果园厂的确实地点，制作规模等问题值得作进一步的考证，但不容从根本上否定其存在。

[5] 见明慎蒙《皇明文则大成》卷12及清薛熙《明文在》卷84。

清代制漆业更为繁盛，其制作规模，超过明代。工艺技法也有所发展，尤其是在描金、螺钿、款彩、镶嵌等方面。乾隆号称盛世，百工炫巧争奇，料不厌精，工不厌细，为了迎合宫廷的好尚，漆工也不免趋向繁琐。其成功的作品，谨严细致，似已达到极限，无可逾越，亦足令人惊叹。失败的设计，每嫌雕琢过甚，陷于造作，甚或画蛇添足，弄巧成拙。道、咸以后，我国沦为半封建半殖民地社会，除少数地区，个别工匠，对髹饰工艺有一定的贡献外，漆器制造和其他工艺一样，进入了衰替的时期。

明清漆器的分类，我们自应以《髹饰录》为依据。惟因黄成的分类主要是从形态出发，而没有考虑到流行的情况。传世漆器实物多少很不一致，有的甚至未能找到实例，其所用名称，有的也和现在习惯使用的不同。为了适应传世漆器的实际情况并使其名称容易被人理解，所以不得不作一些适当的调整和变通。为了叙述的方便，明、清两朝漆器实物结合起来讲，不再分代论述。另外，本册还选用了少量近现代漆器，这是为了使我们从中可以看到传统漆工技法，对理解古代髹漆工艺有一定帮助的缘故。

明清漆器分为以下十四类：

（一）一色漆器

一色漆器的传世器物以黑漆为多，朱漆、紫漆次之，黄、绿、褐等色较少。黑漆如铜丝胎小箱（图版143），朱漆如乾隆菊瓣形脱胎盘（图版144）。当然细分起来朱漆、紫漆等各有若干种，并有不同名色。脱胎盘就是接近所谓“珊瑚红”的一种。

金髹也是一种一色漆器，又名浑金漆，北京匠师称之曰“明金”。其金色外露，上面不再罩漆，故不同于下面将要讲到的“罩金髹”。

明金由于金色外露，容易磨残，甚至大部脱落。清代卢葵生制观音像（图版101）原为金髹，只因脱落殆尽，底漆毕露，已成为一尊紫漆观音像，只于衣折缝隙，可见残金痕迹。浙江东阳木雕及福建、广东所制木雕家具及建筑构件，雕凿甚繁，表面多饰金髹。晚清潮州制透雕小龛（图版154）的雕花部分，所用即是金髹。

（二）罩漆

罩漆是在色漆或描绘竣工后，上面再罩一层透明漆。这类漆器是在漆工已能利用桐油或其他植物油来调漆，而配制成透明漆后才产生的品种。南宋时罩漆早已流行，《西湖老人繁胜录》中讲到临安有“金漆桌凳行”。一般金漆家具不可能用真金或真银，而只能用锡箔。锡箔上罩漆也能取得近似真金的效果。故知名曰金漆，乃是罩漆。

黄成将罩朱髹、罩黄髹、罩金髹、洒金四种做法列入“罩明门”类。前两种不难理解，即罩了透明漆的朱漆和黄漆。尽管它们不是考究的做法，要做到光滑明澈也并不容易。

罩金髹是用金箔或金粉粘着到打了金胶漆的漆面上，再罩透明漆，北京匠师通称“金箔罩漆”（如用银箔则称“银箔罩漆”）。其优点是金色受到罩漆的保护，不会磨残。但罩漆不能明澈如水而呈微黄，年久还会转深，变成紫下闪金的色泽。它是一种庄严尊贵的做法，帝王宫殿内的宝座屏风（如设置在故宫太和殿、乾清宫各件）、卤簿仪仗皆用罩金髹。清代工部则例则称“扫金罩漆”❶，指将金粉扫着到金胶漆上，比贴金箔更为考究。佛像装金亦多用此法，实例如明雪山大士像（图版60）。

洒金又名“砂金漆”，即在漆地上洒金片或金点，上面再罩透明漆。洒金点或片有大有小，有疏有密，故形态多种多样。有一种细而密的洒金，浑然成片，闪闪发光，北京俗称“金蚵螂地”，言其像一种闪金光的硬甲虫。从实物来看，洒金很少独自存在，一般都用作漆器的地子，上面再施纹饰。《髹饰录》复饰类中的“洒金地诸饰”可以为证。实例如荻浦网鱼图盒（图版82）、瓜蝶纹捧盒（图版94）、花果纹方盒（图版97）都是在洒金地上再加不同的纹饰。凡是这一类器物，黄成都认为是二饰或多饰重施，列入复饰门。

《髹饰录》描饰门中还有一种“描金罩漆”，也应归入罩漆类。它的做法是在黑、朱、黄等漆地上作描金花纹，花纹上用朱色或黑色勾纹理，最后罩透明漆，北京匠师分别称之曰“金箔罩漆开朱”和“金箔罩漆开墨”。故都旧俗办丧事摆在大门口的大鼓锣架，多用此法作髹饰。实例有清前期制的花卉龙纹箱（图版141），依黄成的命名，当作“赤糙黑理勾描金罩漆”。

（三）描漆

描漆包括描漆、漆画、描油三种。

战国、西汉彩绘漆器，都可归入描漆类，在当时是很考究的做法。迨至明、清，描漆已不算是名贵品种，在漆器中所占的地位已不及古代那样重要，数量也显得少了。其原因是由于“雕填”漆器的流行。雕填中有许多原本就是描漆漆器，但又加上金细勾来勾轮廓及纹理，使它更加华丽。雕填流行，描漆就显得一般了，在漆器中所占的比重也小了。

明代描漆今以人物山水纹彩绘长方盘（图版71）为例，是一件漆、油兼用的彩绘漆器。清代的实例有莲纹黑漆盘（图版91）。不过由于花纹加用金理勾，依黄成的分类，又当归入斒斓门。

纯用一色漆作描绘的漆器黄成名之曰“漆画”，明代的双凤缠枝花纹长方盒（图版129）即属于这一种。其花纹轻盈活泼，艺术价值很高，比彩绘描漆器更显得典雅清新，是一件非常成功的制品。

描油漆器如蝶纹黑漆盒（图版92），它几乎全部用油彩画成，故称之为描油更为确切。不过黄成同样将它归入斒斓门，因为花纹上使用了金理勾。

（四）描金

描金漆器今收四例。万历龙纹黑漆药柜（图版67、127）是最常见的一种，其做法是在漆地上先用金胶漆描绘花纹，趁它尚未完全干透时把金箔或金粉粘着上去。万历龙纹黑漆描金架格（图版128）做法虽与上相同，但花纹不画在一般黑漆地上，而是画在用蚌壳碎屑洒嵌的甸沙地上。乾隆三凤牡丹纹碗（图版84），因为凤头、凤身采用了深浅不同的金色，是《髹饰录》所谓的“彩金像”描金的做法。水仙纹篾胎碟（图版104），在褐漆花纹上勾黑理，再加金勾，是比较简易的民间做法。

❶ 清史贻直编《工部则例·乘舆仪仗做法》，乾隆十四年刊本。

描金还可与描漆相结合，《髹饰录》称之曰“描金加彩漆”，列入斒斓门。实例如明山水人物纹朱地大圆盒（图版131）。

识文描金今用七例，技法也多不同。乾隆避暑山庄百韵册页盒（图版86）通体上金，可称为“泥金识文描金”。两件如意头上的髹漆装饰岁岁平安（图版98）及太平有象（图版149），都只在识文花纹的某一部位上金。清云龙纹长方盒（图版95）图像部分为高起的识文，部分为平写，金色亦有赤与黄之别，是彩金像识文描金的例子。另外三种均以洒金地作地，而髹饰技法又各异。瓜蝶纹葵瓣式捧盒（图版94），识文或全部施金，或金勾纹理；荻浦网鱼图盒（图版82），用各色漆堆出景物，上贴相当厚的金、银叶片；花果纹套盒（图版97），为泥金地上识文描彩漆，与洒金地的底座及四撞的屉盒形成鲜明的对比。识文描金的变化甚多，以上只是少数几个不同做法而已。

（五）堆漆

类似北宋经幢及经函（图版35）那样的堆漆，明、清实例均罕见，可能因为色彩单纯，不够华美的缘故。不过罩金髹雪山大士像（图版60）的须眉，却采用了此种技法。色深而质粗的漆灰，用来表现毵毵的毛发却是非常适宜的。

故宫藏的云龙纹柜门（图版138），花纹凸起甚高，就是用漆灰堆出，复经雕琢，最后泥金罩漆，正是《髹饰录》所谓“隐起描金”的做法。

堆红，又名罩红。其做法是用漆灰堆花纹，雕刻后上朱漆，或用模子在堆起的漆灰上印出花纹，然后上朱漆，都是用以摹仿剔红，故又名“假雕红”。论其技法，实为堆漆的一种。

（六）填漆

填漆就是在漆器上做出凹下去的花纹，把不同色漆填进去，干后磨平，使它像一幅设色画。观察实物，填漆有多种做法。最常见的一种是沿着彩色花纹轮廓勾阴文线条，花纹上也勾阴文纹理，然后填金。由于采用了“戗金细勾”，黄成认为是两饰结合，故列入斒斓门。这种漆器，传世实物甚多，北京文物业通称曰“雕填”。查“雕填”一称，亦有来历，明何士晋汇辑的《工部厂库须知》卷九中有《御用监年例雕填钱粮》项目，后注称：“夫雕填、剔漆，精细之器也。工不易成，成不易坏，安有一年之间，尽用得许多钱粮……”云云。故知雕填乃是沿用旧称。

雕填由于实物多，已将它列为一类，下面只讲表面光滑不加金细勾的填漆。

表面光滑的填漆，《髹饰录》有干色和湿色之别。杨明注更提出有：“磨显填漆，麭前设文；镂嵌填漆，麭后设文”之别。

所谓“麭漆”就是器物接近完成的最后一道漆，此后待做的工作只剩下在上面做纹饰了。“镂嵌雕漆，麭后设文”就是说在麭漆已经做好之后，刻剔花纹，填色漆，干后略加打磨就完成了。从实物来看，明代早期的雕填漆器（即“戗金细勾填漆”器）多采用此种做法。“磨显填漆，麭前设文”就是说在糙漆（指麭漆之前的一道工序）完成后设花纹。这个“设”字十分重要，因为花纹不是刻出来的，而是堆出来的。其做法是在糙漆面上用稠漆堆出花纹轮廓，轮廓内填彩漆，轮廓外也填漆，它就是花纹以外的地子。最后通体打磨，它的磨工要比镂嵌填漆多得多。这样的填漆，明、清都有实物，如梵文缠枝莲纹盒（图版68）及乾隆云龙纹碗（图版85）。以上两例都可以看出围着花纹轮廓有黄色漆线，这些漆线就是在糙漆表面用石黄调的稠漆堆成的。

关于填漆的“干色”、“湿色”，我们认为凡是用漆调色做成的填漆都是湿色，干色只能是在器物上阴刻花纹，内填漆或油，再把颜料粉末敷着粘贴上去。清蕉叶饕餮纹大瓶（图版87），有可能采用此法。确实无疑的干色填漆器尚待进一步访求。

有一种填漆是把彩漆填入细而浅的划纹中，多用皮胎，黑漆作地，即杨明注所谓“又一种黑质红细纹者……其制原出于南方也”。实例如花鸟纹黑漆红细纹椭圆盒（图版96），民间气息浓厚，清代贵州大方即以生产此种漆器著名。清田雯《黔书》有关于此类漆器的记载。

（七）雕填

雕填是明、清漆器中的一个大类，数量之多可能仅次于剔红。它用彩色作花纹，阴文金线勾轮廓及纹理，有的还做锦纹地，绚丽华美，乃其特色。观察实物，雕填的花纹有的是刻后用彩漆填成的，有的是用彩漆或彩油描绘成的，也有又填又描，两法兼施的。明代早已存在填与描两种做法，故《髹饰录》分别名之曰“戗金细勾填漆”和“戗金细勾描漆”，并把它们都列入了斒斓门。为了弄清填与描确实可施于一器，1950年还曾请多宝臣匠师示范，做了一件紫鸾鹊纹盒（图版105）。从事物的发展和“雕填”这个名称来看，并用不同时代的实物来印证，我们感到填漆的做法在前，描绘或填、描兼施的做法在后，它们是在填漆的基础上发展出来的。

名古琴家兼善治漆的管平湖先生1950年为故宫博物院修复一对有宣德款的一封书式龙纹雕填柜，部分漆片脱落卷翘，需要重新用漆黏实，从漆片的断面，可见花纹色漆的厚度，有的厚达一至二毫米，这远远超过了描漆的厚度，可知花纹确实是刻剔后填成的。又如龙纹大柜残件（图版58、59）也因断纹翘起较高，可见龙身及花卉的彩漆厚度，做法与宣德柜全同。过去我们把这两块残件定为嘉靖、万历间物，现在从其做法及图案来看，可能时代还须提早到嘉靖之前。

嘉靖的雕填实例有戗金细钩方胜盒（图版61），万历的实例有云龙纹戗金细钩长方盒（图版64），这两件都能看出是填漆与描漆兼施的。

清代的雕填凡是用锦纹作地的，一般都填、描兼施，即用填漆做锦地，描漆绘花纹。实例如乾隆凤纹戗金细钩莲瓣式捧盒（图版88）及花鸟纹戗金细钩描漆大柜（图版140）。其做法是通体先用填漆做好锦地，以后在锦地上描花纹。描绘时信手画去，锦纹压多压少完全不用考虑，因为反正描绘花卉可以将锦地盖住。这样做比刻填锦地时要为花纹留出空位，描绘时又必须小心地去填满那些空位要省事爽手得多。不过描绘的花纹毕竟厚度有限，就近细看，花纹下的锦地完全可以看出来。我们正是从这里知道，雕填是先通体做好填漆的锦地，再在上面描绘花纹。

清代雕填也有全部是用描绘画成的，实例如流云纹鹌鹑笼（图版81）。到了清晚期，更有连锦纹也是画成的，工艺简陋粗滥，不过徒有雕填之名而已。

（八）螺钿

明、清嵌螺钿漆器既有厚螺钿，也有薄螺钿。厚螺钿如缠枝莲纹黑漆长方盘（图版70），尚具宋制遗风，以粗犷朴质见胜。薄螺钿如鹭鸶莲花纹黑漆洗（图版130），花纹全部用窄螺钿条嵌成，不用壳片，也无划纹。

明代螺钿器有年款的绝少。英国维多利亚、爱尔伯特美术馆藏有“嘉靖丁酉年”（1537年）款的人物楼阁圆盒❶及日本东京国立博物馆藏有龙纹朱漆盘，底刻“大明隆庆年御用监造”款❷。不过这两件不论是嵌工还是划理都比较粗糙，不足以代表明代的上等制品。黄成认为螺钿器“总以精细密致如画为妙”，只有在对镜图三撞奁（图11）那样的作品上才能看到❸。

图 11　明对镜图嵌螺钿三撞奁盖面及局部纹饰

大约自明中叶开始流行的螺钿加金银片器到清初发展到高峰，钿片剥离更薄，裁切更小，拼合更巧，镶嵌更精，刻划更细。名家如江千里、吴伯祥、吴岳桢等都是这时期的巨匠❹，而以江千里声誉最高。册中选用的几件实例如婴戏图箱（图版75、76、77、133、134）虽无款识，但制作极精，实在所见的江千里诸作之上；楚莲香梅花式黑漆碟（图版79）以空阔的地子来突出人物，更富画意，似受陈老莲的影响；山水人物纹黑漆盘（图版78）与故宫博物院藏有吴伯祥款的几件小盘很相似，亦定出自名工之手。山水花卉纹黑漆几（图版83）比上述几件时代要晚些，或已届雍、乾之际了。

薄螺钿有的不加金银片而与描金结合，故宫博物院藏的职贡图描漆长方盒（图版74）即是一例。描金可以作大面积的渲染，浓淡成晕，和加金银片的效果是不同的。

上述各种螺钿器的钿片和漆面是平整的。倘取材厚贝壳，施加雕刻，嵌入漆器，花纹高出漆面，成为浮雕或高浮

❶ 同（44）图版 167、168。

❷ 日本东京国立博物馆：《中国の螺钿》彩色版 24，1981 年版。

❸ 对镜图三撞盒，日人西冈康宏定名为：“楼阁人物螺钿棱花重食笼”，时代为元，见《中国の螺钿》页 43。此器亦刊在平凡社修订本《世界美术全集》第 20 卷图版 119。时代定为明 16 世纪。

❹ 清阮葵生《茶余客话》卷十称：“江千里治嵌漆，名闻朝野，信今传后无疑”. 故宫博物院藏有吴伯祥款山水人物螺钿盘，见周南泉、叶琦枫：《螺钿源流》，《故宫博物院院刊》1981 年 1 期。日本东京国立博物馆藏有吴岳桢款山水草虫螺钿斗杯，见该馆编《中国の螺钿》页 27。

❺ 见《嘉兴府志》，康熙二十四年本。

雕，那就是黄成所谓的“镌甸”了。不过镌甸只限于以螺钿花纹为主的漆器，如采用多种物料雕成嵌件，镶入漆器，那就成为“百宝嵌”了。

清中期以后扬州名漆工卢映之、卢葵生祖孙都是镌甸能手。实例如梅花纹黑漆册页盒（图版100）和梅花纹漆砂砚盖（图版152）。

（九）犀皮

明、清两代犀皮漆器为数均不少，从质量来看，以明代的为佳，如皮胎红面圆盒（图版69），色漆层次多，花纹天然宛转，有如行云流水，十分美观。故宫博物院藏有犀皮葵瓣式盒，时代约为乾隆，以深浅黄色相间成文，用色不多而层次不少，尚具明代的法度。木胎犀皮小圆盒（图版99），色层少而转屈多角，渐失流畅之美，是清中期以后的制品。

清代晚期南方漆工常把犀皮用到红木家具上，如琴桌的桌面及腿足中部的开光部分。北京则用犀皮来装饰烟袋杆。犀皮作为一种漆器出现反不多见，这样只能使它的技法和质量日愈下降。

据《髹饰录》犀皮还可与戗金或款彩结合，名曰“戗金间犀皮”和“款彩间犀皮”，实例尚待访求。可供参考的一件漆器是瘿木漆戗金笔筒（图版103）。瘿木漆是用髹刷蘸不同色漆旋转刷成的，但可以使我们看到犀皮与戗金相结合的效果。

（十）剔红

剔红包括剔黄、剔绿、剔黑及剔彩等几种雕漆。它们只有色彩的不同，刀工刻法、花纹题材则并无二致，故不妨合成一类。

雕漆自元末达到了历史的顶峰，明初乃其延续。名工张成、杨茂大约入明以后才逝世，史籍还记载明成祖朱棣召张成之子德刚面试称旨，授营缮所副[5]。当时他服役的官家作坊是在棂星门西的果园厂。故永乐时造的剔红，绝似元末西塘的制品，就连款识也仍用针划，字体并不工整而有民间意趣。明早期的精品，册中选用了五六件之多。牡丹绶带纹大圆盒（图版122）及牡丹孔雀纹大盘（图版51），均为双禽压花卉，是张成习用的一种构图。前者无款，飞鸟回旋流动，更加接近张成的其他作品，时代亦较早，有可能还在永乐之前。后者有永乐年款，孔雀觌面相向，显得富丽堂皇，有帝王家气象。它与另一件有永乐款的牡丹纹剔红盘（图版123）均应是张德刚应召后的制品。使人赞叹的是两层花叶重叠的茶花纹剔红盘（图版50），章法井然，繁而不紊，意匠经营，可谓千锤百炼。以上各器均以花卉为题材，其密不见地。园林人物莲瓣式剔红盘（图版52）属近景山水一类，必须留出空隙用不同锦纹来表现天、地、水，其处理手法，又和杨茂的观瀑图盘（图版41）如出一手。镌刻至精的赏花图剔红盒（图版49），针划“张敏德造”款，技艺比拟张成，有过之而无不及，其时代也不能晚于永乐，当是西塘又一高手。他幸有此盒传世，否则这位杰出的剔红艺人将没世无闻了。

有永乐款的雕漆也不能尽信，实例如刻有弘历题诗的八仙图花鸟纹红锦地剔黑八方捧盒（图版124）。刀法与花纹都与永乐的风格不合，其时代要比宣德还要晚些。

宣德雕漆应与永乐划入同一时期，有的作品相似到难于分辨。这一方面是由于部分永乐制品被改为宣德年制，针划原款遭到磨刮涂盖，另加填金的刀刻宣德款[1]。这种令人费解的现象不仅明人早有记载，从实物上也得到证实，所见故宫藏品，永乐改为宣德的就有十二三件之多[2]。不过器底为原髹，全无改款痕迹，可信宣德款并非后刻的也不少，其风格还是和永乐十分相似。永、宣之间，中间只隔洪熙一年，工匠连续服役，故两朝制品，有的原即出于一手，其风格安得不似！云龙纹剔红圆盒（图版54）及著名的龙凤纹三屉剔红供案（图12）就属于此类器物。

如说永、宣雕漆完全相同，也不符合事实，从某些作品中我们能看到宣德开始形成自己的风貌。其变化主要在用漆由厚而渐薄，花纹由密而渐疏。漆薄就不能雕得像明初那样肥厚圆润，花疏则不得不用锦纹来填补空隙。从林檎双鹂剔彩捧盒（图版55）盖面刻有“大明宣德年制”款看，我们可以察觉它的变化与发展。

宣德以后，从正统到正德（1436—1521年）计六朝，几乎看不到刻有年款的雕漆器。流往海外有“弘治二年平凉王铭刁”款识的滕王阁剔红盘要算绝无

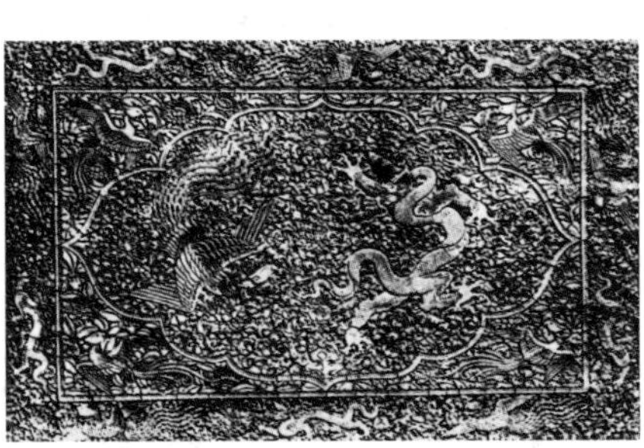

图12　明宣德龙凤纹三屉供案（案面部分）

图13　明弘治滕王阁图剔红盘（正面及局部纹饰）

仅有的一件[3]。（图13）难道这八十几年间宫廷就没有制造或置办雕漆器？这当然是讲不通的。但迄今似乎还没有找到令人信服的答案。故宫博物院是收藏明代雕漆的渊薮，无款而时代风格似在宣德、嘉靖之间的作品不下二百件。其中的人物山水花鸟纹提盒（图版56）即近似宣德而又稍晚一些。又原藏珍妃家的进狮图剔红盒（图版57），比提盒也不会晚多少。此外在风格上距宣德远而距嘉靖近的雕漆为数更多。我们不满足于把一大批无款的明代雕漆笼统地定为明中期。但细致地分辨时代差异，进而作出比较准确的断代，需要经过努力的探索才能取得成果。

嘉靖雕漆多刻年款，风格也有明显的特点。刀法不复藏锋，不重磨工而渐见棱角。器形出现变化，八方香斗、银锭式盘、盒等为永、宣时所未见。剔

[1] 见明刘侗、于奕正著《帝京景物略》卷四“城隍庙市”条。北京古籍出版社1982年版。清刊本高士奇《金鳌退食笔记》卷下“果园厂”条所言与《帝京景物略》相同，乃因袭刘、于之书。

[2] 故宫博物院藏品中永乐款被改为宣德款的，所见有以下各件：牡丹盒、茶花纹盒、紫萼纹盒、千叶榴纹盘、芙蓉纹盒、葡萄纹椭圆盘、蕙草梅花纹盒、缠枝莲纹盘、云龙纹盝顶长方盒、云龙纹盒、游归图园林人物盘、人物楼阁盒、听琴图八方盘十三件，均为剔红。

[3] 同（44）彩色图C、图60。美国华盛顿弗利尔美术馆藏有一件楼阁人物纹剔红圆盒，有“平凉王铭刁”款，但无年款。

彩器增多。吉祥文字及图案广泛用作题材（图14），往往用松、竹枝干盘屈成“寿”、“福”等字。道教色彩浓厚，鹤、鹿、灵芝等形象明显增多。五老图细色锦地剔黑盒（图版62）就是一例。有如一幅风俗画的货郎图剔彩盘（图版63）是这时期的精品，把一位老货郎和八个儿童及器物众多的担子收摄到径尺盘中，视苏汉臣的画本竟不多让。

雕漆到万历而再变，从物象到锦纹，似乎都向细小处收缩，刀法愈加繁密，作风更为谨严，予人一种拘局抑敛的感觉。锦地剔黄碗（图版66）及云龙纹剔彩长方盒（图版65）都具有这时期的特色。刀刻填金款字体修长并加干支

图14　明嘉靖福禄寿三果剔彩盘（正、背面）

纪年也是过去很少有的。

明代雕漆中有的还富于民间气息。这类制品构图粗犷，刀法快利，一剔而就，棱角尽在。如三友草虫图剔红盒（图版126）即属此类。这类雕漆，从未发现款识，故时代、产地，无从确断。近年中、西学者每据《野获编》、《帝京景物略》、《燕闲清赏篇》等书言及云南剔红“漆光暗而刻文拙”，“雕法虽细，用漆不坚，刀不藏锋，棱不磨熟”，将这类雕漆定为云南制。文献与实物，确有吻合处。但终嫌证据不够充分，既无有力的确证，也缺少旁证。故宫藏品中有一件文会图剔红委角方盘（图版125）上有“滇南王松造”款识，但刀法属于圆润一路，风格距宣德近而距嘉靖远，与三友草虫盒迥然不同。看来关于云南雕漆有必要进行实地调查采访，现在还不宜过早地作出肯定或否定的结论。

清代雕漆至乾隆而大盛，器物品种增多，除盘、碗、盒、匣外，还用以制造小型建筑（图15）、车辇、舟船，以至巨大的宝座屏风、桌案床几等。雕漆和其他工艺品种结合，是乾隆时期的又一特点。鎏金铜饰，用得最多，其他如画珐琅、嵌珐琅、镌玉、雕牙等也常与雕漆在同一器物上出现。八仙过海笔筒（图版147）剔红错镌玉，这一品种竟是《髹饰录》中所没有的。

乾隆时的刀工锋棱毕露，更加追求精细纤巧的效果。故研磨已无地可施，似乎只有繁琐堆砌，才能得到弘历的嘉奖。实例如花卉纹梅瓣式剔红盒（图版90），雕得如此玲珑精致，诚需高超的技能，但却过于繁琐细密。这时期也有难能可贵的作品。如剔彩百子晬盘（图

图 15　清乾隆剔红楼阁

版89）精工绚丽，在乾隆剔彩中允推第一。绦纹剔黑大碗（图版146），简练而有气势，一扫乾隆时的繁缛堆砌之弊，值得称赞。秋虫桐叶形剔红盒（图版145）利用天然树叶的筋脉，代替人工设计的锦纹，构思新颖，颇为巧妙，也是乾隆时期不可多得的佳制。

（十一）剔犀

剔犀也是雕漆的一种，由于它的花纹离不开几何图案，色彩于刀口内见层次，故与其他雕漆不同，宜自成一类。

剔犀和剔红一样，也是在元末明初达到了历史高峰，实例就是前面已经提到的张成造剔犀盒（图版120）。由明历清，直至近代，这一工艺，并未中断。从表面漆色来看，不外乎黑、紫、朱三色。黑、紫两色面的刀口内多见朱线，朱色面的刀口内多见黑线。漆层内兼露黄色或绿色线的较少见。《髹饰录》还提到有“雕黔等复”、“三色更叠”诸称。前者指黑、朱两色漆层同厚，依次重复；后者指黑、朱、黄三色轮番出现。至于图案虽有剑环、绦环、重圈、回文、云勾等名色，实以云纹及其变体为主，故北京文物业通称剔犀曰“云雕”。

剔犀不像其他雕漆那样可以山水、人物、花卉、鸟兽作花纹，故不容易从其题材、刀法、锦纹等看它的时代风格，这就为判断其年代增添了困难。又因剔犀在日本也是一个传统品种，名曰“屈轮”，有的制品还传到中国来，故鉴定时还有一个分辨产地问题。中日漆工关系之密切亦于此可见。

本书选用的剔犀实例有朱面葵瓣式盒（图版132），刀口内见极细黑线，是一件明中期的制品。另一种瓷胎剔犀瓶（图版142），制作年代不能早于康熙。它不仅是一件清代剔犀实例，从漆器制胎的物质角度来看，也是一件值得注意的器物。

（十二）款彩

款彩的做法是在木板上用漆灰做地子，上黑漆或其它色漆，用近似白描的方法在漆面上勾花纹，保留花纹轮廓而将轮廓内的漆灰都剔去，使花纹低陷。然后用各种色漆或色油填入轮廓，成为彩色图画。由于花纹轮廓高起，看上去很像印线装书的木板。北京匠师因剔刻铲去的部分是漆灰，故名之曰“刻灰”。文物业则称之曰“大雕填”，以别于有戗金细钩的一般雕填。这两个名称都不及款彩来得明了准确。款彩在西方国家有专称，叫“Coromandel”。Coromandel是印度东南一带的海岸名称，可能明清之际的外销款彩漆器运到这一带上岸转口，因而得名。它和漆器的制作形态更是毫无干系了。

款彩在明代已流行，曾见晚明小插屏的屏心，用款彩做出山水人物。到了清前期用款彩作大围屏之风渐盛，传世的八叠、十二叠的款彩围屏多数是康熙时期的制品。款彩花纹比较粗，可以装饰大面积的空间，宜于远观，用在围屏上是非常适宜的。

册中可以看到款彩三例。松鹤图款彩屏风（图版73），制于康熙辛未（1691年），布局及状物均佳，仿佛是边景昭画的通景屏，设计者有很深的绘画基础。花鸟博古纹款彩屏风，群芳竞艳，百鸟争喧，张之中堂，确实能制造出欢腾繁盛的气氛。这两件都能很好地发挥款彩的特点。山水纹款彩屏风（图版137）只是围屏的一个局部，却似北宋画派的山水小景，说明用款彩来装饰径尺的小画面也同样能获得成功。

（十三）戗金

戗金漆器，源远流长，自明历清，又有不少变化。

明初戗金器近年的重要发现是在山东邹县朱檀墓中出土的龙纹朱漆戗金盝顶箱（图版47）和云龙纹朱漆戗金玉圭盒（图版48），均用朱漆作地，划戗云龙纹，金彩灿烂，图案生动，尤以盝顶箱为佳。

在江阴出土的莲瓣式紫漆盒[1]，盖面戗划庭园景色，中设方桌，仕女三人，分立桌后及左右。阑外树木扶疏，前景以花草为点缀。盖面外周为缠莲纹。花纹题材与上述两例迥异，使人立即想到常州南宋墓出土的人物花卉纹朱漆滩金莲瓣式奁（图版38）。盒底有“乙酉年工夫造”款识。同墓出土正统墓志。据此，乙酉当为永乐三年（1405年）。

据日本释周凤《善邻国宝记》卷下，宣德八年（1433年）明廷颁赐日本的礼品中有：朱红漆彩妆戗金轿一乘，朱红漆戗金交椅一对，朱红漆戗金交床二把，朱红漆戗金宝相花折叠面盆架二座，朱红漆戗金碗二十个，橐金黑漆戗金碗二十个。戗金日本名曰“沉金”。元代的戗金漆器多藏彼土，说明日本对戗金的爱好和重视。明初戗金器的东传，对日本和琉球有重大影响，戗金逐渐发展成为他们的主要髹饰品种。

1955年前后故宫博物院在北京购得朱地龙纹戗金箱，盖面在长方形的签条内用细密的纲目纹戗划出楷书“皇明祖训”四字。两侧划云龙，右升左降，丰颅锐喙，长鬣起立，双龙的形象看是宣德时期的制品，其技法和图案是和盝顶箱（图版47）一脉相承的。

宣德到嘉靖一段期间，戗金实物绝少。故宫收藏至富，亦未见到可确信为这一时期的制品。刻有“嘉靖甲子曲密花房”大印的云鹤纹戗金砚盒，正面及立墙用回纹及卍字纹图案的条带界出斜方，内划仙鹤及云纹，一一相间。仙鹤有五六种不同姿态，密划羽毛，云纹轮廓内划刷丝，全幅花纹，极似明锦[2]。它虽基本上保留了传统的戗金技法，但图案花纹却有较大的变化。

宣德以后戗金器之所以数量稀少，当与雕填漆器的盛行有关。雕填是在用彩漆填嵌或描绘的花纹上加戗金轮廓和纹理，自然比只有划纹填金而没有彩色花纹的戗金来得华美绚丽。这两个品种的消长正好是在同一时期，似能为上述的看法提供一些佐证。

据《工部厂库须知》我们知道明晚期还大量成造戗金器，如万历四十二年光禄寺成造器皿中有：戗金膳盒一百五十副，戗金大膳盒四百五十副，戗金大托盒四百七十架，戗金大酒盒三十副等。不过这些都是膳食用具，造价也不甚昂贵[3]，因而不是精美的观赏

[1] 此盒现藏苏州市博物馆。

[2] 图见拙著《髹饰录解说》第139页。文物出版社1983年版。

[3]《工部厂库须知》卷11开列戗金膳盒一副的造价为：“物料二十三项，共银一两零四分八厘一毫九丝，工食五作共银三钱四分七厘”。《玄览堂丛书续编》本。

漆器。我们不能据此得出晚明宫廷还制作大量考究戗金漆器的结论。

自晚明到清末，戗金漆器约可分为三种。一种是民间制品，多以人物、山水、花鸟为装饰题材，花纹内密布刷丝，尚保留传统技法。锦纹惯用正方上重叠斜方，细密而不甚工整。器物以盘、盒为多，有一定的实用价值，不能算是贵重的观赏漆器。实例如朱地牡丹双雉委角方盘（图16）。有人竟将它定为宋代制品，实不可信[1]。其时代当为万历或更晚。

第二种是清代宫廷制品，技法已脱离传统的戗金而自具一格。由于它只勾轮廓而无划纹，故或称之曰“清勾”。我们认为它并非出自戗金匠人之手而是雕填漆工的制品。因为其技法和雕填器上的勾金全同，只不过免去彩色花纹，在一色漆地勾轮廓而已。实例如云龙纹戗金黑漆炕桌（图版139），其时代约在雍、乾之际。

第三种用刀刻来追求书画笔墨效果，刀痕有粗有细，或深或浅，它实际上是受清代竹刻的影响，而和漆工的戗金关系并不密切。因在刀痕中填金，只能名之曰戗金。实例如子庄摹恽南田花鸟的瘿木漆戗金笔筒（图版103），其时代则在清中期以后了。

图16　明牡丹双雉纹朱地戗金委角方盘

（十四）百宝嵌

百宝嵌是用各种珍贵材料如珊瑚、玛瑙、琥珀、玳瑁、螺钿、象牙、犀角、玉石等做成嵌件，镶成绚丽华美的浮雕画面，珠光宝气，相映成辉，是其他装饰方法所不能达到的，黄成把它列入㓨斓门。

百宝嵌在明代开始流行，约至清初而达到高峰，其生产中心在扬州，明末著名艺人周翥就是扬州人[2]。嵌件既可镶在漆器上，也可镶在紫檀、花梨等硬木制的器物上。二者的选料、雕镌与嵌法相同，故可能一人而兼制漆、木两种不同的百宝嵌。

清初制百宝嵌实例有洗象图百宝嵌长方盒（图版80），构图简练，用料种类不多，但选材甚精，故显得雅而不俗。岁朝图百宝嵌八方盒（图版148）构图及用料都比较复杂，但趣味不及前者高洁，时代也较晚。梅花纹百宝嵌琵琶（图版150）是一种以镌甸为主的百宝嵌，它与卢葵生制的梅花纹镌钿漆沙砚（图版152）盖上的镶嵌十分相似，可以代表清代中期以后漆工的较高水平。卢葵生正是在此时期对髹漆工艺作出贡献的少数名匠之一。

上列十四类，只能说明、清两代的常见漆器大体具备，但比起《髹饰录》讲到的大量品种则相差很多。尤其是表面有不平细纹的纹匏及填嵌门中的绮纹填漆、彰髹等，竟未能找到实物。至于㓨斓、复饰、纹间三门中的诸般名色，未曾见过的就更多了。不过既经《髹饰录》列举了名称，即使找不到实物，今

[1] Lee Yu – Kuan：Orienta1 Lacquer Art.1972 Weatherhill，p.106 – 107.

[2] 清钱泳：《履园丛话》卷12《艺能》，民国石印本。

后也有可能按照书中描述的方法和形态去探索试验，进而恢复过去的品种。因而黄成、杨明之功是不可没的。

另一方面，本书还收录了少数漆器实物是《髹饰录》未曾讲到的。它们虽属于小品，如用骨片镂花及厚铜片錾花作镶嵌（图版135、136），用镌玉作镶嵌的剔红（图版147），用漆刷蘸几种色漆旋转而成的假犀皮（图版103）等，也可聊备一格。有的品种清代中期以后才出现，自然《髹饰录》中不可能有，如卢葵生制的刻铭文及梅花纹的锡胎壶（图版102、151）。这是他从宜兴紫砂壶得到启发，并将清中期以后的竹刻技法运用到漆面上来的产物。

中国的漆工史久远绵长，传世和出土的古代漆器分布全国，难以数计。本册所收录的一百五十余件器物是经历了几百年甚至几千年而幸存下来的。这些品类不同、形态殊异的作品，出自历代的能工巧匠之手，其中有相当一部分是地下考古发掘所得的随葬品，有历代珍藏的传世品，还有宫廷中的御物。它们虽只是我国古代千文万华漆器中的一少部分，但足以从中窥见我国古代漆工艺术的辉煌成就。我们有这样伟大的漆工艺传统，相信髹饰工艺的真正千文万华不是过去而是明天。

图版

图1 朱漆碗[1]（附：碗底部）新石器时代

新石器时代
浙江省博物馆藏
口径10.6×9.2、高5.7厘米

1978年在浙江河姆渡遗址第三文化层中发现，距今已有六七千年，是现知最早的一件漆器。碗木胎，敛口，呈椭圆瓜棱状，有圈足。外壁有薄薄一层朱红色涂料，微有光泽。经有关方面对涂料用红外光谱分析鉴定，认为“其光谱图与马王堆汉墓出土漆皮的裂介光谱图相似”。

图2 漆器残片[2] 商

商代
河北省博物馆藏
残片大小不一

1973年在河北藁城县台西村商代遗址中发现，原器为盘、为盒，尚能依稀辨认。木质作胎，朱地黑纹，饰有饕餮纹、夔纹、雷纹、蕉叶纹等图案，有的花纹上还嵌有经过磨制的圆形、方圆形、三角形的绿松石。大部花纹经雕刻后施髹饰，故表面呈现美丽的浮雕。有一残片花纹间还有原来安装合页的痕迹。残片的发现证明商代漆工已达到很高的水平。

图3 漆画残片（摹本）[3] 东周

东周
山东省博物馆藏
径19厘米

1972年山东临淄郎家庄1号东周墓中发现的漆器残片之一。它以人物、屋宇、鸡鸟、花木为题材，均以细线勾出，是一幅有生活气息的写实画，但构图四面对称，齐整谨严。边缘装饰，和当时的青铜器花纹相似。描绘手法和楚文化漆器区别较大，和山东地区发现的汉画象石，却能看出它们之间的递承关系。

图 4 彩绘描漆鸳鸯盒[4]（附：盒局部）战国

战国
湖北省博物馆藏
长20.4、高16.3厘米

1978年湖北随县曾侯乙墓出土。图雕作鸳鸯形，头颈另安，插入器身，可以转动。身中空，背开长方孔，覆以雕夔龙的盖。全身黑漆地，朱绘羽纹，间饰黄色细点。腹部左侧绘撞钟、击磬场面，右侧绘敲鼓、舞蹈场面。曾侯乙墓的埋葬时间，据墓中铜器铭文可确定在公元前433年或稍晚，距今已有二千四百多年。

图 5 彩绘描漆豆[5]（附：豆背面）战国

战国
湖北省博物馆藏
高24.7厘米

亦出随县曾侯乙墓，以厚木作胎，由盖、盘、耳、柄、座五部分组装而成。盖顶及双耳浮雕繁缛的盘龙纹，衬以彩绘，与同墓出土的尊、盘、编钟上的花纹风格一致，显示了漆器和青铜器之间的装饰关系。豆身以黑漆作地，朱绘变体风纹、菱纹、网纹等多种图案。

图 6 彩漆透雕花板（摹本）[6] 战国

战国
湖南省博物馆藏
下一块长180、宽45厘米

花板两块均于1953年在长沙仰天湖楚墓中出土，是垫在棺底用以承托尸体的，或称“笭床”。下一块出自26号墓，用虺龙盘成图案三段，借两个拱璧似的圆圈将它们连缀到一起。上一块出自14号墓，以三角和十字为主题，构成美丽的几何形图案。两板风貌迥异，而匠心巧思，并堪赞赏。除朱、黑两色髹饰外，还大量使用了金彩。

图 7 彩绘描漆棺板（摹本）[7] 战国

1957年河南信阳长台关楚墓出土。黑漆地上用银及黄、赭红、深红等色描绘变体饕餮纹及云纹。花纹无论巨细，均已回旋作束结，于整齐的对称中见生动。绚丽的大面积银彩，证明战国早期已熟练地用银来髹饰漆器。

战国
河南省博物馆藏
残存长194、宽36.5厘米

图 8 彩绘描漆小座屏（复制品）[8] 战国

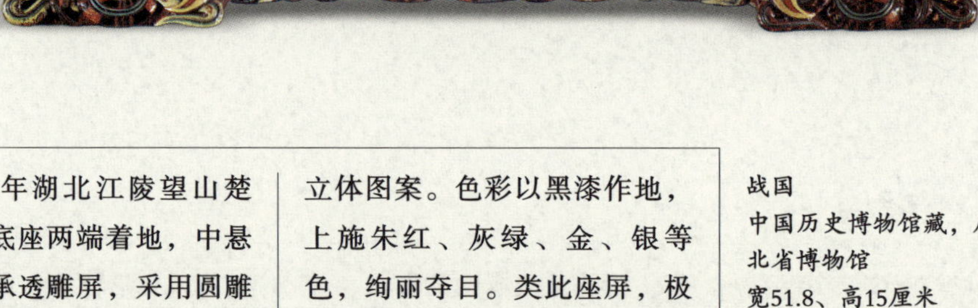

1965年湖北江陵望山楚墓发现。底座两端着地，中悬如桥，上承透雕屏，采用圆雕及浮雕镂刻凤、鸟、鹿、蛙、蛇、蟒等动物形象共53个，交互穿插，组成对称而又生动的立体图案。色彩以黑漆作地，上施朱红、灰绿、金、银等色，绚丽夺目。类此座屏，极少发现。1978年江陵天星观楚墓始发掘出双龙及四龙两件座屏，但不如此件精美。

战国
中国历史博物馆藏，原件藏湖北省博物馆
宽51.8、高15厘米

图9 描漆盾（正、背面 摹本）[9] 战国

1951年中国科学院考古研究所在长沙近郊406号战国墓中发现。皮胎，两面均在黑漆地上用赭红及黄色描绘龙凤纹，线条流畅回婉，色泽光亮照人。正面中间稍稍隆起，形成脊棱，附有嵌银铜盾鼻，背面应有把手，已脱落。漆盾制作华美精巧，不像是实用的防御武器，而可能是舞蹈用的道具。

战国
湖南省博物馆藏
长62.5厘米

图 10 彩绘描漆小瑟残片[10] 战国

战国
河南省博物馆藏
残片大小不一

小瑟出于信阳长台关楚墓，原长约100厘米、宽约40厘米，这是部分有彩绘的残片。画面以神怪龙蛇及狩猎乐舞等为题材，神秘荒诞的想象和确切存在的生活，都被描绘得有声有色。勾线涂彩，挥洒自如，全无滞碍，在古代漆画中，实为罕见之艺术品。设色至少有鲜红、暗红、浅黄、黄、褐、绿、蓝、白、金九种，丰富绚丽，超过了其他战国漆器。

图11 彩绘描漆虎座双鸟鼓（复制品）[11] 战国

战国
中国历史博物馆藏，原件藏湖北省博物馆
座长87.8、宽15.9、高104.2厘米

1965年在望山楚墓中发现。出土时虎座、双鸟及鼓皆已分散，并有残缺，拼合后经复制如今状。它造形优美，色彩绚丽，再现了两千数百年前一件精制的乐器。

战国楚墓往往发现大型的彩绘立体圆雕漆器，座鼓及镇墓兽都是较好的例子。

图 12 描漆圆盒[12]（附：盒盖面）秦

1976年湖北云梦睡虎地11号秦墓出土，木胎，朱漆里，外以黑漆作地，用红、褐色漆绘云气纹、卷云纹、变体凤纹及几何纹。过去秦代漆器缺少实例，睡虎地十二座秦墓共发现漆器一百八十多件，填补了这一空白。

秦
湖北省博物馆藏
高19厘米

图13 描漆双耳长盒[13]（附：盒盖面）秦

秦
湖北省博物馆藏
长27.8、宽13.3、高11.8厘米

1976年湖北云梦睡虎地9号秦墓中发现，木胎，由底、盖扣合而成，略呈椭圆形，两侧有耳可供持捧，盖上及外底均有弧形矮足。朱漆里，外以黑漆作地，用红、褐色漆绘圆圈纹、变体鸟纹等图案。

图 14 描漆兽首凤形勺[14] 秦

睡虎地9号秦墓出土。兽首凤身，造型奇特。木胎，朱漆里，外以黑漆作地，红、褐色漆绘凤鸟羽毛及兽首的口、眼、鼻、耳。尾下有“咸□”与“□□亭□”烙印文字二处。1977年在睡虎地34号秦墓发现凤形勺，勺内底有“郑亭”烙印文字，与此颇相似。

秦
湖北省博物馆藏
高13.3厘米

图 15 描漆单层五子奁[15] 西汉

马王堆1号墓出土。卷木胎，器表和盖内及底部中心全为黑褐色地，朱绘云纹。盖顶以红色和灰绿色漆绘云纹和几何纹，器身外壁近底处和内壁近口处均朱绘菱形几何纹一圈。奁内盛铜镜、环首刀、笄、印章、梳、篦等生活用具及圆形小奁五件。其中的一件见图版107。

西汉
湖南省博物馆藏
径32.3、高15厘米

图 16 云气纹识文描漆长方奁[16] 西汉

西汉
湖南省博物馆藏
长48、宽25、高21厘米

1973 年湖南长沙马王堆 3 号墓出土。奁作盝顶式，木胎。奁身满布云气纹，以白色而高起的线条作轮廓，内用红、绿、黄三色勾填。花纹饱满，色彩灿烂。此墓的埋葬年代为汉文帝十二年（公元前 168 年），所以漆奁是用凸起线条作装饰的较早实例。唐宋时流行的堆漆，至明在《髹饰录》中列为“阳识”、“堆起”漆器，可溯源至此时。

图 17 描漆鼎[17] 西汉

1972年湖南长沙马王堆1号墓出土184件漆器之一。旋木胎，盖呈球面形，与鼎身子口扣合，上有三橙色纽。两耳平直而向内微凹，三足作兽蹄形。朱漆里，外黑漆作地。沿口绘菱纹，盖及器身以红色及灰绿色绘卷云纹。底有朱书“二斗”两字。该墓墓主死于汉文帝十二年（公元前168年）以后的数年内，据此可以定漆器的年代。

西汉
湖南省博物馆藏
高28厘米

图 18 黑地彩绘识文描漆棺〔18〕西汉

西汉
湖南省博物馆藏
长2.56、高1.18、宽1.14米

此为马王堆1号墓四层套棺中的第二层。棺内涂朱漆，外表以黑漆作地，彩绘旋转多变的云气纹，并以种种神怪禽兽穿插其间，形成神秘而生动的画面。云纹轮廓，线条明显凸出，极似后代壁画上的沥粉堆金，和马王堆3号墓出土的云气纹识文描漆长方奁（图版16）技法有相似之处。

图 19 朱地彩绘漆棺头档[19] 西汉

西汉
湖南省博物馆藏
宽69、高65、厚11.5厘米

这是马王堆1号墓第三层套棺的头档。四周以菱形云气作边饰，画面正中高山耸立，两侧各有一鹿，昂首腾跃，云气浮动，助其凌空之势。此棺采用了大量白粉、浅黄等明亮颜色，油彩在这里占重要地位。

图 20 漆画龟盾[20]（正、背面） 西汉

西汉
湖北省博物馆藏
长32、宽20.1厘米

1973年湖北江陵凤凰山8号西汉墓出土。盾作龟腹甲形，在木板上贴着细篾编织层，合成胎骨。两面髹黑漆，若干部位故意露出篾编，以状龟甲上的版块。盾正、背面均施描绘，朱漆画人物及怪兽，形态诡谲，出人意想。背面有把手，另木制成，与盾黏合。

图21 识文描漆外棺挡板（摹本）[21] 西汉

西汉
湖南省博物馆藏
长70、高67、厚10厘米

此为长沙砂子塘西汉木椁墓外棺的头挡及足挡。前者正中以拱璧为主要纹饰，两旁各绘巨鸟，长颈穿过璧孔，口中衔着用丝组穿系的双磬。后者正中绘一特磬，下悬特钟。磬上双豹，匍匐相向，背上各坐羽人。磬上有类似谷纹的圆点，乃用稠灰堆起，说明高起的识文，不仅用来勾花纹轮廓，也用以装饰花纹的内部了。

图 22 鸟兽纹戗金漆卮（摹本）[22] 西汉

西汉
湖北省博物馆藏
径9.6、高10.5厘米

1973年湖北光化五座坟西汉墓出土，木胎，有盖，髹色内朱外黑。装饰图案盖面为奔龙，里为翔凤。器身周匝为立虎、仙鹤、玉兔、怪人等，以流云相间。图案线条均用针划出，内填金彩。这是在战国以来只用针划的基础上又有重要的发展。宋、元盛行的戗金技法，至迟在西汉已经相当成熟了。

图 23 银平脱长方盒、椭圆盒、方盒纹饰（摹本）[23] 汉

汉
南京博物院藏
长方盒长14.9、宽3.5、高6厘米。椭圆盒长6.9、宽4、高6厘米
方盒长、宽各3.9、高6.1厘米

1962年江苏海州网疃庄汉墓出土。夹纻胎，盖作盝顶式，镶银叶，嵌玛瑙小珠，盖、底口均有银扣。盒里赭红色，外髹黑色，银平脱狩猎人物及多种鸟兽形象，有雀、鹰、雁、鹿、马、虎及捣药玉兔等。墓葬年代亦在西汉末至东汉初之间。

图 24　元始四年描漆饭盘（摹本）[24] 西汉

西汉
贵州省博物馆藏
径约25厘米

1959年贵州清镇平坝汉墓出土，夹纻胎，鎏金铜扣。盘口背面针刻："元始四年，广汉郡工官造乘舆髹泊画纻黄扣饭盘，容一升。髹工则，上工良，铜扣黄涂工伟，画工谊，泊工平，清工郎造。护工卒史恽、长亲、丞冯、掾忠、守令史万主"六十一字。可知盘为公元4年四川广汉郡制品。工匠姓氏的排列，可知漆器制作的过程，并说明当时漆工已有严格的分工。

图 25 彩绘鸭嘴柄盒[25] 汉

汉
安徽省博物馆藏
盒径17.5、高11.5、通柄长30厘米

天长县汉墓出土。木胎，盒身圆形，上下扣合，圈足。柄作鸭嘴张开状，喉部安活舌，手握鸭嘴，嘴合则盒开，嘴开则盒合。盒内涂朱漆，外髹黑漆，朱绘龙、凤、仙人及云气纹。鸭头亦施描绘，嘴、眼毕具。整体构思巧妙，造型新颖，前所未见。

图 26 针划纹盝顶长方盒[26] 西汉

此为银雀山西汉墓出土双层七子奁中的七件小盒之一，薄木胎，里朱外黑，盒盖顶部针划花纹加彩笔勾点。四面的竖线纹及三角纹皆用针划出，纤细如发。

西汉
山东省博物馆藏
长11、宽4.7、高4.2厘米

图 27 彩绘银平脱奁[27] 汉

汉
安徽省博物馆藏
径14.3、高12厘米

1975 年安徽天长县汉墓出土，夹纻胎，朱漆里，内口沿及内底面用墨绘带形纹和云纹。表面黑漆，朱绘图案。盖顶镶柿蒂纹银叶，盖壁镶银平脱鸟兽纹，形象生动。墓葬年代为西汉晚期到东汉早期。“平脱”一名，唐代广泛使用。汉代有无专门名称尚待考。曹操《上杂物疏》有“银镂漆匣”似此种漆器。《髹饰录》则称之为“嵌金”、“嵌银”、“嵌金银”。

图 28 双层彩绘金银平脱奁[28]（两件）汉

汉
安徽省博物馆藏
径10.6、高15厘米

亦出天长县汉墓。夹纻胎，由盖、底及套装在底口的浅盘三部分组成。盖顶镶银柿蒂，原有嵌珠五颗，已脱落。盖顶、盖壁及底壁各镶银箍三道，盘口亦镶银扣。银箍之间有金银平脱鸟兽形象，并以朱漆绘纹饰。

图 29 针划纹双层七子奁[29]（附：奁底层及七子小盒）西汉

西汉
山东省博物馆藏
径31、高20.5厘米

1974年山东临沂银雀山西汉墓出土。卷木胎，由盖、上层、下层三部分套合而成。髹色里朱外黑，里外皆施针划云气纹，并加彩笔勾点。上层放铜镜，下层在底板上挖刻七个凹槽，嵌放不同形状的小奁盒。计：圆者三，椭圆者一，马蹄形者一，盝顶长方形者二。子奁上的花纹与大奁基本相同。

图 30 人物故事彩绘描漆屏风[30] 北魏

北魏
大同市博物馆藏
每块长约80、宽约20、厚2.5厘米

屏风于1965年在山西大同石家寨司马金龙墓中发现，较完整的有五块，这是其中的两块。两面有彩绘，向上一面保存较好。朱漆地上，墨线勾轮廓，内填黄、白、青、绿、橙红、灰蓝等色。题记及榜题处涂黄色，书黑字。绘画题材均为人物故事。屏风不仅在书法、绘画方面为我们提供了重要材料，仅就髹漆而言，北魏实物亦极少。

图 31 人物花鸟纹嵌螺钿漆背镜[31] 唐

1955年洛阳唐墓出土。正中花树，上有飞鸟，下有鹦鹉。镜钮左右，二老席地坐，一弹阮咸，一持杯盏，颇似六朝竹林七贤图中人物。近景有舞鹤及水禽。物象均用厚螺钿镂刻，嵌入漆背。它既是一件铜器，也不妨说是一件嵌螺钿的铜胎漆器。

唐
洛阳市博物馆藏
径25厘米

图 32 羽人飞凤花鸟纹金银平脱镜（摹本）[32] 唐

此镜传为1951年于河南郑州出土，已破成两半，以镜钮为中心平脱八瓣莲花，周匝密布花鸟、飞蝶，靠近边缘为羽人及飞凤，毛雕纹理。堂皇富丽，是盛唐风格。论其制作，也是在铜镜上先做漆背，再嵌贴镂刻的金、银片。在工艺上它和嵌螺钿有相同之处，所以在《髹饰录》中都被列入“填嵌门”。

唐
上海博物馆藏
径36.2厘米

图 33 金银平脱琴（正、背面及局部）[33] 唐

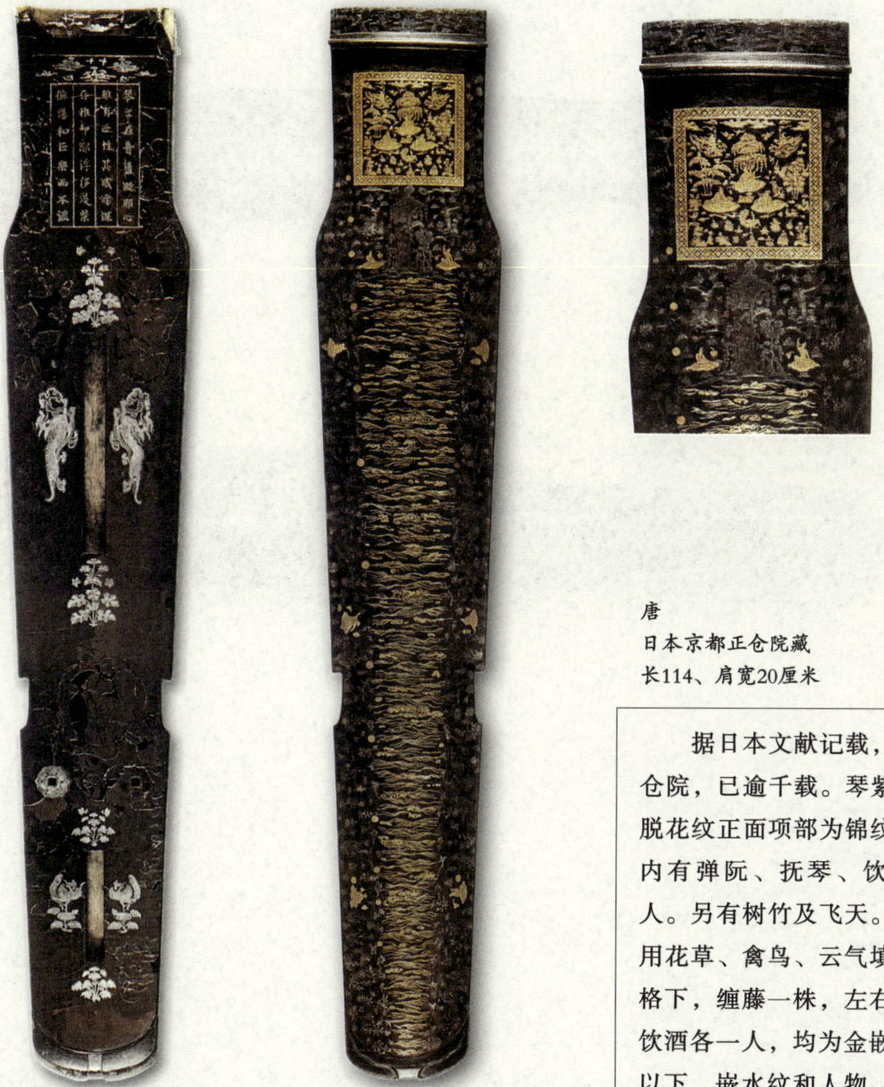

唐
日本京都正仓院藏
长114、肩宽20厘米

据日本文献记载，入藏正仓院，已逾千载。琴紫色，平脱花纹正面项部为锦纹方格，内有弹阮、抚琴、饮酒各一人。另有树竹及飞天。空廓处用花草、禽鸟、云气填补。方格下，缠藤一株，左右抚琴、饮酒各一人，均为金嵌。四徽以下，嵌水纹和人物、花草禽鸟。背面嵌李尤《琴铭》，龙池、凤沼两侧嵌龙凤纹，均为银嵌。它是唐代金银平脱器中较精美的一件。

图 34 大圣遗音琴（正、背面）[34] 唐

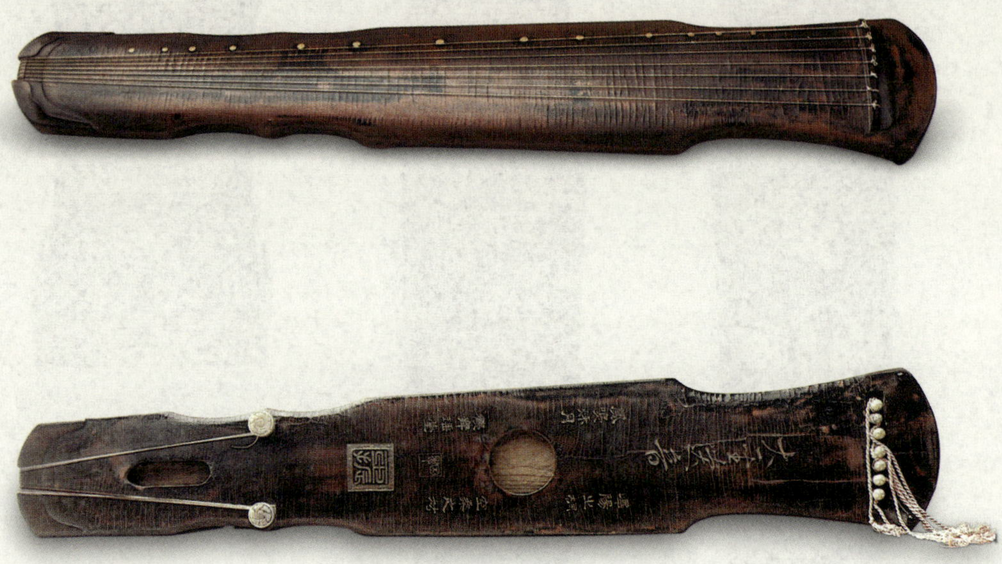

唐

长121、额、肩均宽20、尾宽15厘米

琴木胎，鹿角沙漆灰，色紫如栗壳。正面蛇腹断，背面流水断，额上有冰裂纹。池内刻斫琴年代“至德丙申”，即唐肃宗至德元年（756年）。池上刻草书“大圣遗音”四字，两侧隶书铭文：“峄阳之桐，空桑之材，凤鸣秋月，鹤舞瑶台。”池下有“困学”、“玉振”图章，杨时百先生认为是元鲜于枢的收藏印。它是传世著名唐琴之一，也是一件唐代紫色漆器实例。

图 35 识文经函[35]（外函）北宋

北宋
浙江省博物馆藏
底座长40、宽18、通高16.5厘米

1966年浙江瑞安慧光塔发现时，经函内外套合，此为外函（内函见图版113）。木胎，盝顶式，下有须弥座。函用调灰稠漆堆出佛像、神兽、飞鸟、花卉等，并嵌小颗珍珠。花纹以外的漆地则用金笔描飞天、花鸟等图案。慧光塔建成于庆历三年（1043年）。据建塔施主题名，知经函为温州制品。宋时温州漆器有全国第一之称，此函反映了当时的工艺水平。

图 36 黑漆碗[36] 南宋

1953年杭州西湖老和山南宋墓出土。木胎，表里黑色，外有朱书一行“壬午临安府符家真实上牢”十一字。壬午当为宋高宗绍兴三十二年（1162年）。按宋代一色漆器有灰质坚密、光泽莹澈一种，也有灰质疏松、漆色晦暗一种，此碗属于前者。两种优劣相去悬殊，可能与“自货”或“行货”及实用品或殉葬品有关。

南宋
浙江省博物馆藏
口径约18厘米

图 37 山水花卉纹填朱漆斑纹地黑漆戗金长方盒[37]（盖面）南宋

南宋
常州市博物馆藏
长15.4、宽8.3、通高11厘米

武进南宋墓出土。盖面用戗金法画出一幅池塘小景，岸柳毵毵，下覆塘水，水中有游鱼荇藻、菱芰等。物象之外，密钻细斑，填朱漆后磨平做成布满红点的细斑地。盒壁戗金缠枝花卉，也以红斑作地。盖内朱书“庚申温州丁字桥巷廨七叔上牢”字样（参阅图版114）。此盒做法与《髹饰录》讲的“细斑地戗金钩描漆”和“戗金间犀皮”有类似之处。

图 38 人物花卉纹朱漆戗金莲瓣式奁[38]（附：奁盖面）南宋

南宋
常州市博物馆藏
径19.2、通高21.3厘米

1977年武进县林前公社南宋墓中发现，木胎，三撞，莲瓣式，口镶银扣，朱漆地。盖面戗划园林仕女，各层立墙戗划折枝花卉，均填金。盖内有“温州新河金念五郎上牢”十字。过去不少人认为两宋漆器崇尚质朴，故多一色，不施纹饰，并认为戗金漆器最早实物未能超出元代。武进县几件戗金漆器的发现，改变了一些人的认识。

图 39 人物花卉纹朱漆戗金长方盒[39]（附：盒盖面）南宋

亦出武进南宋墓。木胎，盖面戗划一袒腹老人，肩荷木杖，杖头挂钱一串，自山间行来，意态闲适。盖壁及盒壁戗划折枝花卉。盖内朱书“丁酉温州五马锺念二郎上牢”十二字。

南宋
常州市博物馆藏
长15.3、宽8.1、通高10.7厘米

图 40 栀子纹剔红圆盘[40]（附：底部及款识）元 张成造

元　张成造
故宫博物院藏
径16.5、高2.6厘米

栀子纹肥腴圆润，布满全盘，空隙无多，深处见黄色漆地，是《髹饰录》所谓“繁文素地”的雕法。背面雕香草纹，峻深而圆转自如，和他的剔犀盒（图版120）同一意趣。足内有“张成造”针划款。

张成是元末嘉兴西塘杨汇的雕漆名家，与同里的杨茂齐名而技艺更高。

图 41 观瀑图剔红八方盘[41] 元 杨茂造

盘心雕殿阁长松，老人立近阑干，面对石上流泉。天、地、水采用三种不同的锦纹来表现。盘边雕花卉，俯仰相间。足内有“大明宣德年制”款，系后刻。“杨茂造”针划原款尚隐约可见。宣德时改刻并填掩前代雕漆款识，明人已有记载，见刘侗、于奕正撰的《帝京景物略》。八方盘在宫中已历明、清两代，是一件很好的改款实例。

元 杨茂造
故宫博物院藏
径17.8、高2.6厘米

图 42 东篱采菊图剔红盒[42] 元

元
上海博物馆藏
径12.2、高3.9厘米

1952年上海市青浦县元代任氏墓中发现。盒形平扁，是所谓“蒸饼式”。盒面雕老翁拽杖，一童捧瓶菊相随。竹篱、长松备具，与渊明诗文契合。立墙雕回纹。墓葬经确定为元代晚期，为断定某些传世剔红器的断代提供了可靠的依据。

图 43 朱漆莲瓣式奁〔43〕元

元
上海博物馆藏
径25.5、通高38.1厘米

亦出自上海青浦元代任氏墓。木胎、四撞，形制与武进南宋墓出土的一件相似而直径较小，是一件不施纹饰的一色漆器。

图 44 花卉纹剔红渣斗[44]（附：款识）元 杨茂造

口内外及腹部雕花卉三匝，由菊花、栀子、牡丹、桃花等组成。黑漆里，足内有“杨茂造”针划款。英人迦纳（H. Garner）在所著《中国漆器》（*Chinese Lacquer*）中认为此器非杨茂所造，其时代不能早于16世纪后半叶。本人认为渣斗的艺术水平确实不及张成的作品，但可能这是张成、杨茂之间水平的差异，而不是杨茂作品真伪的差异。

元　杨茂造
故宫博物院藏
径12.8、高9.4厘米

图 45 云纹剔犀盘 元

刀口峻深，留肉肥厚，黑漆中露红线，是所谓“乌间朱线”的做法。盘底正中有刀刻填金“乾隆年制”四字款。但通体漆色沉穆，足内黑漆浮躁，显然曾经重髹。可知乾隆款为后刻，而重髹的目的，也是为了掩盖原款。此盘曾与安徽省博物馆藏的张成造剔犀盒（图版120）对比，两器如出一手，故定此盘为元代制品。

元
故宫博物院藏
径19.2、高3.3厘米

图46 广寒宫图嵌螺钿黑漆盘残片[45] 元

元
北京市文物局藏
直径约37厘米

1970年在北京后英房元大都遗址中发现，用薄螺钿嵌出两层三间重檐歇山顶楼阁。因碎片中有“广”字痕迹，与景物印证，定名“广寒宫图”。阁后植树，叶似梧桐丹桂。云气自下腾空而上。不同物象，采用“分裁壳色，随采而施缀”的做法。《髹饰录》谓“壳片古者厚，而今者渐薄也”，过去曾以为“今者”指明代。残片证明元代已有，而且技法已相当成熟。

图 47 云龙纹朱漆戗金盝顶箱[46] 明

明
山东省博物馆藏
长、宽各58.5、高61.5厘米

1970年山东邹县明鲁王朱檀墓发现，盝顶式，分三层，抽屉安在侧面底部。四壁戗划云龙纹团形图案。龙长喙，披鬃鬣，细鳞卷尾，划纹精到准确，填以浓金，灿然夺目。按朱檀死于洪武二十二年（1389年），所以此箱可视为元、明之际的戗金漆器代表作。

图 48 云龙纹朱漆戗金玉圭盒[47] 明

明
山东省博物馆藏
长36、宽11、高72厘米

亦出朱檀墓，戗金技法与盝顶箱相同，惟行龙不够夭矫有力，刀法也较拘谨。保存情况却比盝顶箱更为完整。1970年在成都凤凰山蜀王朱悦𤇜墓（葬于永乐八年，即1410年），发现玉圭盒，与此极相似。

图 49 赏花图剔红盒（附：款识）明 张敏德造

盒面雕老人手指石畔丛花，与袖手一翁对语。花形叶态，均似芍药。构图完美，刀法精湛，状物逼真是此盒的特色。刻划人物、建筑、庭院、竹石等充分发挥了浮雕的表现能力，可与一幅名家的工笔画媲美。足内有“张敏德造”针划款。张是元、明之际的剔红高手，自无可疑，很可能是张成的子侄辈，惟事迹待考。据今所知，此盒是他惟一的传世之作。

明 张敏德造
故宫博物院藏
径19.9、高6.7厘米

图 50 茶花纹剔红盘 明永乐

茶花双层重叠，虽过梗穿枝，遮花压叶，或明或晦，有露有藏，而妙在两层各自成章，神全气贯，耐人赏析。足内有“大明永乐年制”针划款。

明永乐
故宫博物院藏
径32.2、高4.2厘米

图 51 牡丹孔雀纹剔红大盘（附：款识）明永乐

孔雀两雄对舞，以牡丹衬底，气势富丽而豪放，花纹细谨而生动。孔雀的雕镂，身颈边缘高而中间凹，羽毛细若刷丝，长尾分层次，高度向两侧递减，增加了立体感。刀口在接近黄色素地处，有黑漆一线，与《髹饰录》所说的“其有象旁刀迹见黑线者，极精巧”完全符合。这些都是在图片上不易看清的。足内有“大明永乐年制”针划款。

明永乐
故宫博物院藏
径44.5、高6厘米

图 52 园林人物莲瓣式剔红盘（附：款识）明永乐

盘心开光内雕方亭，亭内童子傍案而立。中庭老翁拽杖前行，童子肩荷花枝相随。盘边雕花卉纹。足内左侧有："大明永乐年制"针划款。此盘从刀法到图案设计都与张成、杨茂的观瀑图盒、盘相似。永乐中张成之子张德刚应召在宫廷作坊果园厂任漆工，故当时的剔红器基本上保留着他父辈的风格。

明永乐
上海博物馆藏
径18.8、高2.8厘米

图 53 芙蓉菊石纹戗金细钩填漆攒犀盘 明宣德

开光内用填漆做出菊花、芙蓉、山石等花纹。花纹之外，布满豆粒大小的钻眼，露出细色的漆层。只盘边及开光的两道圆圈，表面是光滑的黑漆，高出钻斑地之上。观其制作，应是在漆胎上先用细色漆堆到一定的厚度，通体上黑漆几道，然后做填漆花纹，戗划填金，最后钻斑纹地子。据《髹饰录》"攒犀"下注，此属用"钻斑"法做成的攒犀。

明宣德
故宫博物院藏
径35厘米

图 54 云龙纹剔红圆盒（附：款识）明宣德

明宣德
上海博物馆藏
径14.6、高6.5厘米

盒面雕云龙，立墙雕云纹。足内左侧刀刻填金“大明宣德年制”款。雕漆款识至宣德时期由前朝的针划改为刀刻。此款的字体、刀工可视为宣德的标准风格。

图 55 林檎双鹂图剔彩捧盒（附：盒盖面）明宣德

明宣德
故宫博物院藏
径44、高20厘米

色漆层次自下而上为：红、黄、绿、红、黑、黄、绿、黑、黄、红、黄、绿、红十三层。盖顶开圆光，锦地上雕林檎、黄鹂、蝴蝶、蜻蜓。画本似拙而实巧，得宋人笔意。近开光上缘有“大明宣德年制”刀刻填金款。开光外用石榴、葡萄等果实组成图案，立墙雕花卉。此盒不是分层取色，而借助于刻后的研磨，故彩色绚丽多变，生动灵活。在剔彩器中罕有媲美者。

图 56 人物山水花鸟纹剔红提盒 明

明
故宫博物院藏
底长25.3、宽16.6、通高24.2厘米

盖面雕人物山水，三人行向板桥，一童担酒具食盒相随，一童尚在舟中，是初登湖岸，欲作郊游之景。盒壁锦地雕花鸟纹。以上均是剔红，惟安提梁的盒座为朱地剔黑，雕灵芝纹。提盒无款，据其风格，似略晚于宣德。

图 57 进狮图剔红盒（附：盒盖面及底面）明

明
径8.1、高4厘米

锡胎，盒面微微隆起，锦地上刻一彪形大汉，高颧勾鼻，须发鬈曲，耳穿大环，帽插雉尾，不似汉族人装束。两袖高扬，作叱喝之势。旁一巨狮，回头奋爪，奔驰欲前，地下一旗半卷，已被践踏。所绘为朝贡进狮、猛悍难驯的景象。盒底刻牡丹山石。此盒堆朱不厚，而雕镂层次较多，非高手不能作。观其刀法，仍属藏锋圆润一类，当为宣德之后不久的制品。

图 58 龙纹戗金细钩填漆大柜残件 明

明
残件两块，各高100、宽62、厚5厘米

此种漆器，通称"雕填"，而《髹饰录》则据其花纹为彩漆填成还是彩漆描成，分别名之曰"戗金细钩填漆"和"戗金细钩描漆"。残件花纹刻后填彩漆，故用填漆名之较为确切。

板面以方格锦纹作地，格子用朱漆填成，格内"卍"字用黑漆填成。龙纹一为黑身红鬣，一为红身黑鬣。锦地上压缠枝花纹，疏叶大花，细枝回绕，更有火焰穿插其间，显得格外活跃飞

图 59 龙纹戗金细钩填漆大柜残件 明

动。从漆面剥落及断纹开裂处，可看到填漆色层的厚度。龙身、花叶等面积较大的部位，填漆厚达1～2毫米，锦地框格则漆层很薄，说明花纹大小不同，剔刻深浅也不同，填漆也自然厚薄有差了。大柜款识已无从得见，从图案风格及雕技填法来看，当制于宣德、嘉靖之间。

图60 罩金髹雪山大士像[48]（附：像底面）明

明
高34厘米

佛典称在过去世修菩萨道时，于雪山苦行，不涉人间，谓之“雪山大士”。此像出于明代无名雕刻家之手，有很高的艺术价值。至于漆工，是在木胎的漆灰地上“打金胶”，黏贴金箔，上面再罩透明漆，即《髹饰录》所谓的“罩金髹”。罩漆年久，已呈紫色，惟像底金色灿烂，差近原状。至于眉髯，乃用深褐色漆灰堆出，不施金箔。从这一尊像上可以看到上述两种髹饰技法。

图 61 戗金细钩填漆方胜盒 明嘉靖

木胎，制作准确而合乎规格，底、盖故能任意掉转扣合。花纹部分用填漆制成，部分用描漆绘成，如流水落花一圈图案，水纹浓淡成晕，是用描漆才能画出的。足内有“大明嘉靖年制”款。

明嘉靖
故宫博物院藏
长28.5、宽15.3、高11.1厘米

图 62 五老图剔黑盒 明嘉靖

木胎，缃色锦纹作地，黑漆剔花纹。老人或拄杖而立，或促膝相谈，或拱手揖拜，神态皆妙。前景左为池塘，中有舞鹤，右有文鹿，烘托出道家仙境的气氛。明代崇奉道教，在工艺品中也有明显的反映。外周雕螭虎灵芝，正是16世纪流行的图案。它和货郎图盘都可视为标准的嘉靖雕漆器。

明嘉靖
故宫博物院藏
径19.7、高6.7厘米

图 63 货郎图剔彩盘 明嘉靖

明嘉靖
故宫博物院藏
径32.1、高5.2厘米

木胎，色漆自下而上为：土黄、橙黄、黄、绿、红五层。盘中刻老人，手持鼗鼓，后有货郎担。担上器物有三弦、铃、纱帽、皮球等不下数十种。幼儿八，有放风筝、玩陀螺、戏傀儡等，均生动活泼。货郎担后，以桃树作背景，枝上果实累累。盘边雕龙纹。背面缠枝花。足内朱漆，有“大明嘉靖年制”刀刻款。观其刀法，已不及更早的雕漆器那样藏锋圆润了。

图 64 云龙纹戗金细钩填漆长方盒（附：款识）明万历

盒作委角长方形，木胎，花纹填漆、描漆并用。盒底款识刀刻填金“大明万历壬辰年制”（1592年），字体与嘉靖款识相近而较小，和宣德的楷书款则差别显著。年款标干支是万历漆器的一个特点，以前各朝殊少见。

明万历
河北省博物馆藏
长32.6、宽17.7、高15.6厘米

图 65 龙纹剔彩长方盒（盖面）明万历

明万历
故宫博物院藏
长32.5、宽20、高9厘米

木胎，足内刻“大明万历乙未年制”款。色漆自下而上为黄、深绿、深黄、黄、绿、红。开光内坐龙两臂擎盘，锦地下陷甚深，开光外锦地下陷颇浅，意在突出龙纹。盖边刻花卉，花叶用斜刀铲取，每叶红绿或黄绿相间，借助磨显，使色彩绚丽多变，为万历雕漆精品。锦地细密，谨严抑敛是这一时期的特色。乾隆时雕漆纤巧繁琐，于此已见端倪。

图 66 龙纹红锦地剔黄碗 明万历

木胎，口际刻“卍”字方锦一道，此下在红锦地上雕黄龙，回纹足。足内朱漆，居中刻款识：“大明万历己丑年制”，分作两行。己丑年为万历十七年，即1589年。

明万历
故宫博物院藏
径13、高6.9厘米

图 67 龙纹黑漆描金药柜[49] 明万历

明万历
故宫博物院藏
宽79.1、深56.8、高100厘米

柜门外面锦地开光，内描双龙（图版127）；里面分两格，描花卉蜂蝶。款识在背面上格正中，楷书“大明万历年制”。柜门之下有抽屉三个，柜内两旁各有长抽屉十个，各分三格，中部在可旋转的立轴上，安装抽屉八十个。在构造上似得到转轮经藏的启示。据统计共可贮放药物一百四十种，取用甚便。其髹饰工艺当为打金胶后筛扫真金粉末，敷著成文。

图 68 梵文缠枝莲纹填漆盒（盖面）明

明
故宫博物院藏
径8.5、高4.4厘米

木胎，天覆地式，通身以暗红色作地。盖顶花纹正中为紫色莲花一朵，旁浅紫色莲花四朵，绿叶黄枝，花上承梵文四字。花纹周匝用黄色漆镶边。其做法当为先用黄色稠漆堆出花纹轮廓，干固后，填入各种色漆，最后磨平。它属于《髹饰录》所谓“磨显填漆”一类，也就是先作阳文轮廓，后填色漆，最后磨平的做法。

图 69 红面犀皮圆盒[50]（附：局部纹饰）明

明
径23.9、高12.5厘米

皮胎，朱漆里，器表红黑相间，中夹暗绿色，层次杂沓面斑纹浮动，有行云流水之势。访问漆工得知，犀皮是用稠漆堆起高低不平的地子，上层层色漆，最后磨平。地子高出的地方，经过研磨便露出漆层的断面，斑纹运行、回旋的形态取决于地子起伏的形态，故《髹饰录》有片云、圆花、松鳞等不同名色。

图 70 缠枝莲纹嵌螺钿黑漆长方盘 明

明
长31、宽19、高4厘米

木胎，黑漆嵌牙黄色螺钿，或称之曰“硨磲钿”。盘中心开光，嵌缠枝花八朵，上承八宝。底足内红漆。从盘边一片螺钿脱落处，得知嵌片厚约1.5毫米。盘制作不甚精细，而有豪放厚拙之致，是一件比较标准的明代厚螺钿器。

图 71 人物山水彩绘描漆长方盘 明

明
英国维多利亚·艾尔伯特博物馆藏
盘长47.5厘米

盘中朱漆地上施彩绘。人面、石案、花树等白色用桐油调粉，山石、树干、屋柱等黑色或深褐用漆调色，是一件描漆兼描油器。盘边黑漆地上金绘龙纹。制于天启四年甲子（1624年）。

图 72 花鸟博古纹款彩屏风[52] 清康熙

清康熙
卢芹斋旧藏
高275厘米

屏风十二叠，中部通景大幅花鸟，旭日当空，五凤翔舞栖鸣，各具神态，间以梧桐山石及多种盛开花树，并以仙鹤、鸳鸯、鹡鸰等作点缀，喧炽富丽、灿然夺目。四周刻各种博古花纹，不下八九十事，典雅而精致，为装饰艺术提供了丰富的图样。它在款彩屏风中是值得重视的一件。

图 73 松鹤图款彩屏风（局部）[53] 清康熙

清康熙
法国巴黎居涓博物馆藏
屏风十二叠，通宽624、高320厘米

据屏风背面款识，制于康熙三十年辛未（1691年），这里只见其中的五叠。画作通景，以仙鹤松石为题材，布局图形，均有法度，得明人写生花鸟笔意。此种漆器北京文物业称之曰“刻灰”。或曰“大雕填”，以别于有戗金细钩的雕填。《髹饰录》定名为“款彩”，做法是“阴刻文图，如打本之印板，而陷众色”，和实物完全吻合。

图 74 职贡图嵌螺钿间描金长方盒（盖面）清初

清初
故宫博物院藏
长40、宽30、高6.8厘米

木胎，盒面下部大石桥上有驱象、牵狮、捧珊瑚等二十七人，道上行人络绎。殿前跪拜十七人。天空用金勾出云气，内露三龙首，用螺钿嵌成。山峰用金作皴，或浑金作山，留出线条，作为轮廓。山石用壳沙填嵌，或堆漆描金。其做法是以嵌薄螺钿为主，描金为辅，故名"嵌螺钿间描金"。《髹饰录》讲到的"描金加甸"，比此件只是描金多于嵌钿之别。

图 75 婴戏图嵌螺钿加金银片黑漆箱（盖面）清初

清初
故宫博物院藏
宽、深各27.3、高28.4厘米

木胎，两侧面有鎏金凤纹铜环，正面及顶盖安可以抽插的门。除箱底外，五面及抽屉立墙均用薄螺钿及金、银片嵌婴戏图。其画本之工，裁切之巧，嵌制之精，技法之备，都远远超过所曾见到的同类器物，工细精美，令人赞叹。它是一件经年累月，不知付出了多少劳动才得以完成的艺术品（参阅图版76、77、133、134）。

图 76 婴戏图嵌螺钿加金银片黑漆箱（抽屉正面）清初

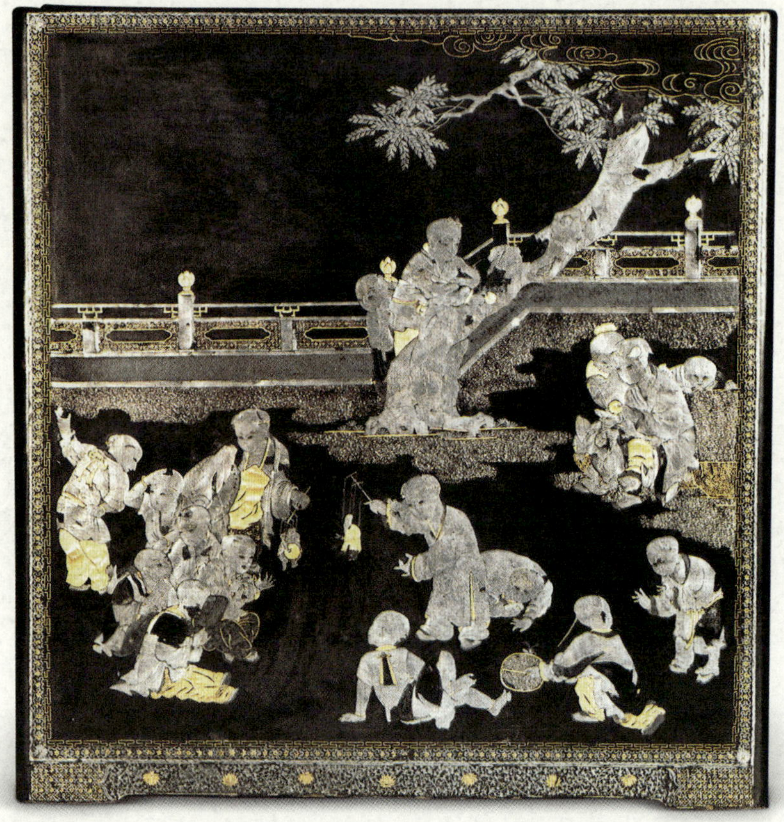

清初

此与图版75为同一器物。这是婴戏图箱的抽屉正面（参阅图版75、77、133、134）。

图 77 婴戏图嵌螺钿加金银片黑漆箱（背面）清初

清初

此与图版75为同一器物。这是婴戏图箱的背面（参阅图版75、76、133、134）。

图 78 山水人物纹嵌螺钿加金银片黑漆盘（两件）清

清
上海博物馆藏
两盘均径12.3、高1.1厘米

一嵌二人在桥边对语，有童抱锦囊琴旁立，远水波涛汹涌。一嵌行人擎伞过危桥，柳枝斜扬，得风雨之势。两盘制作皆精，与故宫博物院藏有“吴百祥作”款的《赤壁赋》、《琵琶行》薄螺钿盘相似，都是名漆工江千里一派的作品。

图 79 楚莲香嵌螺钿加金银片梅花式黑漆碟（附：底部款识）清

清
径10.5、高1.5厘米

《髹饰录》讲到嵌螺钿的“分截壳色，随形而施”及加金、银片均巧妙地运用在这件小碟上。正面用划纹的壳片及银点嵌成一执扇仕女，云髻高绾，珠钿双垂。衣衫及两袖壳色闪蓝光，袖口闪红光，长裾闪白光，并用银片缀成小朵团花，内间甸壳圆点。飘带正面用甸片，转折处用金片。碟外边有金、银及甸条组成的锦纹一道。底足内嵌“楚莲香”三字及“修永堂”方印。画本风格近似陈老莲，制作年代不能晚于清前期。

图 80 洗象图百宝嵌长方盒（盖面）清

清
故宫博物院藏
长22.5、宽18.3、高7厘米

盒木胎，在掺有象牙或鹿角碎屑的漆灰地上，用厚螺钿嵌一巨象，熠熠生光。三人持长柄帚，正在为象沐洗。人物衣衫用青玉、水晶、玛瑙等嵌成，象旁水缸则用绿松石。景物不繁，而用料珍奇，色彩绚丽。

图 81 流云纹戗金细钩描漆鹌鹑笼 清

清
径23.5、通盖高28.8厘米，直棂间隔约2厘米

木胎，似鸟笼而无横杠，为宫廷中豢养鹌鹑的用具，在出斗前使用。笼身及盖在朱漆地上用蓝、褐、红、紫、茶等色描绘流云，深浅成晕，由一色渐渐转入另一色。此非填漆所能为，显然纯粹是用描漆绘成的。但此类漆器，仍被习惯地称为“雕填”。《髹饰录》则称之为“戗金细钩描漆”。

图 82 荻浦网鱼图洒金地识文描金盒（附：盒立面）清

清
径13、高4.6厘米

盒皮胎，洒金地上用不同颜色的稠漆写起花纹，再施多种装饰手法，属《髹饰录》“复饰门”。近景树干用紫漆堆出，或堆后描金。树叶用漆平涂，黑叶者洒金粉。右侧山石四叠，一用黑漆堆起，上面贴金；一用厚金叶蒙贴，砑出皴纹，一贴银叶，一涂紫漆洒金粉。余景均用描金画出。渔船贴金叶，渔父用识文描金。盒立墙为蛱蝶落花，也采用描金、贴金、银叶等法。此盒出自我国工匠之手，但能看出受日本漆工艺的影响。

图 83 山水花卉纹嵌螺钿加金银片黑漆几 清

清
故宫博物院藏
长32、宽17.5、高13厘米

木胎，采用长方委角、有束腰、鼓腿彭牙、下带托泥的做法。几面嵌山水，束腰及牙子开光嵌花卉。锦纹以金片压心，使花纹与锦地对比更加分明。其制作时代似略晚于前面的几件薄螺钿器。

图 84 三凤牡丹纹朱漆描金碗 清乾隆

碗银里，外描牡丹及三凤。凤头金色深黄，头后飘起的细毛及凤身金色较浅。这是《髹饰录》所谓“彩金象”的画法。凤头的轮廓及眼睛用黑漆细钩。凤背的鱼鳞式羽毛及翅翎、牡丹的花叶，金色浓淡成晕，是北京匠师所谓“搜金”的画法。花叶还用金笔钩筋。在一件器物上可以看见几种描金的手法。底足内黑漆楷书款“大清乾隆年制”。

清乾隆
故宫博物院藏
径15.7、高7厘米

图 85 云龙纹填漆碗 清乾隆

碗撇口式，在鲜红色地上填嵌赭色龙纹。龙头密布红色细点，龙身用浅黄色界出鳞片。云纹填彩漆，也有黄色镶边。足内黑漆，刀刻填金“大清乾隆年制”款。此碗花纹轮廓镶黄边，是在漆胎完成之后用石黄调漆堆写起来的，此后通体填色漆，最后经过磨显，呈现出美丽的花纹。这是《髹饰录》所谓“麹前设文”的“磨显填漆”。

清乾隆
故宫博物院藏
径20、高7厘米

图 86 识文描金避暑山庄百韵册页盒（盖面）清乾隆

这是一件泥金识文描金实例，由于它浑身上金，亦被称为“浑金”。它的髹饰程序是在盒上用稠漆堆起花纹，再用稠漆勾纹理，通身上朱漆，它衬在金漆之下，《髹饰录》称之为“糙漆”，目的在“养益”金色。随后打金胶，最后上泥金。盒面花纹以莲花承托八宝，立墙作缠莲纹。盒为贮放弘历（乾隆帝）的诗册而造，所以采用了极为考究的做法。

清乾隆
故宫博物院藏
长25、宽16.2、高10厘米

图 87 蕉叶饕餮纹填漆大瓶 清乾隆

大瓶用油漆摹仿铜胎掐丝嵌珐琅（通称景泰蓝）。瓶地天蓝色，口及底足有粉色回文一圈。腹部蕉叶下用白、紫、黄三色的六角锦纹作地，内为饕餮纹。瓶上图案先经镌刻，然后填嵌，最后沿花纹勾金，借以取得掐丝的效果。此瓶大量采用油色，填入的物质有的似色料。它既不同于“镂嵌填漆”，也不同于“磨显填漆”。此瓶可能是用填干色的方法制成的。

清乾隆
故宫博物院藏
径43、高61厘米

图88 凤纹戗金细钩填漆莲瓣式捧盒（盖面）清乾隆

这又是一件填漆、描漆并用的戗金细钩漆器。盒上的锦地为填漆，缠枝花卉及凤纹为描漆。花纹处理以锦地衬缠枝花，再以缠枝花衬双凤，采用了分层衬托，并借戗划的由疏而密来突出主题，故有锦上添花，繁而不乱之妙。

清乾隆
故宫博物院藏
口径32.5、足径26.2、高15.1厘米

图 89 剔彩百子晬盘 清乾隆

清乾隆
故宫博物院藏
长57.7、宽32.2、高5.1厘米

木胎，底足内刻有“百子晬盘”字样，据宋谢维新《合璧事类》说：“周岁陈设曰晬盘”，知它是清宫在王子周岁时放各种器物的用具。盘刻幼儿数十人，作耍龙灯、划龙船、放风筝等游戏。色漆自下而上为绿、黑、黄、绿、红五层。儿童服饰以红为主，锦地用绿漆刻天纹、水纹，黑漆刻地纹。刀法爽利精能，刻痕深陡峻直，为乾隆时剔彩的代表作。

图 90 花卉纹梅瓣式剔红盒 清乾隆

盒有“乾隆年制”款识。花攒叶簇，所雕似桂花而五瓣，名称待考。雕工刻意追求的是多层次的表现，探刀于花、叶之下，状其交叠、翻卷，以期得到玲珑剔透的效果。这种乾隆时代矜为奇巧的刀法，还一直影响着今天北京的雕漆。

清乾隆
故宫博物院藏
口径12.2、高6.4厘米

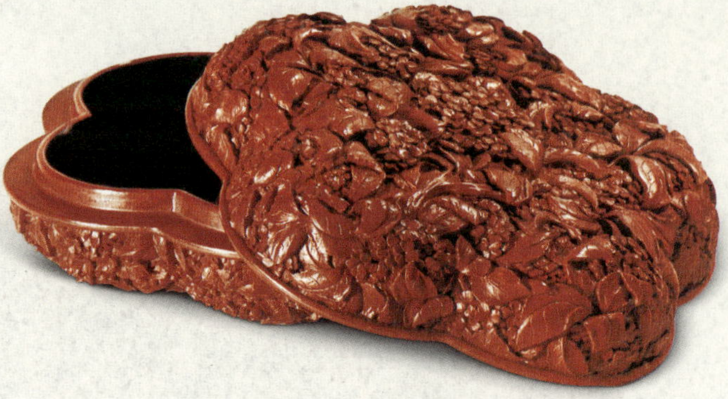

图 91 莲纹黑漆金理钩描漆盘 清

在黑漆地上用红、紫、褐等色漆描莲纹，再用金勾纹理。由于一器而兼用两种髹饰技法，故依《髹饰录》分类，应列入“斒斓门”。

清
故宫博物院藏
口径最宽28.2、高3.8厘米

图 92 蝶纹黑漆金理钩描油盒 清

木胎，盖面用白、蓝、紫、红、褐等彩油描绘双蝶，组成团花。盖边用双蝶小团花来陪衬。蝶衣施金，灿烂夺目。它和金理钩描漆技法相似，只是用料不同，而其艳丽鲜明又是描漆所不能及的。

清
故宫博物院藏
径14、高7.5厘米

图 93 瘿木漆葵瓣式香盒 清

木胎。漆面乃用刷子蘸不同色漆旋转而成，因纹理近似瘿木而得名。这是试图用简便的方法来摹拟工序繁复的犀皮漆器。

清
径15、通盖高6.5厘米

图 94 瓜蝶纹洒金地识文描金葵瓣式捧盒（附：盒盖面）清

木胎，在洒金地上用朱、黑两色稠漆堆起瓜蝶纹。花纹或全部施金，或金勾纹理。多处金已磨残，露出下面的色漆，斑驳而有古趣，正如《髹饰录》所说："成黑斑以为雅赏也。"从盒底某些剥落处，看到稠漆花纹上似贴有银叶，上面又上黑漆。这一技法的质料、工艺及制作者的意图尚待进一步研究。盒里亦为洒金地，平写描金折枝花卉。

清
径39、高13厘米

图 95 云龙纹识文描金长方盒（盖面）清

清

长19.3、宽10、高4厘米

木胎，紫红色地。盖面一龙，作拿空之势。龙头、鳞片及圆珠用深紫色稠漆堆出，描赤色金。高起处金已磨残，露出深色的底漆，与低处的浓金，形成鲜明的对比。髻鬣、龙爪及火焰，用漆平写，描正黄色金，并用黑漆勾纹理。盖面上下近边处都平写云纹，用赤色金画轮廓，正黄色金填空。两种金色的运用，说明“彩金象”同样可施之于识文描金。此盒可看出受日本高莳绘的影响。

图 96 花鸟纹黑漆红细纹填漆椭圆盒 清

清
长径10.5、短径7.5、高5厘米

皮胎，盒面为牡丹纹，立墙为水仙纹，长尾鸟飞翔其间。划纹细而密，填各色漆而以朱色为主。与一般填漆的不同在所填的只是戗划的线条，而没有较大面积的剔刻。它不像宫廷漆器那样繁缛工整，而醇朴自然，富有民间气息。

《髹饰录》述及"一种黑质红细文者，……其制原出于南方"；清田雯《黔书》讲到用铁笔镂丹来做的贵州皮胎漆器，就是这种填漆。

图 97 花果纹洒金地识文描金三层套盒 清

清
故宫博物院藏
长、宽各17.5、通高25.8厘米

底座上承方盒四撞，均在紫色洒金地上用稠漆堆起葫芦、癞瓜等花纹，贴金或金理钩。盒盖开透光，下覆如罩，用泥金作地，彩漆堆莲花纹，再施泥金或金理钩。几种髹饰技法萃集于一器之上，此是一例。其制作年代可能在乾隆末期或晚至嘉庆。

图 98 鹌鹑纹识文描金如意（局部）清

这是紫檀柄如意上端的装饰，是在紫色漆地上用稠漆堆出鹌鹑、橘实及谷穗等，寓“安居”或“岁岁平安”之意。花纹通体上黑漆，鹌鹑眼睛用碧琉璃珠嵌入，羽毛细部，橘实及枝叶都用黑漆勾纹理。部分花纹如鹌鹑翅翎、橘枝、谷穗等上泥金。器初成时，其效果和金理钩无异。只是在金色磨残后才能看到下面的黑漆细钩。从此例我们看到识文描金和镶嵌的结合。

清
如意通长47厘米

图 99 犀皮圆盒[54] 清

薄木胎，黑漆里。器表用红、黄、绿三色漆重叠积累，磨显成文。与明代红面犀皮大圆盒（图版69）相比，层次少而转屈多角，已失回婉流畅之美。清后期的犀皮，多数如此。

清
径7.6、高3.8厘米

图 100 梅花纹黑漆镌甸册页盒[55] 清

清
长24.5、宽18、高7.5厘米

据《髹饰录》的定义，嵌入漆器的壳片与漆面平齐的叫“螺钿”，经过镌刻的贝壳嵌件高出漆面的叫“镌甸”。

此盒木胎，盖面正中以湘妃竹条界出栏格，内甸嵌“宋杨补之梅谱，杭郡金农题”十一字。栏格外梅花，用甸壳镌成，枝干用紫漆堆出，皆高出漆面。盖面花枝和四边立墙连属，与瓷碗花卉有所谓“过墙花”者意匠相同。此盒为扬州制品，时代早于卢葵生，可能出于卢映之一辈之手。

图 101 观音像[56]（附：像背面）清 卢葵生制

清　卢葵生制
高21厘米

木胎，面相清秀有余而凝厚不足，已完全是清代雕像的风格。背后腰际有“葵生”篆文长方印。像原来除发髻涂石青外，通身贴金箔，贴后不再罩漆，故金易脱落，今已成为一尊紫漆观音像，仅衣纹间隙及像底尚有金色痕迹。它是明金装銮佛像及用紫漆来为金漆做糙漆的例子。

图 102 角屑灰锡胎漆壶[57]（附：壶背面）清 卢葵生制

清　卢葵生制
高12.5厘米

锡胎上敷着掺有角质沙屑的漆灰，故在褐黑的漆地中密布黄白色碎点，灿若繁星。角质似比在古琴上见到的鹿角霜坚实，可能是用象牙或未经烧煅的鹿角捣碎而取其沙屑。壶一面刻四言铭文四句，一面题“坡雪斋茗具”五字，署款：“小石铭，湘秋书，葵生刻”。

图 103 刻花鸟纹瘿木漆戗金笔筒（附：底部）清　子庄制

清　子庄刻
径14、高15.1厘米

笔筒用花梨木作胎，不敷漆灰，直接用髹刷蘸红、黄、紫、黑等色漆旋转成瘿木漆。刻长松一株，松下月季一本，花叶皆勾细筋。松上两鸟，细羽用毛雕，大翎则经铲剔。刻痕中皆填金，故实为一件戗金漆器。题字："龙鳞百尺大夫松，橅云溪外史设色法，子庄铁笔"。按"云溪外史"为恽南田别号，子庄当是咸丰时以书画篆刻名的包虎臣，见《寒松阁谈艺琐录》。

图 104 水仙纹黑漆描金篾胎碟[58] 清

清
径13、高2.9厘米

编竹作为漆器胎骨，可上溯到江陵拍马山战国楚墓出土的篾盒和凤凰山西汉墓出土的龟盾（图版20）。明、清篾胎漆器，颇为常见。描金篾胎小碟，每套四具或八具，可盛果饵飨客。碟中心黑漆，用褐漆绘水仙一株，旁佐灵石一拳，黑漆理，再用金色钩，沿边一圈，篾丝编织尽露，镀银铜扣镶口。据其制作和地方志印证，当为清晚期福建宁化一带的制品。

图 105 紫鸾鹊纹戗金细钩填漆间描漆长方盒 近代仿古器 多宝臣制

多宝臣（1887—1965），北京名漆工，此盒为仿古示范而作。图案采用宋缂丝紫鸾鹊谱。花纹中九朵绿色花萼，用填漆做成，剔刻漆层，填入绿漆，干后磨平。余皆用彩漆描成。钩刀缘花纹轮廓，钩刻纹路，通身打金胶，贴金箔，最后揩去漆面的金，保留填入纹路内的金。多师傅本人亦称此种做法为“雕填”。但照《髹饰录》的命名，则应称为“戗金细钩填漆间描漆”。

近代仿古器　多宝臣制
长23、宽16.8、高6.7厘米

图 106 三螭纹堆红盒 近代仿古器 多宝臣制

近代仿古器　多宝臣制
径16.7、高6厘米

1957年多师傅为示范而作此盒。花纹以傅忠谟先生所藏清初黄花梨三螭纹透雕图片为底稿，用退光漆加生漆及锭儿粉调成漆灰，在盒面堆起漆灰层厚约八毫米，干后用刀雕花纹，然后通身上朱漆。这是用比较简易的髹饰技法来摹拟需要上数十道朱漆才能雕刻的剔红。

图 107 针划纹漆奁[59] 西汉

西汉
湖南省博物馆藏
径11.5、高7.6厘米

这是马王堆1号墓中出土单层五子奁（图版15）内的小奁之一。夹纻胎。盖里外中心部分针划云气纹，加朱绘，盖边缘及器身近底处针划几何纹，加朱绘细点。用针划纹装饰漆器，战国时已有，至西汉更为成熟。早于1号墓数年的3号墓也发现针划纹漆器。该墓出土的竹简记载着此种技法的名称叫“锥画”，可见后代流行的戗划漆器有悠久的历史。称此种做法为“雕填”。

图 108 双层月牙式描漆盒[60] 汉

1975年安徽天长县汉墓出土。夹纻胎，两撞及盖共三层，上层底部坐入下层口内。盖面嵌柿蒂纹银叶。里朱色，表面黑色，朱绘云纹，草草勾点而无损其华美。盒的造型，瘦如新月，在汉代漆器中是极为罕见的。

汉
安徽省博物馆藏
长12.2、半径4、高6厘米

图 109 花鸟纹嵌螺钿黑漆经函[61] 五代

五代
苏州博物馆藏
长35、高12.5厘米

1978年苏州瑞光寺塔第三层塔心窨穴内发现。木胎，盝顶式，下有平列壶门的须弥座，壶门内状如芽苗的装饰用金箔粘贴。通身黑漆地上用厚螺钿嵌花鸟纹，线雕划纹理。造型及图案，均具唐代风格。函中经卷题记，有的早至五代吴杨大和三年辛卯（931年）。故经函亦可能是五代时物，到北宋初寺塔建成时藏入窨穴的。

图110 黑漆盆[62]（附：盆底款识）辽

1974年辽宁法库叶茂台7号辽墓出土。卷木胎，底用薄木板另安，内外糊织物，上漆灰。灰上先髹朱漆，再上褐黑色漆为面。底外面朱书“庚午岁李上牢”六字。辽代漆器传世不多，据此知与北宋一色漆器制作及题识均相似。承参加发掘工作的同志见告，盆与双陆局同置椅上，旁有双陆子及牙骰，故知原为掷骰用具。

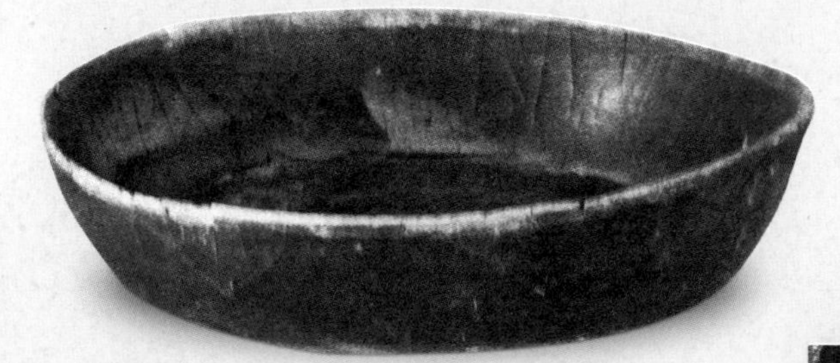

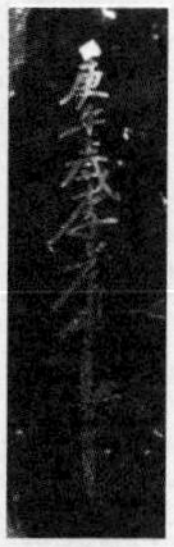

辽
辽宁省博物馆藏
口径44.57、高10厘米

图111 花瓣式紫漆钵[63] 北宋

北宋
湖北省博物馆藏
径17.9、高5.8厘米

1965年武汉市十里铺北宋墓出土。木胎，有“己丑襄州邢家造真上牢”题记。另一钵径12.8、高6厘米，外壁朱书“戊子襄州□（驰？）马庵西谢家上牢记□”。末一字似为制者的花押。唐宋时襄州以产漆器著名。李肇《国史补》称：“襄州人善为漆器，天下取法，谓之‘襄样’。”《宋史·地理志》有“襄阳府岁贡漆器”的记载，故可视为北宋时代表性的漆器。

图 112 十瓣平足盘、六瓣平足盘[64] 北宋

北宋
南京博物院藏
上盘口径14、底径7.5、高4厘米。下盘口径11、底径6、高3厘米

1959年江苏淮安杨庙镇北宋墓出土72件中的两件，均木胎糊织物。上：内紫色，外黑色，外边朱书“江宁府烧朱任真上牢”。下：紫色，外底黑色，朱书“己丑温州□□上牢□”。

这批漆器有题记的达19件之多，除制造地点外并记工匠姓氏，是研究宋代漆工史的重要材料。

图 113 描金经函（内函）[65] 北宋

此为经函的内函（外函见图版35）。器身除函底外，均工笔描金。顶部绘双凤纹三团，四壁绘鸟纹八团，花卉纹作地。须弥座皆绘双凤、鸟纹、神兽纹、菱形花纹为地。此函的金色花纹与一般的描金漆器做法不同。它是金粉调胶，像卷轴画似的，直接用笔画到漆面上去。采用此法乃因内函之外尚有外函，又藏入塔内，不会把金色磨残的缘故。

北宋
浙江省博物馆藏
底座长33.8、宽11、高11.5厘米

图 114 山水花卉纹填朱漆斑纹地黑漆戗金长方盒[66]（附：盒盖里面款识）南宋

南宋
常州市博物馆藏
长15.4、宽8.3、通高11厘米

这是盒侧面立壁斑纹地戗金缠枝花卉纹和盖内朱书题记："庚申温州丁字桥巷廨七叔上牢"十三字。（参阅图版37）

图 115 剔犀执镜盒[67] 南宋	图 116 剔犀团扇柄[68] 南宋
 南宋 常州市博物馆藏 径15.7、高3.2厘米	 南宋 镇江市博物馆藏 长12.5、最大径2.4厘米
1977年武进县林前公社南宋墓中发现。木胎，盒面、柄部及盒壁周缘雕云纹图案，褐底黑面，漆层为朱、黄、黑三色更叠。盒里及底面黑漆。此器出土时表面雕饰大部浮脱，经上海博物馆的同志精心修复，使复旧观。	1975年于江苏金坛县茅山东麓周瑀墓中发现。扇柄雕云纹三组，黑面，从刀口可见朱、黑两色漆各十余层，是乌间朱线的实例。柄上还刻“君玉”二字，乃周瑀号。周瑀卒于淳祐九年（1294年），故知扇柄是一件南宋末年制的剔犀器。

图 117 婴戏图剔黑盘[69] 宋

夹纻胎，表面黝黑而微呈褐色，下层有薄朱漆，最下为暗黄色地。正、背面刻花卉边，正面中心刻楼阁。其刀法堪称“藏锋清楚，纤细精致”，尤以花纹凸起不高，犹如印书的木板，可悟《髹饰录》剔红条“唐制多印板刻平锦朱色，雕法古拙可赏”的做法。它与现藏日本的醉翁亭剔黑盘刀法及布局非常相似，故可信它是南宋时期的剔黑器。

宋
日本文化厅藏
径31.2、高4.5厘米

图 118 人物花鸟纹戗金经箱[70] 元

元
日本兵库山本清雄藏
长40、宽20.6、高25.8厘米

据日人冈田让的说明，箱盖顶戗划凤凰，两侧面为孔雀，前面为长尾鸟，背面为人物。图中所见是孔雀的一面。戗划的技法与《髹饰录》所说的“物象细钩间一一划刷丝”吻合。它与另一件流传在日本的延祐二年（1315年）鹦鹉纹经箱如出一手，都是标准的元代戗金器。

图 119 海水龙纹嵌螺钿莲瓣式盘〔71〕元

元
日本东京国立博物馆藏
径33、高1.8厘米

巨龙腾出海水，双目仰视，炯炯有神，张吻吐舌，劲爪攫空，又有火焰环绕，猎猎助势。上下云气海涛，亦无一不动，径尺漆盘，似能容万里海天，图像之精，实属罕见。且系用细小的壳片嵌成，更使人赞叹称绝。

龙的形象，不同于明初漆器上所见，定为元代，自属可信。

图 120 剔犀盒[72]（附：盒盖面及底面款识）元 张成造

元　张成造
安徽省博物馆藏
径14.5、高6.5厘米

木胎，盒盖及底各雕云纹三组，黑漆堆积肥厚，刀口深几乎达一厘米，中露朱漆三线。形制古朴，质地坚实，润滑莹澈，光可照人，底有“张成造”针划款，是元代雕漆中无上精品。明初曹昭《格古要论》称：“元朝嘉兴府西塘杨汇新作者虽重数多，剔得深峻者，其膏子少有坚者，但黄地子者最易浮脱。”今据此盒，知曹昭所云，不尽可信。

图 121 东篱采菊图剔红盒[73]（盖面）元

元

此为盒面花纹特写（参阅图版42）。

图 122 牡丹绶带纹剔红大圆盒（盖面）明初

绶带双飞，以盛开牡丹作地，花纹富丽而流畅。朱漆层内间黑漆两线，花梗上有圆圈纹毛雕，只有审视原器才能看清楚。盒壁雕香草纹。以花卉衬双鸟是张成非常擅长的题材，有传世实物可证。此盒虽无款识，定为元、明之际嘉兴杨汇漆工的制品，似无大误。

明初
故宫博物院藏
径43.7、高12.3厘米

图 123 牡丹纹剔红盘 明永乐

明永乐
故宫博物院藏
口径32.4、足径25.3、高4.4厘米

黄色地上堆朱，雕盛开牡丹六朵。有正面、有稍侧半面、有全侧略被叶掩、有背人蒂萼毕露、更间以不同大小的花蕾，叶茂枝繁，而熨帖成章，足见雕工的精心设计。牡丹纹虽为明初剔红最习用的题材之一，惟精妙如此，十分罕见。足内有“大明永乐年制”针划款。

图 124 八仙图花鸟纹红锦地剔黑八方捧盒（附：盒盖面及盖内面刻诗、足内款识）明

明
故宫博物院藏
径43.7、通高12.3厘米

朱锦地上黑漆堆积不厚，而人物花鸟镌刻皆工。足内有“大明永乐年制”刀刻填金款。盖内刻乾隆四十七年壬寅弘历题七律诗一首。其刀法虽意在藏锋，但堆漆较薄，花纹繁缛，露锦地颇多，与永乐的风格显然不同。款字刀刻，也与永乐针划款不同。盖面的八仙花纹，是嘉靖雕漆常用的题材。我们有足够的理由来判断此盒的年代晚于永乐。

图125 文会图剔红委角方盘（附：局部文饰及款识）明 王松造

明　王松造
故宫博物院藏
口径25.5、足径19厘米

盘心雕殿阁庭院，宴饮、观画、投壶者二十余人。山石后门上刻“滇南王松造”五字。刀法属于藏锋一派，时代风格似稍晚于宣德。盘为清宫旧藏，款识可信非伪。值得研究的是近年多将刀法不甚精到、快利而棱角尽在、民间气息比较浓厚的一类明代雕漆定为云南制品（参阅图版126）。王松造此盘只能否定上述的说法。

图 126 三友草虫图剔红盒 明

明
故宫博物院藏
口径29、足径21.2、高9厘米

盒盖雕山石及松、竹、梅，以蜂、蝶、螳螂等作点缀，以细小的缠莲卷叶为地。用刀似一剔而就，不加打磨。当代中外学者据明《帝京景物略》："云南雕法虽细，用漆不坚，刀不藏锋，棱不磨熟"，及沈德符《野获编》有关记载，将这类雕漆定为云南制，证据似嫌不足。与此盒风格相同的雕漆传世实物颇多，均无款识。这是不易断代、定产地的主要原因。

图 127 龙纹黑漆描金药柜[74] 明万历

明万历
故宫博物院藏

此为柜门关闭，得见其正面的形状（参阅图版67）。

图 128 龙纹甸沙地黑漆描金架格[75] 明万历

明万历
故宫博物院藏
宽158.9、深63.5、高175厘米

架分三格，正面空敞，侧面安壶门式圈口，通体黑漆，洒嵌甸壳沙屑为地，绘描金花纹，正面为双龙戏珠，背面花鸟湖石。背面上格正中有款识“大明万历年制”。

图 129 双凤缠枝花纹漆画长方盒（附：盒盖面）明

明

故宫博物院藏

长约20、宽约12、高约10厘米

《髹饰录》把纯色画即只用一色画的漆器名曰“漆画”。此盒朱漆地，上面纯用黑漆作花纹，是一件漆画的实例。

盒画双凤及缠枝月季。凤身细毛，用黑漆疏疏剔出。花纹秀丽，精妙绝伦。无款识，制作年代当在明中期。

图 130 鹭鸶莲花纹嵌螺钿黑漆洗（正、背面）明

明
故宫博物院藏
长38、宽21.5、高7.7厘米

洗椭圆形，偏在一边有立墙将洗隔成大小两格，略似船形。洗内嵌鹭鸶莲花纹，洗外嵌石榴花纹。薄螺钿，但比清初江千里一派所用的要厚些，一律闪白光，不分色。其特点在花纹全部用窄条螺钿嵌成，不用壳片，也不施划纹。无款，制作年代当在明代中、晚期。

图 131 山水人物纹朱地描金加彩漆大圆盒（附：盒盖面）明

明
故宫博物院藏
盒径53、高10.5厘米

盒面画山石曲径，长松杂树，楼阁寺观，人物相揖，采用大量金色，而山石皴纹、苔点，树木枝干、夹叶，寺观门窗、檐瓦等，均用黑漆画成。以绿漆画松针，用粉调油色画人物面部及衣衫。夹叶虽用金钩，中露朱色漆地，故有秋林景象。立墙黑漆地描金云龙。无款识。

图 132 葵瓣式剔犀盒 明

明
故宫博物院藏
径约20、高约15厘米

通体雕云纹，朱漆层内见黑线，是《髹饰录》所谓“红间黑带”一种。

图 133 婴戏图嵌螺钿加金银片黑漆箱（正面插门）清初

清初

此与图版75为同一器物。这是婴戏图箱的正面插门（参阅图版75、76、77、134）。

图 134 婴戏图嵌螺钿加金银片黑漆箱（侧面）清初

清初

此与图版75为同一器物。这是婴戏图箱的侧面（参阅图版75、76、77、133）。

图 135 山水人物纹嵌骨黑漆长方盒（盖面）清

清
故宫博物院藏
长33.2、宽18.9、高6.4厘米

辽宁北票县北燕冯素弗墓曾发现黑漆嵌骨长方盒，只用菱形骨片嵌出几何纹图案。此后发展为用不同形状的骨片、骨条嵌出各种花纹。它的演变当然和嵌螺钿漆器有密切的关系。

山水人物嵌骨黑漆长方盒，是一件清前期的制品，技法已臻完善。作者依物象的需要镂镌骨片、骨条，嵌成后还加划纹，并填黑漆，使其宛如图画。更如山石的处理，有的是骨片加苔点，有的则只嵌轮廓，可以看出其变化。

图 136 园林人物纹嵌铜黑漆箱（盖面）清

清
故宫博物院藏
长47.5、宽22、高10.5厘米

六角台上，屏风前二老对弈，两人旁侍。前景武将披甲胄，手举简状物，似为驿报，后有人马相随。此图所绘可能是谢东山闻捷故事。以上景物均在黑漆地上用白铜片嵌出，上加錾凿及划纹。

嵌铜与嵌金、银技法相似，自然有密切关系。惟铜价贱而嵌片厚，可以錾剔较深，取得与金、银平脱不同的效果。

图 137 山水纹款彩屏风（局部）[76] 清

这只是屏风上局部花纹的特写，由于画面不大，可以清楚地看出款彩的刀工技法。山冈下，松杉成林，崇楼一角，远山映带。画有北宗意趣，颇似南宋人画的小景。尤其是山石的勾皴，运刀如用笔。可见款彩是很适宜用来表现绘画的。

清
长约30厘米

图 138 云龙纹隐起描金大柜（柜门）清

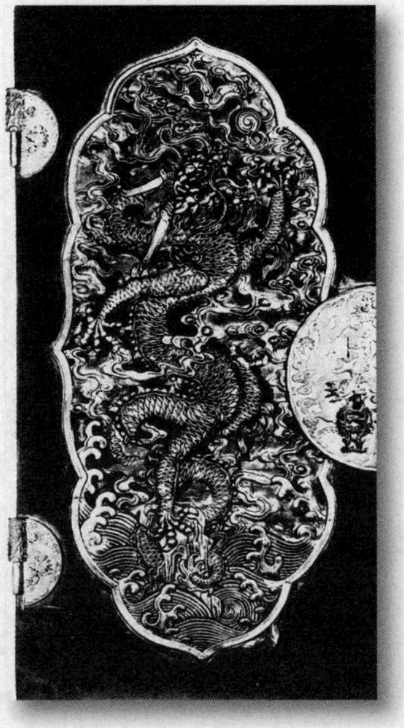

大柜花纹采用《髹饰录》所谓“隐起描金”的髹饰技法。图为顶柜上的一扇门，浮雕龙纹，泥金罩漆。龙身及头部高出漆地约三厘米，龙爪及流云、海水高出约一厘米，花纹整体虽饱满圆润，而细部又非常犀利，非雕琢不能成功。柜门铜饰錾有“乾隆年制”字样，但图案风格似早于乾隆，而且铜饰面叶还侵占了花纹的部位，铜饰有后配的可能性。

清
故宫博物院藏
高约80厘米

图 139 云龙纹戗金黑漆炕桌（附：桌面纹饰）清

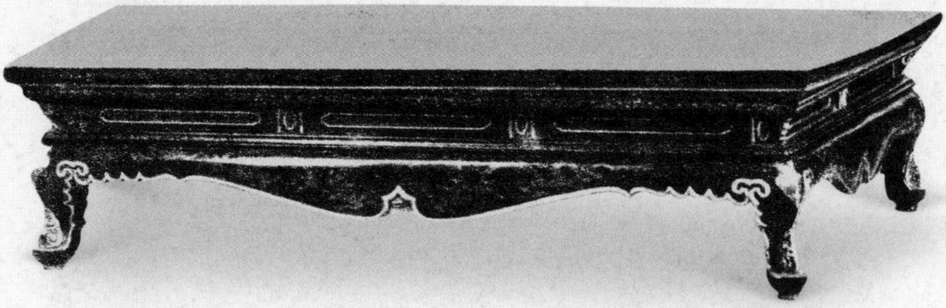

清
故宫博物院藏
桌长118、宽84.3、高31厘米

桌上另有活动桌面，可装可卸。花纹主要戗划在活面上。近似菱形的开光中为坐龙，四角为行龙，边缘为双龙戏珠。戗划技法不同于宋元以来常见的戗金，花纹内不加纤皴，没有《髹饰录》所谓的“划刷丝”。因而有人称之为“清钩戗金”，以别于有细密刷丝的戗金。

图 140 花鸟纹戗金细钩描漆大柜（柜门）清

清
故宫博物院藏
门高约80厘米

大柜通体以杏黄色漆作地，刻卍锦纹，填朱漆，彩漆绘花鸟，钩刻填金。彩绘下用填漆作锦纹，隐约可见。其制作过程是：先全面雕填锦纹作地，再描绘花纹。这样做比刻锦地为花纹留出空白简单得多，但只适用于描绘做花纹，不适用于雕填做花纹。清代一般所谓的“雕填漆器”，多数只有锦地为填漆，花纹乃是描漆，不是名副其实的“雕填”。

图 141 龙纹赤糙地描金罩漆箱（局部）清

清
箱长86、宽56、高57厘米

盖顶开光，中画牡丹海棠，光外四角画缠枝莲纹。正面及两侧各用缠枝莲纹作地，上压双龙，背面画花卉。花纹的画法是在朱漆地上用金胶作描绘，贴金后，黑漆钩纹理，最后通体罩漆。这种髹饰方法，《髹饰录》称“赤糙描金罩漆”，近代北京匠师则称“金箔罩漆开墨”。

图 142 瓷胎剔犀瓶（附：瓶底足及仿明款识）清

花瓶作觚形，除腹部雕圆寿字外，通身为云纹，紫黑色面，刀口内有红色层次，属于“乌间朱线”一类。底足瓷胎尽露，青花款“大明成化年制”。康熙仿明多作此款。瓶为康熙时物，故知髹漆雕制的时间不能早于17世纪60年代。

清
故宫博物院藏
瓶高44、口径21.7、足径16厘米

图143 铜丝胎黑漆小箱〔77〕清

清

长45、宽23.5、高13.5厘米

箱以薄木板做成，铜条镶边框，底面及里都髹黑漆，立墙四面则尽露铜丝编织，细密成文。严格说来，它是一件木质又附贴铜丝编织为胎骨的漆器。据光绪重刊本《长汀县志·物产》："铜丝器，木其质干也，漆其文饰也，丝竹其经纬也。或佐之以革，或镶之以铜，一器而工聚焉。邑人制为箱、盒、盘、盂等器……甚觉华美。"此箱可能就是福建长汀的制品。

图 144 菊瓣形脱胎朱漆盘 清乾隆

这是一件夹纻漆器，而实际胎骨用料可能是绢或夏布，比纻麻布更薄的织物，故体轻，而瓣棱锐利。“夹纻”一名，宋元以后，少见使用，至清代其流行名称为“脱胎”。盘心弘历题诗（作于乾隆甲午，即1774年）“吴下髹工巧莫比，仿为或比旧还过。脱胎那用木和锡，成器奚劳琢与磨”可证。此法现在还广泛使用。

清乾隆
故宫博物院藏
口径19.5、足径13.1、高4厘米

图 145 秋虫桐叶形剔红盒（盖面）清乾隆

盒作桐叶形，上伏秋蝉、络纬各一。有“乾隆年制”款识。雕者利用叶子的筋脉作锦地，可谓细入微芒。采用与盒形及秋虫有直接联系的天然物象作地子，自然比人工设计的锦文要好得多。意匠经营，甚见巧思，因而它在日趋繁琐的乾隆雕漆中，是少数比较成功的例子。

清乾隆
故宫博物院藏
径13.5×10.5、高5.2、通座高8.5厘米

图 146 绦纹剔黑大碗 清乾隆

盒有乾隆款识，口刻蕉叶纹，在斜方锦地上刻由绦纹组成的图案四组，各组之间雕云纹及莲花一朵。碗的尺寸既大，色又纯黑，故显得疏朗而纯朴，在乾隆雕漆中也是不多见的。

清乾隆
故宫博物院藏
碗口径30.6、足径13.3、高14.5厘米

图 147 八仙过海图剔红错镌玉笔筒 清乾隆

笔筒有乾隆款识。祥云及海水均为剔红，八仙人物则用白玉琢成，嵌镶到海水波涛之内，并用玉环钤口。《髹饰录》“煸斓门”中有“雕漆错镌甸”一种，但未提到雕漆错镌玉。这当然是为了迎合弘历的爱好，从镌甸发展出来的更为名贵考究的做法。

清乾隆
故宫博物院藏
高约20厘米

图 148 岁朝图百宝嵌八方盒（盖面）清

清
故宫博物院藏
长、宽39.3、高12厘米

盒紫色地，面嵌葫芦式青玉瓶，镶镌甸“大吉”字。内插天竹和腊梅各一枝。剔红浅盆植水仙两本，嵌碧玉和染骨叶、白玉花、螺钿花心、象牙根茎。盆下有黄杨木几座。盒面还用紫晶嵌葡萄、绿松石果子、岫阳石石榴、青金石松枝等。盒立墙用金涂地，紫漆作缠枝莲纹。此盒用料繁多而技法复杂，但风格较晚，似是乾嘉之际的制品。

图 149 太平有象识文描金如意（局部）清

清
长约50厘米

这是紫檀如意柄上端的如意头部分。紫色漆地上用稠漆堆出巨象，背驮宝瓶，瓶内插华盖、花及鱼。象身两侧，一伞一螺，象下为宝轮及盘肠，承前后足，以上均上退光漆，并用黑漆钩纹理。花纹之外的漆地用稠漆密勾云纹，云纹低陷处全部填金。如意虽未用金作描绘，但仍应列入识文描金一类做法中。

图150 梅花纹百宝嵌琵琶[78] 清

清

高97、最宽25.5厘米

背面嵌梅花一本，老干疏花，有金俊明画意。花朵用螺钿镌成，花萼用剔红，枝干利用椰子壳面的天然节眼来表现树本的鳞皴，还用绿色染牙，嵌成苔点。左侧上部有五言诗两句：“朗月侵怀抱，梅花寄指音”，下署“自在主人识”款及“匏田”椭圆一印，切用镌甸嵌成。右侧有鸡血、田黄等珍贵叶蜡石嵌成的两印。此琵琶颇似扬州卢映之一派的制品。

图151 刻梅花纹仿紫砂锡胎漆壶[79]（正、背面）清 卢葵生制

清　卢葵生制
径14.2厘米

锡胎，形制色泽，完全仿紫砂器。从壶盖微有剥落处，看得出是在锡胎上先上漆灰，打磨后再罩若干道紫漆，最后刻梅花及题字。刀痕颇深，并有钝拙趣味。题字为："竹叶浅斟，梅花细嚼。一夕清淡，几回小坐。"款"葵生"，并有"栋"字小方印。

在一色漆器上刻书画，是清代才流行，到卢葵生已臻成熟的一种做法。

图 152 梅花纹镌甸漆沙砚[80]（附：砚盒盖及盒底）清 卢葵生制

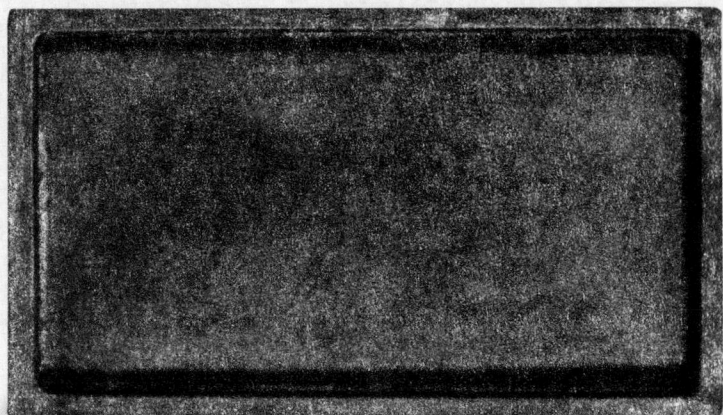

清 卢葵生制

长14.6、宽8.5、厚1.9厘米

砚黑色，内含极细沙粒，其中有无胎骨，不详。砚质粗细约与歙石相等。体轻，仅重119克。砚侧阴刻篆书“葵生”二字。

砚盖在紫漆地上嵌折枝梅花两本，花用甸壳琢成。花心嵌红色小料珠。梅枝、梅萼用椰子壳雕嵌。花纹全部高出漆面。

砚底也是外紫里黑，下有四乳足。底中凹入部分上黑漆，钤“卢葵生制”阳文朱漆印。

图 153 梅花纹镌甸漆沙砚（砚盒活屉内的卢氏漆沙砚仿单及顾千里《漆沙砚记》）[81]

清 卢葵生制

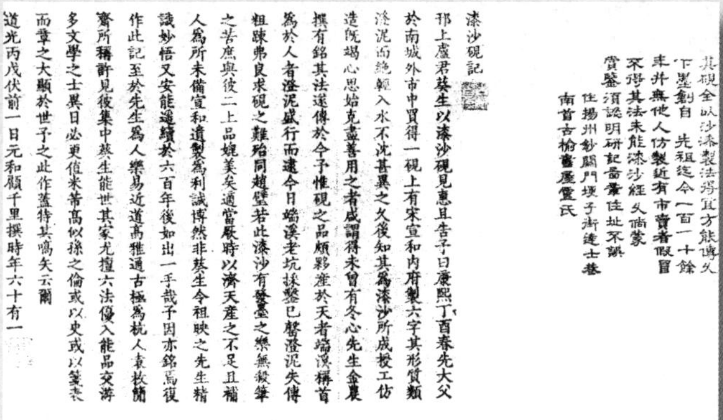

其硯全以沙漆製法得宜方能傳久
下墨創自 先祖迄今一百一十餘
年并無他人仿製近有市賈者假冒
不得其法未能漆沙經久備蒙
賞鑒須認明研記爲彙住址不誤
住揚州鈔關門埂子街達士巷
南首古榆書屋盧氏

漆沙硯記

邗上盧君葵生以漆沙硯見惠且告予曰康熙丁酉春先大父於南城外市中買得一硯上有宋宣和內府製六字其形質類澄泥而絶輕入水不沉甚異之久後知其爲漆沙所成授工仿造既竭心思始克盡善用之者咸謂得未曾有冬心先生金農撰有銘其法遂傳於今予惟硯之品類夥産於天者端溪稱首爲於人者澄泥盛行而遠今日端溪老坑採鑿已罄澄泥失傳粗跡弗良求硯之難殆同趙璧若此漆沙有發墨之樂無發筆之苦庶與彼二上品媲美矣適當厥時以濟天產之不足且補人爲所未備宣和遺製爲利誠博然非葵生令祖映之先生精識妙悟又安能遥續於六百年後如出一手哉予因亦銘焉復作此記至於先生爲人樂易近道高雅通古極爲杭人袁枚簡齋所稱許見後集中葵生能世其家尤擅六法優入能品交游多文學之士異日必更值米芾高似孫之倫或以史或以纂表而章之大顯於世予之此作蓋特其嚆矢云爾

道光丙戌伏前一日元和顧千里撰時年六十有一

清 卢葵生制

漆沙砚连同盖及底装在楠木匣内，下安有四小轮的活屉承托。活屉有夹层，里面贮放折叠好的卢氏漆沙砚仿单及顾千里撰的《漆沙砚记》各一张，均木刻水印。

仿单红纸隶书。据此得知卢葵生家住扬州钞门关埂子街达士巷，室名“古榆书屋”。仿单印制，意在防止假冒，说明当时有人仿制漆沙砚出售。

《漆沙砚记》，牙色纸楷书，顾千里撰，作于道光丙戌（1826年）。记中讲到卢葵生擅画，“尤擅六法，优入能品”，是一篇难得的有关漆工的文献。

图 154 金髹透雕小龛 晚清

晚清
广东省博物馆藏
宽31.5、深7、高40厘米

流行在我国东南几省的一种漆木工艺是透雕贴金，做成各种用具及建筑装饰。一般为明金，不罩漆，是《髹饰录》所谓的“金髹”做法。这件小龛是广东潮州的制品。

参考文献

〔1〕河姆渡遗址考古队：《浙江河姆渡遗址第二期发掘的主要收获》，《文物》1980年5期。

〔2〕河北省博物馆、河北省文管处台西发掘小组：《河北藁城县台西村商代遗址1973年的重要发现》，《文物》1974年8期。

〔3〕山东省博物馆：《临淄郎家庄一号东周殉人墓》，《考古学报》1977年1期。

〔4〕〔5〕随县擂鼓墩一号墓考古发掘队：《湖北随县曾侯乙墓发掘简报》，《文物》1979年7期。湖北省博物馆：《随县曾侯乙墓》文物出版社1980年版。

〔6〕湖南省古墓葬清理工作队：《长沙仰天湖战国墓发现大批竹简及彩绘木俑、雕刻花板》，《文物参考资料》1954年3期。叶定侯：《长沙楚墓出土"雕刻花板"名称的商讨》，《文物参考资料》1956年12期。

〔7〕陈大章、贾峨：《复制信阳楚墓出土木漆器模型的体会》，《文物参考资料》1958年1期。

〔8〕湖北省文化局文物工作队：《湖北江陵三座楚墓出土大批重要文物》，《文物》1966年5期。

〔9〕中国科学院考古研究所：《长沙发掘报告》，科学出版社1957年版。

〔10〕中央音乐学院民族音乐研究所调查组：《信阳战国楚墓出土乐器初步调查记》，《文物参考资料》1958年1期。王世襄：《楚瑟漆画小记》，香港《大公报·艺林》1978年10月11日。

〔11〕同〔7〕〔8〕。袁荃猷：《关于信阳楚墓虎座鼓的复原问题》，《文物》1963年2期。

〔12〕〔13〕〔14〕湖北孝感地区第二期亦工亦农文物考古训练班：《湖北云梦睡虎地十一座秦墓发掘简报》，《文物》1976年9期。

〔15〕〔17〕〔18〕〔19〕〔59〕湖南省博物馆、中国科学院考古研究所：《长沙马王堆一号汉墓》，文物出版社1973年版。

〔16〕湖南省博物馆、中国科学院考古研究所：《长沙马王堆二、三号汉墓发掘简报》，《文物》1974年7期。

〔20〕长江流域第二期文物考古工作人员训练班：《湖北江陵凤凰山西汉墓发掘简报》，《文物》1974年6期。李家浩：《江陵凤凰山八号汉墓"龟盾"漆画试探》，《文物》1974年6期。

〔21〕湖南省博物馆：《长沙砂子塘西汉墓

发掘简报》，《文物》1963 年 2 期。
〔22〕湖北省博物馆：《光化五座坟西汉墓》，《考古学报》1976 年 2 期。
〔23〕南京博物院：《江苏连云港市海州网疃庄汉木椁墓》，《考古》1963 年 6 期。
〔24〕贵州省博物馆：《贵州清镇平坝汉墓发掘报告》，《考古学报》1959 年 1 期。贵州省文物管理委员会：《贵州清镇平坝汉至宋墓发掘简报》，《考古》1961 年 4 期。
〔25〕〔27〕〔28〕〔60〕安徽省文物工作队：《安徽天长县汉墓的发掘》，《考古》1979 年 4 期。
〔26〕〔29〕山东省博物馆、临沂文物组：《临沂银雀山四座西汉墓葬》，《考古》1975 年 6 期。
〔30〕山西省大同市博物馆、山西省文物工作委员会：《山西大同石家寨北魏司马金龙墓》，《文物》1972 年 3 期。志工：《略谈北魏的屏风漆画》，《文物》1972 年 8 期。
〔31〕河南省文化局文物工作第二队：《洛阳 16 工区 76 号唐墓清理简报》，《文物参考资料》1956 年 5 期。
〔32〕沈令昕：《上海市文物保管委员会所藏的几面古镜介绍》，《文物参考资料》1957 年 8 期。
〔33〕傅芸子：《正仓院考古记》，日本文求堂 1941 年版。
〔34〕杨宗稷：《藏琴录》，民国刊《琴学丛书》本。
〔35〕〔65〕浙江省博物馆：《浙江瑞安北宋慧光塔出土文物》，《文物》1973 年 1 期。
〔36〕蒋缵初：《谈杭州老和山宋墓出土的漆器》，《文物参考资料》1957 年 7 期。
〔37〕〔38〕〔39〕〔66〕〔67〕陈晶：《记江苏武进新出土的南宋珍贵漆器》，《文物》1979 年 3 期。
〔40〕〔41〕〔44〕魏松卿：《元代张成与杨茂的剔红雕漆器》，《文物参考资料》1956 年 10 期。
〔42〕〔43〕〔73〕上海博物馆沈令昕、许勇翔：《上海市青浦县元代任氏墓葬记述》，《文物》1982 年 7 期。上海博物馆：《上海博物馆珍藏文物展》1980 年版。
〔45〕《文物》编辑部编：《无产阶级文化大革命期间出土文物展览简介》，《文物》1972 年 1 期。
〔46〕山东省博物馆：《发掘明朱檀墓纪实》，《文物》1972 年 5 期。杨伯达：《明朱檀墓出土漆器补记》，《文物》1980 年 6 期。
〔47〕同〔46〕。中国社会科学院考古研究所、四川省博物馆成都明墓发掘队：《成都凤凰山明墓》，《考古》1978 年 5 期。
〔48〕王世襄：《雕刻集影》，自刊 1959 年油印版。王世襄：《雕刻琐碎》，香港《美术家》1980 年 14 期。庄申：《关于雪山大士》，香港《美术家》1980 年 17 期。
〔49〕〔74〕〔75〕李鸿庆：《明代万历款的黑漆描金药柜和书格》，《文物参考资料》1956 年 7 期，图见封面、封二、封三。
〔50〕〔54〕袁荃猷：《谈犀皮漆器》，《文物参考资料》1957 年 7 期。
〔51〕R. S. Jenyns and W.Watson：Chinese Art，The Minor Arts，1963. H.Garner，Chinese Lacquer，Faber and Faber，1979.
〔52〕〔53〕M. Beurdeley：Chinese Furniture，Kodansha International，1979.
〔55〕〔56〕〔57〕〔78〕〔79〕〔80〕〔81〕王世襄、袁荃猷：《扬州名漆工卢葵生和他的一些作品》，《文物参考资

料》1957 年 7 期。
〔58〕〔77〕王世襄:《有关清代福建工艺三、五事》,《福建工艺美术》1980 年 3 期。
〔61〕苏州市文管会、苏州博物馆 :《苏州市瑞光寺塔发现一批五代、北宋文物》,《文物》1979 年 11 期。
〔62〕辽宁省博物馆、辽宁铁岭地区文物组发掘小组 :《法库叶茂台辽墓纪略》,《文物》1975 年 12 期。
〔63〕湖北省文化局文物工作队 :《武汉市十里铺北宋墓出土漆器等文物》,《文物》1966 年 5 期。
〔64〕罗宗真:《淮安宋墓出土的漆器》,《文物》1963 年 5 期。
〔68〕镇江市博物馆、金坛县文管会 :《金坛南宋周瑀墓》,《考古学报》1977 年 1 期。镇江市博物馆、金坛县文化馆 :《江苏金坛南宋周瑀墓发掘简报》,《文物》1977 年 7 期。和惠:《宋代团扇和雕漆扇柄》,《文物》1977 年 7 期。
〔69〕Lee Yu——Knan : Oriental Lacquer Art.1972 Weatherhill, p.91.
〔70〕日本东京国立博物馆 :《东洋の漆工艺》, 1977 年。展品第 469。
〔71〕日本东京国立博物馆 :《中国の螺钿》第 10 页, 彩色图 7, 1981 年版。
〔72〕王世襄 :《记安徽省博物馆所藏的元张成造剔犀漆盒》,《文物参考资料》1957 年 7 期。
〔76〕R. L.Hobson : Chinese Art, Ernest Benn Ltd, 1927.

插图检索

图版检索

113　描金经函　北宋
114　山水花卉纹填朱漆斑纹地黑漆戗金长方盒　南宋
115　剔犀执镜盒　南宋
116　剔犀团扇柄　南宋
117　婴戏图剔黑盘　宋
118　人物花鸟纹戗金经箱　元
119　海水龙纹嵌螺钿莲瓣式盘　元
120　剔犀盒　元　张成造
121　东篱采菊图剔红盒　元
122　牡丹绶带纹剔红大圆盒　明初
123　牡丹纹剔红盘　明永乐
124　八仙图花鸟纹红锦地剔黑八方捧盒　明
125　文会图剔红委角方盘　明　王松造
126　三友草虫图剔红盒　明
127　龙纹黑漆描金药柜　明万历
128　龙纹甸沙地黑漆描金架格　明万历
129　双凤缠枝花纹漆画长方盒　明
130　鹭鸶莲花纹嵌螺钿黑漆洗　明
131　山水人物纹朱地描金加彩漆大圆盒　明
132　葵瓣式剔犀盒　明
133　婴戏图嵌螺钿加金银片黑漆箱　清初
134　婴戏图嵌螺钿加金银片黑漆箱　清初
135　山水人物纹嵌骨黑漆长方盒　清
136　园林人物纹嵌铜黑漆箱　清
137　山水纹款彩屏风　清
138　云龙纹隐起描金大柜　清
139　云龙纹戗金黑漆炕桌　清
140　花鸟纹戗金细钩描漆大柜　清
141　龙纹赤糙地描金罩漆箱　清
142　瓷胎剔犀瓶　清
143　铜丝胎黑漆小箱　清
144　菊瓣形脱胎朱漆盘　清乾隆
145　秋虫桐叶形剔红盒　清乾隆
146　绦纹剔黑大碗　清乾隆
147　八仙过海图剔红错镌玉笔筒　清乾隆
148　岁朝图百宝嵌八方盒　清
149　太平有象识文描金如意　清
150　梅花纹百宝嵌琵琶　清
151　刻梅花纹仿紫砂锡胎漆壶　清　卢葵生制
152　梅花纹镌甸漆沙砚　清　卢葵生制
153　梅花纹镌甸漆沙砚　清　卢葵生制
154　金髹透雕小龛　晚清

王世襄编著书目

家具

《明式家具珍赏》（王世襄编著） 中文繁体字版，三联书店（香港）有限公司/文物出版社（北京）联合出版，1985年9月香港第一版。艺术图书公司（台湾），1987年出版。中文简体字版，文物出版社(北京),2003年9月第二版。

Classic Chinese Furniture（《明式家具珍赏》英文版） 三联书店（香港）有限公司，1986年9月出版。寒山堂（伦敦），1986年出版。China Books and Periodicals（旧金山），1986年出版。White Lotus Co.（曼谷），1986年出版。Art Media Resources（芝加哥），1991年出版。

Mobilier Chinois（《明式家具珍赏》法文版） Editions du Regard（巴黎），1986年出版。

Klassiche Chinesische Möbel（《明式家具珍赏》德文版） Deutsche Verlags Anstalt（斯图加特），1989年出版。

《明式家具研究》（王世襄著，袁荃猷制图） 三联书店（香港）有限公司，1989年7月第一版（全二卷）。南天书局（台湾），1989年7月出版。生活·读书·新知三联书店（北京），2007年1月第二版（全一卷）。

Connoisseurship of Chinese Furniture（《明式家具研究》英文版） 三联书店（香港）有限公司，1990年出版。Art Media Resources（芝加哥），1990年出版。

Masterpieces from The Museum of Classical Chinese Furniture（美国加州中国古典家具博物馆选集，与柯惕思 [Curtis Evarts] 合编） Chinese Art Foundation(芝加哥和旧金山），1995年出版。

《明式家具萃珍》（王世襄编著，袁荃猷绘图） 中文繁体字版，中华艺文基金会（芝加哥和旧金山），1997年1月出版。中文简体字版，上海人民出版社，2005年11月出版。

工艺

《髹饰录解说》 1958年自刻油印初稿本。文物出版社，1983年3月增订本，1998年11月修订再版。

《髹饰录》(〔明〕黄成著,〔明〕杨明注，王世襄编） 中国人民大学出版社，2004年1月出版。

《故宫博物院藏雕漆》(选编并撰写元明各件说明） 文物出版社，1983年10月出版。

《中国古代漆器》 文物出版社，1987年12月出版。

Ancient Chinese Lacquerware(《中国古代漆器》英文版） 外文出版社，1987年12月出版。

《中国美术全集·工艺美术编·竹木牙角器卷》 文物出版社，1988年12月出版。

《中国美术全集·工艺美术编·漆器卷》 文物出版社,1989年2月出版。

《清代匠作则例汇编》(漆作、油作）1962年油印本，尚未正式出版。

《清代匠作则例汇编》(佛作、门神作） 1963年6月自刻油印本。北京古籍出版社，2002年2月出版。

《刻竹小言》(影印本，金西厓著，王世襄整理） 中国人民大学出版社，2003年11月出版。

《竹刻艺术》(书首为金西厓先生《刻竹小言》) 人民美术出版社，1980年4月出版。

《竹刻》 人民美术出版社，1992年6月出版。

Bamboo Carvings of China（中国竹刻展览英文图录，与翁万戈先生合编）华美协进社（纽约)，1983年出版。

《竹刻鉴赏》 先智出版事业股份有限公司（台湾)，1997年9月出版。

《清代匠作则例》(王世襄主编，全八卷，已出一、二卷） 大象出版社，2000年4月出版。

《中国鼻烟壶珍赏》 三联书店（香港）有限公司，1992年8月出版。

绘画

《中国画论研究》(影印本,全六册）1939–1943年写成。广西师范大学出版社，2002年7月出版。

《画学汇编》(王世襄校辑） 1959年5月自刻油印本。

《金章》(王世襄编次先慈画集并手录遗著《濠梁知乐集》) 翰墨轩(香港)，1999年11月出版，收入《中国近代名家书画全集》，为第 31 集。

《高松竹谱》、《遁山竹谱》（手摹明刊本。同书异名，高松号遁山） 人民美术出版社，1958 年 5 月出版。香港大业公司，1988 年 5 月精印足本。

音乐

《中国古代音乐史参考图片》人民音乐出版社，1954–1957 年出版 1–5 辑。

《中国古代音乐书目》 人民音乐出版社，1961 年 7 月出版。

《广陵散》（书首说明部分） 音乐出版社，1958 年 6 月出版。

游艺

《明代鸽经　清宫鸽谱》（赵传集注释并今译《鸽经》） 河北教育出版社，2000 年 6 月出版。

《北京鸽哨》 生活 · 读书 · 新知三联书店，1989 年 9 月出版。辽宁教育出版社，2000 年 4 月中英双语版。

《说葫芦》 壹出版有限公司（香港），1993 年 8 月中英双语版。

《中国葫芦》 上海文化出版社，1998 年 11 月增订版。

《蟋蟀谱集成》（王世襄纂辑） 上海文化出版社，1993 年 8 月出版。

综合

《锦灰堆：王世襄自选集》（全三卷） 生活 · 读书 · 新知三联书店，1999 年 8 月出版。

《锦灰堆：王世襄自选集》（繁体字版，全六卷） 未来书城股份有限公司（台湾），2003 年 8 月出版。

《锦灰二堆：王世襄自选集》（全二卷） 生活 · 读书 · 新知三联书店，2003 年 8 月出版。

《锦灰三堆：王世襄自选集》 生活·读书·新知三联书店，2005年6月出版。

《锦灰不成堆：王世襄自选集》 生活 · 读书 · 新知三联书店，2007 年 7 月出版。

《自珍集：俪松居长物志》 生活·读书 · 新知三联书店，2003 年 1 月出版，2007 年 3 月袖珍版。

图书在版编目（CIP）数据

王世襄集 / 王世襄著. -- 北京：生活·读书·新知三联书店，2013.7（2024.4 重印）
ISBN 978-7-108-04560-7

Ⅰ.①王… Ⅱ.①王… Ⅲ.①王世襄（1914～2009）—文集 Ⅳ.① C53

中国版本图书馆 CIP 数据核字 (2013) 第 142067 号

王世襄集

王世襄自选集

锦灰堆

（合编本）

肆卷

王世襄 著

国家出版基金项目
NATIONAL PUBLICATION FOUNDATION

生活·讀書·新知 三联书店

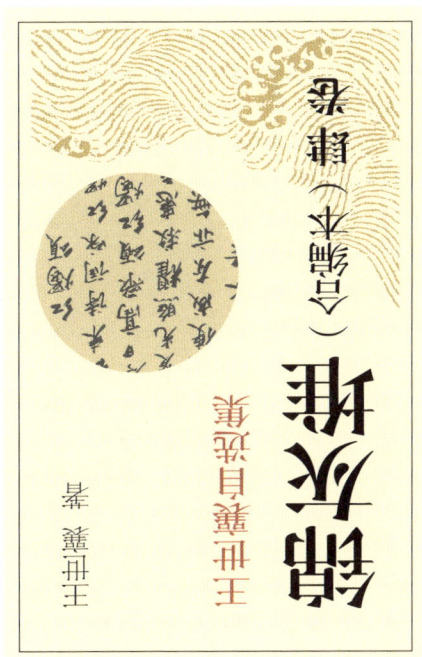

肆卷目录

畅安吟哦

昔子敬题

畅安吟哦目录

王世襄小影
摄于 1931 年

王世襄小影
摄于 1984 年

鴿鈴賦

原夫蒼筤之所生兮於崑崙之嶔巖幹
篁篁而修長兮枝猗猗而葳蕤上摩千
尺之層碪兮下俯百仞之深谿夏霖雨之
所潦濯兮冬風雪之所淩吹窊隆陘
其四圍兮信無通人之徑蹊彼河汾之
懸匏兮託根於曲沃薰風拂而始華兮
秋露浥而漸綠條緜蔓以緣木兮實輪
囷而蓄育歷歲寒而輕揚兮涉中流

而不覆惠子掊而無用兮顏淵飲之於
陋室於是宋翟構梯匠石運斤潛根既
斷大寶迺分公輸拳規夔襄準綸鎪鏤
纖薄表裏調均律協子壄樂制伶倫妙
諧宮呂雅洽韶鈞復使封膜圖形烈裔
嘖墨敷美采以生輝綴徽象以文飾極
九鼎之祥禎窮五岳之神色徑寸千仞
萬里咫尺彼繁工之咸備乃託之於飛
翮在昔元昊肇釁西郡未和馬蕭蕭兮

悲鳴川澌々而揚波鏗鏘兮戰甲燦
耀兮長戈比銀泥之盒啟訝飛哨々何
多戰復戰兮皆楚歌時不利兮死奈
何有若吳郡幽居石湖隱士心遠塵囂
门臨塵市更板敲過誦經聲起方深
巷々遙聞忽喧鈴之盈耳雖曉夢兮
時驚固閑情之可喜尔乃離々春草
灼々林花白羽如玉朱眸有沙或嬉啄
於水曲或游聳乎雲涯響鐕鋐兮

天樂，卷舒徐兮流霞，閨中極目，陌上駐車，何其和且暢也。至於夏雨初晴，夕陰未霽，階滴有聲，渥雲無際，墮素景兮星流，奮輕羽兮電掣，斯時則奇音爆疾，異聲激銳，何其清且爽也。若夫秋風暮起，涼露為霜，青楸落木，白日匿光，馬踟躕於岐路，舟延佇於河梁，時有孤翼往復，隻影迴翔，傍長亭而送行色，逆迅飈而發清商，於是征人涕下，游子神愴。

何其悲且惻也乃若更静星稀霜天月
没朔風侵幃隆寒入骨剔残釭而不寐
疊戍衣而將發忽聞羈雌失群宵征未
歇俸急響於天邊知懸鈴於虎末心為
之摧帛為之裂不禁顧影嗟傷掩面
哽咽何其凄且厲也已矣夫陽春時兮
繁花數秋風起兮庭芳蕪歲月邁兮
將何如懷伊人兮天一隅日登楼兮望雲
衢安得飛鈴至惠我尺素書

劉師盼遂任教燕京大學講授文選每令學生擬古辭賦作為課藝時褒業荒於嬉終日火繪葫蘆倩春泉佐文子通三君剜成鴿哨癖之既甚竟戲以為題製賦呈焉幸未受呵責而尚以為可教頃揀故篋舊稿猶存已忽忽五十年而劉師罹四凶之厄抱恨以終亦逾廿載惻愴之餘不禁怒憤之填膺也

一九三八年課藝一九八七年補記

題羅雲门用各家墨仿古山水冊

雪堂墨色黝寒綠，二十六丸堅似玉。王晉卿致東坡二十六丸，東坡謂之雪堂義墨。鳳味龍尾東坡二硯供研磨，紙工森然生石竹。羨君摹古能入神，胸内谿山久蟠伏。便將松髓寫松姿，自有幽香散箋幅。華亭用墨墨逾彰，玄宰生平好用葉環源墨，環源乃大知名。昌言充守真凡俗。石昌言有李廷珪墨，不許人磨，東坡非之。汪程此冊多用徽州汪程諸名家墨。今淡更知名，豈獨環源爭寶蓄。

甕山賞月達旦

水殿生夜涼，移牀就疎檻。中夕斜月傾，波光漾吟篁。趣循玉闌行，荷氣暗風颭。盧廊接山徑，數折西崦。松枝萬珠露，一一流星閃。山高月逾低，人影長冉冉。言瞻智慧海，喬木森翳掩。俯闌微妙香，仰覿金容儼。東隅兀磐石，古蘚碧於染。趺坐遲月趖，山意與銷斂。簷牙挂又留，

清輝若微減須臾起長風四顧天
地黯寸心蘊澄素此際彌漫湛嗒
然遺吾身神遊莫能範東極忽明
霞液池正瀲灩

浣溪紗 東代

千萬頃悠央及他明朝一塊到吾
家牆邊桃樹正開花 若肯來時
來莫晚看花休待夕陽斜還須
吃盞杏仁茶

蝶戀花

驀見君來簾幕動，一霎驚歡，醒勝愁千種，歡去知惟愁與共，宵宵還自貪尋夢。密字斜行和淚送，莫厭箋輕，淚比詞箋重，我有瑩瑩千萬捧，誓都留作相思用。

臨江仙

獨裏喚他千百遍，可能喚出真真

漸諳明鏡好相親、却將自影看作意中人、一鑑奩開勤拂拭、休教沾惹纖塵、不辭流盼此中頻奉眉波眼、細々自温存、

生查子

前日值郎来、眉黛嬌能語、不敢近蓮塘、怕被鴛鴦妒、昨日送郎歸、偏向蓮塘住、不是妒鴛鴦、為憶蓮心苦、

臨江仙 題王執中片葉雙蟬小幀

窗外夕陽墻外樹西風颯颯聲乾
帶些秋意未全殘疏枝依處一葉
待君看 可似碧天明月裏長河
涼露漙漙更無人到夜初闌素娥
青女共說五更寒

洞仙歌 石盆茁麥嫩綠可愛此吾家歲朝清供也

小池鑿玉貯微波清淺一簇針齊
似新剪憶江南三月綠遍平疇人

未起，秧稻歌隨夢遠。　誰移湘
几上，竟日無人，庭院深深隔簾見，
休便憶王孫，春在天涯，歸路迴，
燒痕未轉，看幾許瓶中早梅殘，
任寒峭風多，又添紅亂，

賀新涼　大雪登甕山

不見荒寒意，只漫空霏霏玉屑，天
公遊戲，石罅林坳渾未掃，裝就瓊
臺邐迤，先著我一雙輕屐，明鏡不

闲山歛影悄無聲漸入沉沉睡飛
鳥绝凍雲翳　何當直掛崑崙
背掬北溟銀波萬斛都歸袖底
大漠朔風來得杳吹作冰花飛起
一揮手晶瑩千里石上長松堪
對舞且逍遥此地非人世引吭
嘯徹天際

一半兒

新秋景物不蕭條小女紅衫忒

煞嬌、倚着门兒兩手招、有人挑、一半兒葡萄一半兒棗、

一半兒圓明園

斷橋危峙石斜欹、荊棘杈杈上土陂、草徑牛羊踏作泥、總淒淒、一半兒殘陽一半兒水、

红綉鞋

春不到無靡無桂、待春歸索性由他、只疏枝落牖兩三花、一心攀

萼蒂未肯便天涯、慢騰騰將
人磨折煞、

塞鴻秋

懵騰欲睡松知道、臥山坡早把
腰兒凹、癭高可枕簪花帽、鱗皴
不礙青鞋蹈、心情夢裏豪、跨着
長龍跳、醒來一覺哈哈笑、

塞鴻秋 玉泉山 趵突泉

有誰煎得蘭湯沸、串珠兒爭向

波皮兒碎，則道是瑤階曳斷琅璫；佩則道是吐腥涎醒了驪龍睡。宵深半月窺，似見人憔悴，又道是濕潛潛彈下相思淚。

以上作於一九四一年之前

恭祝蠖公老伯九旬大慶

结社治營建，功高邁李，水利繫民生。遺文訪遐邇，遵度經不傳，九卷賅髹史，哲匠創新篇。幽潛

起千祀、絲綉萃四朝、披圖散霞綺、
典籍親校寫、巧思見三几、碑傳列
黔賢、積稿盈尺咫、得一足不朽、公廼
兼眾美、遂使百年來、藝苑尊
獨峙、小子生最遲、相去殆四紀、遲
生竟有幸、門墻許仰止、折簡時
見招、教誨督頑弛、辨物窮本原、
析理洞元旨、談笑動梁塵、不覺
日移晷、餘意或未申、揮毫復數

紙、愈信山嶽高、丘阜徒邐迤、愈信滄海寬、浩瀚無涯涘、丹黃絢梅菊、初冬亦旖旎、瑶觴奉嘉醑、小什陳下俚、上寿儕彭聃、期頤更無已、敢不常篤勤、追隨諸君子、十載償有成、再博公顏喜、

再登黃山

晨沐耽朱泌、宵眠愛玉屏、鳥啼山更寂、徑熟我猶驚、客有登

臨意、松無迎送情、脩然千歲碧、詎為世機嬰、

減字木蘭花（題漆藝师藍有智百蝶冊、）

巴箋似雪、百影翩躚飛蛺蝶、怪底髹盤、裝就銖衣最耐看、色渲金蒔、信手拈来成妙諦、名重京都、又見華亭李築夫、（李巖號築夫、髹工兼畫师、名重一時、見墨香居畫識、）

以上作於一九六九年　云前

牵牛图

张广作于咸宁

牵牛图
摄于 1973 年

養牛

阿旋愛吃長茭白，歪角偏耽匐地青草味，薰蕕心漸識，牽来無不愜牛情。

日斜歸牧且從容，緩步長堤任好風，我學村童君莫笑，倒騎牛背剥蓮蓬。

架竹栽籬覆草茅，為牛生犢築新牢，但求母健兒頑碩，慰我殷勤

數日勞

初生犢子方三日、已解奔騰放四蹄、

他日何嘗挽犁耙、湖田耕遍向

陽隄。

放鴨

茸茸乳鴨戲新禾、恍若黃鸝拂

柳過、今日不思柑與酒、但攜一竹踏

汀莎。

浴罷春波淺草眠、又緣隄曲下湖

田、往來莫笑蹣跚甚、生卵皆如雉子拳、

湖鴨斑斕似野鳧、穿荷度蓼入菰蒲、此時若問曾何憶、趙信池塘秋晚圖、

殘冬水淨少魚蝦、放過溪橋便轉家、鴨噪稻粱人喚鴨、一時相對叫呼呼、

養猪

夕陽芳草見游猪，古人妙句曾嗟
曠，古無可惜詩人非牧豎，未譜驅
叱興何如。
池塘一片水浮蓮，日日猪餐日日
鮮，自笑當年缸裏種，只知擁月
照無眠。
版牆燈掛圖帷遮，為辟宵寒炭
屢加，詰旦都童招手问，猪婆添了
幾多娃。

勸君莫笑養猪兒，送食傾漿景
色奇。振鬣忽驚龍噀水，爭槽似見
象奔池。

咸寧道中

一路山村不記名，村村人盡備春
耕。雨餘先貯秧田水，黃菜花中一
鏡明。

丹桂誰栽大合圍，夾衢雙闕勢
巍巍。輕車馳過爭田首，金色凝眸

香滿衣

扁担銘

與爾任三寒暑向陽湖學稼圃

其二

不作簡不為屏肩頭日日隨吾行

其三

破粉節留青筠兩端顫顫如有神

其四

海可填山可夷此君勁節不可移

其五

莫低莫昂莫抑莫揚，平允正直，無往不臧。

畦邊偶成

風雨摧園蔬，根出莖半死，昂首猶作花，誓結豐碩子。

西湖觀漁十首並序

咸寧西湖景色似趙大年畫，南北長百里，盡魚塌也。專家灣去居處最近漁父老韓世居此村予欲隨船往觀請而後可未曙出湖日上而返京中無此樂事湖上捕魚之具見者凡六曰把鉤藏鉤束草墜以卵石浮而不飄絡繹里許凌晨依次以竿挑之有魚者水濺草翻百無一爽曰黏網絲細如髮靭而彌堅游鱗入目便如蒲縛曰花籃編竹為籠沉於淺水誘魚來游入不得出即魚筌

也，曰卞子，簄端綴環，環中綴餌，魚來吞食，環脱簄張，攟撑唇顎，竟不能逸遁。曰亮鈎，長繩繫鈎，密如櫛比，魚觸欲逃，一甩動間，轉如螺簇，大魚逾十斤者，往往以此得之。曰圍網，列船成陣，扣舷如雷，驚魚入網，一舉恒千百尾。觀漁為紀遊之作，俾荃猷知予尚未衰老，而佐餐有魚，亦未嘗忘君也。

西行斜月照人懷、三里村蹊、獨自
來、拂面馨風渾欲醉、金銀花正
遍山開、
專家灣下是漁家、半住茅廬半
從槎、多謝打魚將我去、頓時歡喜
放心花、
荇藻團團水上浮、竿挑左右逆來
舟、藏鈎若挂遊鱗住、撥剌聲中
一舉收、

百丈長綱一幅寬清漪橫貫巧遮
攔鰭鰓着處如膠漆到此教他
進退難
月明波蕩竹紋圓無數花籃淺水
邊寄語漁郎勤檢點得魚莫漫即
忘魚筌
削竹真成繞指柔細搓香餌綴
環頭夜深只待魚兒嗳一寸輕簧
却勝鈎

欲釣修鱗待若何，密鈎長纜鎖春波。饒他善躍鰟和鯉，怎奈湖心設障多。

扣舷聲急攝腥魂，巨網圍湖勢欲吞。協力定能殲敵寇，區區魚鱉更何論。

斑斑白髮我猶童，捉鳥張魚興尚濃。此夕中宵捕不寐，西湖學作老漁翁。

花鳜提歸一尺長、清泉鳴釜竹
烟香、和鹽煑就鮮如許、祇惜無由
寄與嘗、

偶成

春寒蘭草秋芝草、朝喫團魚暮
鳜魚、日日逍遥無一事、咸寧雖好
却愁予、

以上作於咸寧一九六九年至七三年

以下作於一九七三年之後

題荃猷贈桓哥黃山松石卷 以荃猷題識代序

桓哥二十歲生日曾畫松相贈，忽忽四十一年矣。今喜哥嫂挈女歸國快聚，旬日得敘闊別之情，何樂如之。爰作黃山松石卷，倩世襄題句，補祝六十雙壽，并訂來年遊山之約也。己未春妹荃。

雙松並肩生，親昵似兄嫂。三女如小松，亭亭競窈窕。久思作此圖，難致徒懊惱。欣逢海禁開，把晤人未老。卅載離別情傾訴恨不早，揮毫忘工拙，祇堪博歡笑。他年兄再來，共躋黃山嶠。揩松请試看，可似兄家照。

題翁萬戈手繪萊溪雅集图

萊溪寶繪堂，三春招雅集，主人虔且恭，椅側卓然立。依次坐者誰，巨眼黃君賓，城北自翩翩，風流有仙骨，邦達 二楊氣如虹，龍虎競風发。仁愷 伯達 洞庭老画师，神情獨恬逸。王季遷 祇惜隻蛙翻兩白

闌其一、（謝稚翁與会而啟老赴美未能成行、）夫人来何遲、座

厨潔樽榼、妙手工寫真、曾禹皆辟席。

嗟我獻蕪辞、不覺顔赧赤。

贈鄧宛霞

垓下劍光寒、寫狀悲轉喜、盗草身

矯捷、斷橋情旖旎、一曲牡丹亭、心靈

真且美、宛若三春霞、随意皆成綺。

題傅大卣拓漢百戲画象磚

舞袖飄兮不起塵、簫瑟鳴兮百戲

陳畫象誰兮工寫真，喜妙搨兮
傳其神。
玉蕊草書白傳兩長歌卷，辛之手
製小匣藏之，囑題其端。
潯陽裂帛琵琶鳴，馬嵬裂帛魂
魄驚，白傳長歌薄霄漢，藍生妙筆
奔蛟鯨，小楷如拳那容得，時有精
光佳氣爍爍冲軒楹，願君護持矢
弗失，倦來一展雙目明。

題蔡氏寒舍紫檀家具圖録

虛齋寶繪充屋梁、寒舍珍玩盈軒堂、從来君子尚謙挹、自言簿陋恒富康、題名紫檀修譜録、書衣雅麗紙墨良、開卷何所見、滿目皆琳瑯、七尺天然几、三屏羅漢牀、梅花過墻盒、虬螭陷地箱、運斤契法度、下鑿窮毫芒、肅然懷哲匠、厥功詎可忘、不是南疆選嘉木、何来熠熠紫色光、我辭蕪俚不

足道、願君視同頭目腦髓常珍藏、

題荃猷山水裹補叢林

君畫突兀山、我寫枒杈樹、雲生山樹間、是真合畫處、

題傅大卣手拓唐玉帶飾冊

瓊玖九連環、閒天十部樂、披卷似可聽、妙音一時作、裾帶當風颺、襞積出水密、曹吳迹已遐、片玉見真華、

絮帛飄飛急，烟雲墨意濃，洪鈞開
萬象，君腕與同功。

題蔡碧伉儷合作楓菊圖

銀錠橋西宅不寬，黄花紅葉耐霜
寒。分明自寫雙清影，寄與詞人作
畫看。

題元白尊兄詩画冊

三生石上旧精魂，畫思詩情入夢
温。一日窗前幾回看，細尋壓篋昔

年痕、
野水蒹葭月落遲、紅衣初浥露
華滋、當時未識蓮心苦、不画花銷菂
老枝、
一掬清泉滌眼新、白衣蒼狗看氣
氤、倦來且向山中住、更作源頭洗
耳人、
恍見燈昏落墨時、荒寒尺幅耐人
思、君家巷口蕭蕭樹、也有鴉棲不

穩枝、

題朱鈞珍香港園林

格非洛下名園記、無否江南雅築篇、喜見文圖臻並美、四時香島境如仙、

水騰十丈噀成虹、更惜樓坳草數弓、艮嶽平泉齊失色、高山頂上鑿龍宮、

題玫玉山房藏明式家具圖冊

中歲徒勞振臂呼，檀梨慘遜淚模糊。而今喜入藏家室，免作胡琴與算珠。一九五七年曾草呼吁搶救古代家具一文，載文物參考資料。人微言轻，难通上聽。覩此慘況，只有揮淚而已。

墨老分書勢偉恢，傳家今得額尊齋。從來異木同瓊玖，玖玉原當愛美材。玖玉山房齋額乃墨卿太守所書。格古要論異木篇所列皆紫檀、花梨、鸂鶒等珍奇木材。

行案功侔折疊牀，莖蟠衣桁瑞芝長。羨君堂上多佳器，日暝猶生熠熠光。平頭案可折叠拆卸，为出行時用具。衣架鏤蟠芝紋，意匠不凡，皆玖玉山房中精品。

妙筆殷勤寫素箋、圖文相映各生妍、獨家藏器裒成集、此是寰中第一篇、圖册編寫出伍嘉恩女士之手、敘述精到、獨家藏器印成專册、中外所無、實為創舉。

吐魯番葡萄節口占

美酒葡萄白氎陳、殷勤相勸意情真、言歸先計重來日、西出陽關有故人。

蟋蟀譜集成編輯藏事自嘲六首

代序

鑱起秋風便不同，瞿瞿呼入我心中。古今癡绝知多少，爱此人间第一蟲。

中郎喻我莽饞猫，見鼠連忙撲且跳（讀平）。但得麻頭三段錦，腰瘦腿痛一時消。袁宏道《促織志》謂捉者撲蟋蟀如饞猫見鼠。三段錦頭項翅三色分明，驍勇善鬥，名登諸譜。

萬禮張盆碧玉池，鸚哥過籠（讀上）庇雄雌。縮身恨乏壺公術，容我悠然住幾時。明萬禮張盆，養蟲推第一。鸚鵡拉花過籠，清初趙子玉所製，精美绝倫。碧玉水槽，視彩瓷尤為珍麗。

早结同儕斥俗流，捨蟲爭利不知休。晚秋當養直須養，莫使英雄歎白頭。

不勝盆罐更勞形，爭奈難捐未了情。止渴望梅饑畫餅，為療蛩癖讀蟲經。

喜得蟲經十七章，輯成自笑太荒唐。親朋問訊難開口，祇說編修古籍忙。傳世蟋蟀譜逾三十種，選入集成者一十有七。

谢赠蘭

馳箋千里到君家，爲報盆蘭已茁芽，宿葉一叢新一簇，来春一簇一莖花。

傅大卣先生金石遺作拓片，在炎黄藝術館展出，吟成四絶句，以懷故人。

细入毫芒墨色完，愛他夔抵與螭蟠，平時老眼何曾倦，此日潸然不忍看。

癖古原推叔未翁，器文十帙搨何

工。待觀滄海難為水，當拜先生在

下風。清儀閣所藏古器物文墨拓共裝十冊，而大卣先生手拓甲骨青銅玉石塼硯等，每類皆以千計，設為張叔未見，將自歎小巫見大巫矣。

一尺青筠薄刃鐫，紙如蟬翼墨如

煙。感君蓋代通神腕，為拓泠泠石

上泉。大卣先生為拓留青山水臂擱，有聲有色，精妙絕倫。

伏案搥敲到白頭，等身相守志難

酬。化君遺恨為羣力，共策鴻篇布

九州。黃胄先生創議影印出版大卣先生手拓古器物集，聞之興奮不已，願供驅使，直至其成。

苗子兄近作墨荷長卷、儼然八大河上花图、戲題兩绝句、

健筆縱横不可羈、天南地北任飛馳、兩洲河上皆堪畫、莫誤荷花花好時、

画理禪機一脈通、得於纖芥識鴻濛、大千世界無窮盡、都在蓮花一子中、

萬戈兄海外寄詩步原韻

一别卅年過，韶華似水流，羡君常惆悵，嗟我幾沉浮，正氣襄中振，斯文海外留，餘生期共勵，藝事学從頭。

和黄永川先生自題白犬图诗

歲轉開新境，神藝踏淺沙，頭昂枝綽約，尾拂樹槎牙，皎甚毛逾雪，黟然鼻似鴉，進成難獨擅（馮進成善），畫犬名載郭若虛圖畫見聞誌，妙筆屬黄家。

步苗公贈詩原韻 一九九二年七月同遊巴黎

老去都忘問幻真，但求隨遇適心身。聖堂畢集誇新偶，香榭同游慰故人。流水名篇終不腐，當風逸史自成文。苗公近著無夢盦、流水賬及吳道子事輯相繼刊行。香江小住還南去，萬里雲天遠更親。

望江南 漳州古名鄣城

一 水仙

鄣城好，何事譽瀛寰。仙子化身千百

憶，翠衣玉靨綰金鬟，春色滿人间。

二　女排基地

鄴城好，此地是摇籃，固守金湯攻霹靂，中華巾幗勝奇男，奪得冠联三。

三　百花村

鄴城好，五里百花村，畚鋍成行紅上屋，枝柯交亞绿盈门，一路賞花人。

四　南山寺

鄴城好，古寺説南山，石佛莊嚴垂宝

終銅鉢斑駁隱釵錢相對兩悠然寺以石佛

銅鉢聞名相傳鉢屢鑄不成投入貧婦乞兒所献釵錢乃合今尚有跡可尋佛殿明人聯有亘天亘地悠然句

五 布袋木偶

鄴城好布袋木頭人粉墨笙歌聲色麗悲歡離合意情真一手弄乾坤

六 紅蟳芋泥

鄴城好嘉饌愛南閩醪汁沃蟳紅勝熾柹霜蒸芋白於銀誰復憶鱸蒓

望江南

一 晦翁手植古杉

婺源好，喬木見人文，一畝偃柯盤匝地，十尋直幹聳凌雲，樹以晦翁尊。

二 明清民居

婺源好，故宅與崇祠，磚石门楣鑴舞鳳，樟柟梁棟刻蟠螭，心仰魯班師。

三 歙硯

婺源好，龍尾硯珍奇，星燦金银明绿暈，纹呈羅縠隱烏絲，供我学臨池。

四 涵虚洞

婺源好，古洞数涵虚，高下七層仙侶窟，琳瑯千載昔賢书，蘆笛媿難如。

五 博物館

婺源好，博物有新樓，面水依山輪奐美，左瓷右硯思情幽，竟日滯人留。

六 绿茶朱鲤

婺源好，風物喜清新，鄣炭泥爐烹绿茗，吴盐瓷鲚薦朱鳞，願作紫陽人。

望江南 揚州紅樓宴

一 西園飯店

揚州好，盛宴有紅樓，滿室置陳皆雅麗，終宵飲饌盡珍羞，此是食之尤。

二 白雪紅梅

揚州好，盛宴有紅樓，雛鴿翠芹埋雪底，老梅紅萼綻枝頭，君欲一嘗不。

三 老蚌懷珠 松仁鶏油卷

揚州好，盛宴有紅樓，玉屑凝珠合蚌

口、松仁粘卷沁鷺油、莫厭錯觥筹、

四　三套鴨　如意鎖片

揚州好、盛宴有紅樓、鴨套三層藏鷺鴿、鎖盤九曲切琳瓔、嘉味更無儔、

五　茄鯗　碧粳粥

揚州好、盛宴有紅樓、茄嫩鯗如黃雀美、粳香粥似綠波柔、口福幾生修、

六　香糟鴨信　砂鍋鰱魚頭

揚州好、盛宴有紅樓、碟上平鋪糟鴨

舌鉢中深煮爛鱼頭，雋永朵頤留。

七

揚州好，盛宴有红樓，不是烹調臻绝詣，那能饕餮自封侯，曹老足風流。

八

揚州好，盛宴有红樓，傳藝有方工绝妙，得天獨厚物饒優，畢竟數揚州。

望江南 为木趣居主人作

幽居好，木趣悦其真，案聚貍斑呈

鬼面、（古人称黄花梨之斑纹曰狸首、狸斑或鬼面、）髹園流水映行雲、造化有奇文、

幽居好、木趣在摩挲、撫去凝脂疑處子、拂来柔混（木构件之四面曰混、見營造法式）想春波長晝易消磨、

幽居好、木趣妙難言、簡已簡成無可簡、繁偏繁到不能繁、（西方人士以往只驚歎明式家具之簡練、而不知其繁缛華麗之製亦有极高藝術價值、）哲匠我驚歎、

幽居好、木趣賞神工、巧鬥寸材成卍

亞（明式家具多以萬字不到頭空心十字为饰，皆用短材攢鬥而成，儼然卍字與亞字也）透鏤尺幅走螭龍，真個太玲瓏。

幽居好，木趣耐思尋。日暖徐徐清鼻觀，雨餘脈脈到衣襟。喜有暗香侵。（黄花梨有異香，故又称降香木）

幽居好，木趣趣無垠。檀几讀书真有味，榻牀待月靜無塵。羨爾趣中人。

南鄉子

題佩秋画师为元白兄绘双蛙图

文淑華生春，南北双鼀妙绝倫。若问

何科更何目難分都有金睛墨点纹
金睛言精於鑑別墨吳言飽学也相怒復相親朱之蕃詩經滿蓬蒿沼滿蘋蝦蛙相怒復相親
不為官私为假真晋惠帝在華林園聞蝦蟆聲謂左右曰此鳴者為官乎私乎
畢竟腹中裝得滿經綸鼓吹常教
四海驚

附元白兄原唱

青草一池寬鼓吹聲高雨後天恰
遇南樓工寫照空前兄弟圖成貌一
般相對語悠然論画評书富胜缘

共祝江湖多歲月、加餐、白出從今总

不翻、（僕與謝兄維柳鼓腹而嬉有双蛙之目、謝嫂陳夫人为作此图因題南鄉子一首、）

附苗子兄和詞鷓鴣天

青草池塘隊々飛、（蝴蝶吱々叫蝦蟆隊隊飛此明人諺語也、）亂

彈何復與公私、不揪蝌蚪從前尾、（艾子雜說 謂龍王有命將尽誅有尾之族鼉聞而哭復问蝦蟆無尾何哭答曰吾今幸無尾但恐更理会蝌蚪時事也、）且奪

姑娘向日衣、（用民间傳說青蛙公主故事）此事帖、那時詩、

偶然相諍也相宜、相逢說盡相思

苦、寫意成图管仲姬、

虞美人 喬十光漆画在美術館展出

楚奩漢篋爭妍媚、彩筆髹成器、今朝懸作画圖看、幾度圓廊彳亍幾回還、漓江帆影颺春曉、九寨新秋好、五光十色式尋常、何止百般顏色十般光、

鉤、描、鏤、貼、堆、填、嵌、一罩都沉陷、指尖些許炭條輕、磨得周天渾沌放光明、今來喜見推陳處、潑漆生奇趣、

雲山烟樹入微茫、鶯憶扁舟雨裏下瀟湘、

为吴曉鈴銘侯宝林贈杖

節可持、潔如玉、健君行、地脈縮、貽者何、東方朔、

为吴曉鈴銘馬連良贈杖

南詔藤兮楚兕角、裁作杖兮何卓卓、溫如玉兮長相握、思故人兮沉心曲、

为傅大卣銘硯

洮河靈石受鎸琢大鵬垂翼日為霞
礳墨濡毫良史作千秋功罪如炳燭
銘元白兄臂閣步苗公韻
出山入世不蠹不腐心虛背隆節勁
質素免作爨材堅完貞固用閣公腕
年年如故

世襄荃猷手録

一九九六年以前作

燕園雜詠六首

芊芊夾徑繁縈紆，莫惜青鞋著露濡。一路野花三兩蝶，送人繞遍未名湖。

長橋低卧跨橫渠，一鑑清泉半畝餘。都向玉欄杆畔立，半看人影半看魚。

溪院朱门紫幔羅，垂垂瓔珞影婆

婆穿游别有閑蜂蝶省識春光此
地多
一角鐘亭隔柳烟晨昏數聲不
多佳情然度水穿松去是我聽他
第四年
家去燈昏夢未遥南樓微夜雨
聲驕曉來水急添溪勢一片萍花
漲過橋
空舫緋細得月遲久隱十畝碧

琉璃、會看塔影湖心在便是穿雲
欲上時、

慶东原

小院紅梅樹、疏花開到頂、瑣窗月上
人初定、絲絲峭冷、枝枝瘦挺淒淒香
清夢、似向花邊、印夕橫斜影、

慶東原 倣元宵

人笑 珠簾隔、燈明寒水渦、彈箏銀
甲纖纖下、碎瓊瑤雪花、搗山楂絳霞、

調細餡胡麻，團得這般圓，个〻光如研。

醉太平

京郊兒童稱蜻蜓曰老琉璃，繚繫

雖〻頃，臨水揮戲，招雄者，招時頻呼

這邊有水，那邊有鬼，雄者輒至。

新蒲簇〻，稚葦抽錐，長楊漸解霞，

清溪盼，濕雲扶翳，村童个〻都歡喜。

羨他自有真天地，揮戲老琉螭，喊那邊

有鬼。

塞鴻秋

陰晴天氣清明後，小塘不礙雲迤逗。
一群蝌斗團如豆，彎彎垂柳來相就。
东風別樣柔，吹得微波皺，萍開恰受
吟肩瘦。

一半兒

天教晴朗勸風沙，日日遨遊春不在家。
夾路垂楊夾路花，儘喧嘩，一半兒香车
一半兒馬。

一半兒

春泥滑滑小街斜，喚過紅樓夢未賒，錦繡堆籃不用遮，這些些一半兒家，栽一半兒野。

高陽臺 雪夜擎渾子雪兒至城墻東北角

城矗天高，雪欺月潔，角聲吹徹寒更，撲面風迴，凍雲散作新晴，長衢一白渾無際，夜深時特樣淒清，只林邊三五人家，爍爍孤燈。雪兒渾子都歡喜，

碎玉塵千頃踏過無聲留得梅花印
向瑤瓊牆邊青石疑狐兔驀回頭怨
目猙獰向中原當道豺狼誰止橫行

菩薩蠻 六郎莊初夏即景

浮萍覆水難窺底岸隈葉葉抽新
葦風暖樹陰圍城郊欲午天 村童
光屁股短鬢紅繩豎手把綠田雞淋漓
兩腳泥

浣溪紗 冬柳

憶否柔條拂水輕，平漪倒映影婷
娉，却嗔照得分明，昨夜西風霜簌
簌，又憐身世太飄零，飛來竟自貼寒
冰，

虞美人

高柯霜後辭黃葉，著地閒相答，誰
人做弄這般秋，長是一簾寒對兩
眉愁，尋常獨裏聽應慣，幽枕孤
衾畔，便教風定靜空階，怎奈蕭蕭

還入夢中來。

水調歌頭

嶺南楊新倫先生得雷斲玉振琴池下有宮府行有恒堂主人題識。題云：清风入长松，明月照江浦，萬慮寂靜，時泠然希太古。元朱慎菴以為唐雷文斲琴，经其重修，至今漆又有空損，乃命杭州良工復加修飾，洵是稱輕鬆脆滑，四美兼備矣。是題詞以記歲月，道光辛丑夏日，行有

恒堂主人識。遂倩拈學庵先生作
彈琴圖，廣徵題辭。孟舒文以溽暑
不願構思，命襄代作。久不倚聲，又冀
切合故實，生澀竟無詞意矣。

大雅久寥寂，今世有成連。良材從古天
斲，萃集证前缘。新倫先生藏琴甚富，有水仙、松篁、戛玉、韻鐘等名琴十餘床。
難得霧中山合。雷氏製琴多在峨眉、無爲、霧中三山。更假慎庵
重綴，蜿蜒已千年。空府向幽絕，太古一泠
然。卸緗囊，調玉軫，拂冰絃。雁鳥一曲

啼歇石上響流泉。新倫先生以烏夜啼石上流泉兩操最為擅場。却

喜聽梅樓際，几筆烟雲點染尺幅寫

琹譯顧作移情蓄著我画圖間。

髹飾録解説打稿油印成册謹呈

蠖公。

公刊髹飾録，小子方總角，不意二十年後

持援我讀，復期為疏證，諄諄多勉勖，自

愿駑駘資，終難窺此學，乃謂尚可雕，教

誨不辭數，或示前代器，搽索窮箱篋，或

命校漆書，賅博擴心目，或述夙見聞，滔滔聲震屋，或為匡謬誤，丹鉛遍簡牘，謦欬獲久親，稿本亦三續，書成呈座前，往事宛如昨，詮釋愧難詳，一粲章可博，學術貴致用，今厚古宜薄，斯篇裨漆工，髹飾或免覆，更當爭上游，諸藝勤述作，寸衷無他求，祝公長矍鑠。

拙編竹刻一書，辛之兄為精心裝

幀不意被人民美術出版社印得
惡劣不堪。詩以斥之，贈人則書之於
卷首。

交稿長達七載，好話說了萬千，兩腳
跑出老繭。雙眸真个望穿。豎版改
成橫版，題辭葉葉倒顛，紙暗文如蟻
陣，墨迷圖似霧山。印得這般模樣，贈
君使我汗顏。

一九九六年以後作

葉承耀先生出示詠明式家具英文小詩，戲衍其意譯成五絕

美材出山野，哲匠成方圓，是木豈是木，契合見人天。

附英文原詩

Good matter
comes from
the wild,
Fashioned by the
wise
into round and
sauare;

For furniture
is more than wood,
It's the
interaction of
Nature and Man.

Shing Yiu Yip

谢温泉寄明前早茶

當年揮汗學田家、牛飲咸寧大碗茶、初焙今勞先寄我、南華讀罷品新茶、

喜迎香港回歸

多年侵侮恨填膺、兩制堂堂大道興、拍岸海濤聽也未、已從憤怒轉歡騰、

喜慶澳门回歸兩首

垂老漁山帶海隅，華瑞林壑未全殊。（漁山吳歷滯居澳門，而畫風未變，依然蕭踈冷隽。）畫師若使今猶在，定寫回歸盛典圖。

濠江史蹟大三巴，斷壁殘垣亦可嗟。今日喜迎新氣象，萬家齊放白蓮花。

題巴林石圖集

勝地巴林部，名山雅馬圖。鍾靈開嶺嶂，韞石等瓊琚。秋月明難匹，春花艷不如，何當鐫印璽，一一絢丹朱。

游清东陵

上營崇宇下泥宫，民髓民膏歛已空，陵寢終難埋白骨，只堪憑弔駐游踪。

讀劉禹錫望洞庭有感

一螺凝翠湖如鏡，夢得名篇望洞庭，但願來年生態好，銀盤裏外兩長青。

津沽張金祥所製蟋蟀盆及過籠，

木讓前代名家，喜贈小詩。

蟲盆自古重宣朝，二秀都人總比

高。明姑蘇鄒家大小秀善製盆，趙子玉戳記每冠都人二字。不意多年

沉寂後，澄泥精製有張黨。

參觀天津鴿展，喜見北京已絕種

之騍雲盤、毛脚、勾眼灰。

傳書千里國宜珍，綽約文禽更可人。

勾眼小灰盤似雪，今朝重見暢心神。

千禧年十月游鄭州越秀主人
為舉辦越秀杯觀賞鴿評比大
會，襄蔡名贈送新出版之明代
鴿經清宮鴿譜，蒙中州鴿友以佳
鴿相贈，率成四絶句。

朱䴉身價等熊猫，名鴿珍奇品亦高。
四百年來登譜録，驚心今日竟寥寥。

鴿經鴿譜所記所繪名鴿逾百種，今竟瀕於絶滅，加强訪求保護，實為當務之急。

食用鴿名々落地王，舶來占盡好風光。

中華佳鴿無人識，掃地斯文實可傷。

當今呈現於影視者均為美國食用鴿，產地王我國多年培育成秀美絕倫之觀賞鴿竟不獲一見，實有傷國體，深感恥辱，使人痛心。

春暖家家任鴿翔，鐵牛名重入詞章。多年謂已無蹤影，今日攜歸喜欲狂。

清初詩人李振聲百戲竹枝詞有春暖家家放鐵牛句，但北京自上世紀初已絕跡，今來鄭州不僅獲見且蒙鴿友贈我一雙，不禁為之狂喜。

廣求鴿種萃精英，延絕拯危慶再生。結社有功同造化，可期國業日崢嶸。

鄭州開封洛陽三地均成立觀賞鴿協會以搶救保護傳統觀賞鴿為宗旨可喜可賀

葩匏文革後已絕跡自拙作談匏器説葫蘆問世始有人來詢問葩製之法二十年來業之者衆京津兩地均有長卷專賣模製匏器人稱葫蘆一條街余每往觀審視其工藝之良窳故祇看不買攤販固不知余為何許人也

曾屢模匏付故友喜今攤肆已成堆

長街遊罷無人識，許此衰翁作甚來。

題游刃集

画稿盈箱篋，朱箋刻未遑。頻遭風雨襲，時爲補縫忙。秋水眸仍澈，柔荑指不僵。刀過皆剔透，老發少年狂。

荃猷喜游刃於紙，而爲國難家務所擾，久置未刻。孰意年逾八旬，目明指活，不減當年，又編印此集，謂年餘之力而畫刻之，可謂老發少年狂矣。

目眇之後，近又右手五指麻木，书不成字矣。壬午冬暢安識

告荃猷

癸未十月初五日即二千又三年十月二十九日以後作不计之拙随作随録以當面告亦有是欲慰者非盡苦思哀悼也

一

出行二人同提一筐行人見白頭偕老每有羡意惜终有先行者

提筐雙彎梁並行各挈一待置两穴

間，生死永相匹。

二

年年葉落時，提筐同揀拾，今年葉又黄，未落已掩泣。

三

我病累君病，我愈君不起，知君不我怨，我痛無時已。

四

君刻大樹圖，我賦大樹歌，相濡復相

曷歲月期尚多，一朝先我去，餘生待若何。

五

昨夜見君來，談笑皆自若，言甫就醫歸，
病痊可勿藥。夢醒喜成悲，涕淚枕邊落。
何如不復醒，夢裏常歡樂。

六

平日游園每命即興作小詩，屢諾
而無以報命，日久遂不復詢及。一
旦君去，乃大悔恨，回憶游踪，謹賦

日壇公園三十韻

舊宅芳嘉園，備受宵小侮。城东卜新居，
屈指七寒暑。喜近朝日壇，園林足容與。
二老提一筐，游人羡佳侶。補春賞辛夷，
紫雲絢如許。十日逾花期，紛紛飄白羽。
知君耽寫生，我為備筆楮。繞遍牡丹池，
白描亦嫵媚。花葉久題名，不亞洛陽譜。
南行近壇垣，翠柏直三五。九龍已千年，
餘壽亦步武。幹皴類蛇行，瘿突見虎怒。

至此每暫留，试评孰奇古，或為聽畫眉。
歡鳴兼細語，巧值雙鵲来，上下翻飛舞。
神道貫东西，北側花爭吐，一叢不知名，
辨蕊曾同數，小穗懸鈴下，陰濃不覺午。
情話悦移時，言歸又延佇，行時轉身看，
愛此團欒樹，回憶方移居，腰背未傴僂。
繞園兩三匝，餘勇尚可賈，攜手登阜丘，
疊石不能阻，竟忘人易老，生死難自主。
悔負君命題，賦詩紀園圃，鈍滯致因循，

念及倍凄楚、重來認前蹤、都是傷心處、
今日縱有詩、有詩復何補、遂句讀與君、
句句思君苦、君若聽不明、夢裏再傾抒、

七

君誇平谷桃、吃之如吃蜜、奇想促豐收、
嫁接變桃質、頑固不能化、囓食防齒折、
為此君嘆嗟、今後無桃吃、果農悟前因、
闢園重栽植、成林逢大年、甜美差似昔、
捧盤欲告君、語塞聲哽咽、

八

末句指荷蘭克勞斯親王基金會獎及文化部二千又三年傑出文化人獎，後者歲末始公布，君已不得知矣。

蒙寃不白，憤難舒，祇有茹辛苦著書。五十一年如一日，世人終漸識真吾。

九

君曾一再言，平生有二好，訪古摹飾

文游山寫石貌，自助著書製圖兼
編校，伏案年復年，勤勞致衰耗，二
好願未酬，我痛難償報。

十

明式家具，一經圖解，更見其比例
之勻稱，結構之巧妙，拙作中有緣
圖多至數百幅者，均勞君繪製，
常至深夜。

哲匠從來擅巧思，每經圖解見神

奇陰陽枘鑿縱橫線，亞到西窗月落時。

十一

喜得老友索予明兄惠寄日本薰蕿堂髹飾録複印本及所撰後記，取與朱氏丁卯年刊本合印成册。謹以紀念桂辛先生。時君已病甚，去醫院之日，猶力疾爲索兄萬餘言後記校讀一過。此去竟不復歸来，哀哉。

深感君勤勝我勤，只爭朝夕苦耕耘，
沈痾求治離家日，猶強羸軀校案文。

十二

去秋君住醫院，家中祇我一人，敦煌乃入住，君屢言不知是否克盡子職，唯對此最為懸念，今已將一載，此詩可以告慰矣。

衰年幸有子，盡職勤扶持，晨興奉衣履，夜寢掩窗帷，閙市覓蔬果，長街選甘肥，挽袖入厨下，烹调皆得宜，扈我齿零落，鸡豚煳若糜，多方求药饵，调元更养颐，濯足与汤沐，间隔各有期，晴和策杖行，轮椅推相随，老境得如此，当属世所希，为慰常悬念，絮絮告君知。

十三

孙儿年十四，撰就双飞录，武侠有新篇，自言不适俗，艺高写何难，夸张随所欲，心理最微妙，貴在細剖琢，聆聽我愕然。
看孫須刮目，再问始陳辭，得益在自學。
回憶同齡時，放鴿登堂屋，嬉戲違師規。
對比深慚愧，孫慧君豈知，我亦方省覺。
深慶吾门楣，诗文有人續，家中萬卷書，
都付孫兒讀，中外與古今，貫通當可卜。

十四

五十八年多禍患，苦中有樂更難忘。
西山待我来歸日，共赏朝霞與夕陽。

壬午冬以滃作

贈搶救流失海外文物基金

爲贖中華國寶還懸金求索不辭艱一朝展館容瞻賞萬衆歡欣盡笑顏

步戴表元湖州詩韻贈南潯金氏致居紀念館

兒時依母南潯住到老鄉音脫口流

處世雖慚違宅相此身仍未屬湖州

晉魏舒外家起宅相宅者云當出貴甥舒後果貴襄一生坎坷有負宅相多矣

為郭君永堯題桊

製器曾航達遠夷，新成大桊世稱奇。
喜君留置堂中用，不為他人作嫁衣。
贈荷蘭傅立莎王子鴿哨附小詩

鴿是和平禽，哨是和平音，我願鴿與哨，深入世人心。

The pigeon in a
peaceful bird,
The whistles
produce peaceful
tune,
I hope the pogeon
and the whistle,
Stay firmly in
peoples' mind!

Pigeon is a bird of
peace,
Peaceful tunes its
whistel play,
The pogeon and the
whistle, I hope,
In peoples' mind
they stay!

右上為襄直譯、下經胡世平兄更易數字使其叶韻、

紅燭頌

從來詩詞詠紅燭、況吟細語多感傷、
今日高歌頌紅燭、獻身如燭發愛光、
愛光照耀救患者、抗擊非典遏猖狂、
縱使成灰亦無悔、為人舍己真輝煌、
善良終將勝邪惡、天佑白衣永安康、

畏東殷君繼山爲振興琴道
重建大還閣紀念徐上瀛先生
近以名蘭兩株易得南宋四梅
道人斲琴可謂藝林佳話口占
小詩以博一粲
大還新閣續前徽琴曲重溫妙
入微更喜南園多韻事兩蘭易得
四梅歸

聯語

祝元白尊兄九十大慶

自古難兼德學壽
當今獨擅畫詩書

祝邦達兄九十大慶

心識五朝書畫
壽超百歲春秋

有贈

詩隨月上吟成早

画待雲生染就遲

贈樂山友人

開窗欲攬遠山雪
落帽欣瞻大佛容

贈徐杏先

杏雨初晴添柳色
先春驟暖醒茶芽

題酆都哼哈殿

唯唯諾諾今非少

哼哼哈哈古已然

贈夏振寰

振衣詠史　左太冲詠：振衣千仞岡，濯足萬古流。

寰宇訪碑　孫淵如有寰宇訪碑録。

有贈

惠我兔毫和繭紙

贈君春蚓與秋蛇

贈黄亞蒙

亞檐霜柿紅於火

蒙頂芽茶瘦似針

又

亞枝花是紅裝女
蒙雪松如白髮翁

贈杜青

杜老有詩皆是史
青蓮無句不登仙

贈某茶室

青茗香浮青玉盞

紫檀案供紫砂壺

題錫珊先生故都風物畫冊

感君入化超神筆
慰我牽魂繫夢情

贈名穰工王辛敬先生

辛勤得造裝池極
敬業常延書畫年

題天津水上公園暢雅齋

古可用今法繪名書同賞析

小能見大喬柯峭壁足遨游

贈李慎之兄

氣勢恢弘那頎文章宜謹慎

思維縝密已知天下欲何之

贈張君玉鵬

玉帛萬邦盟睦好

鵬鵾千里足逍遥

贈劉君暑生

暑氣頓消簾外雨

生機初透砌邊苔

贈張均康

均徑分蒔杞菊

康娛自學琴書

贈濟南趙傳集先生與蹇同編鴿書

傳書待選修翎鴿

集艷常栽十圃花

贈汪立梅

立春已綠千家柳

梅子纔黄四月天
贈岩畫石開採處
彩筆支支輸造化
層岩片片幻雲霞
題坦博藝術博物館
坦對人生真自在
博參物理入圓通
太原晉祠
殿美泉清塑妍鑄猛

梁飛塔簷拘古槐榮

贈平遥漆器厰

鎮國雙林塑工入化

平遥三寶髹飾居先

贈津沽育鴿名家穆君瑞秋白毛腳

踩雲盤、竄邑火眼黑皂、皆名種也。

瑞雪如綿生腳底

秋林似火燦瞳周

杭州樓外樓、洪家首創、原名洪樓。

在西湖葛嶺下嶺為抱朴子得道處
葛嶺丹成抱朴子
洪樓盤薦響鈴兒

贈榮寶齋雕版水印家傳君稼生
稼事豐饒倉登黃白
生機活潑水印丹青

題燕東園舊園即今北京大學小學
名曰花園栽菜範匏種瓜架豆
號稱學子鬥蛩放鴿遛狗韝鷹

贈沈建中

建水茗香浮玉盌
中山毫動簇藤箋

北戴河朱桂辛先生石像亭

滄溟碣石雄關靈氣齊鍾瞻像地
營造縣工終績學林共仰奠基人

贈囊匣糊製者

錦函宛似藏嬌屋
綮襯真同安樂窩

故宮午門西廡薈萃齋

薈集奇珍迎紫氣

萃成古色照丹楹

慶祝中共十一屆三中全會二十周年

撥亂反正偉人手

簽押包乾小崗村

贈三聯書店

圖書通四海

淵藪在三聯

憶當年譚家菜
一尺平盤堆紫鮑
三更深鉢煲黃鱔

贈胡松林先生
松濤清俗耳
林雪豁塵眸

贈費在山先生
在意詩真，稱意俗
出山水濁在山清

挽张葱玉兄

白髮成書空有约

红樓對坐竟無人

挽琴師吴景略先生

妙譜松絃绝

長風玉軫寒

挽藍玉崧先生

愚诚定可羞魑魅

健筆真堪泣鬼神

挽凌叔華先生已刻在無錫墓地

葉落楓丹歸故里

谷空蘭謝有餘馨

挽李元慶所長

為民族音樂 嘔心瀝血

遭瘋狂鬥批 含恨捐軀

近作

神形呆若木

憶昔呼荃荃，一呼一聲諾，未應值门扃不禁心撲撲，初笑等庸人，縛思又驚愕。有朝一先行，生者竟吴託所處幾經年，存亡兩縈獨，耄叟將来歸不呼亦不哭，默默但思君，神形呆若木。

日宣

花訊年年幾揆看，辛夷百尺紫雲攢。而今一任風兼雨，處處傷心是日壇。

出版社擬彙輯諸家论拙作雜文，屬題小詩。

世人豔說半邊天，迴頭何嘗祇半邊。论我否臧和得失，個中無不有荃荃。

偶成

一簇金銀花，純白正堪折。定器注
清泉，如君同皎潔。

題紹良先生文集

我慕周夫子，淵深世所希。禊文嘲俗隸，痛作
否定蘭亭之說說部識鄉儀，藏明清小說逾萬種墨拓邙山志，
收唐代墓志以千計，編墓志滙編朱題寶卷辭，校録敦煌寶卷千般
彙功墨，收曹氏墨千餘笏贈故宫五律懋齋詩。據懋齋詩考曹雪芹
生卒年代摭物兼推理，虚浮豈可移。承先宏
釋教，共仰大慈悲。

製模範匏中華一絕，上世紀中斷三十年，有失傳之虞。予奮筆疾呼，復興斯藝，不意廿餘年後，所製視清宫賞玩之器，竟不多讓。喜賦一絕。

卅年閑置範匏田，
絕藝曾嗟竟失傳。
奮筆高呼齊著力，
華妍今喜媲康乾。

題王迪琴师弦歌雅韻

葩經自古重弦歌，顯晦無常嘆奈何。幸有琴師勤輯譜，珠喉絲縵永諧和。

題榮太夫人墓

梅園冷馥伴佳城，肅穆何殊細柳營。懿範流芳人供仰，一枝福蔭永崢嶸。

有感

貪官與污吏，貧下出身多，階級成

分论时移見偏頗

題憲信先生山西古典家具圖譜

晉中家具形象萬千武尊明式武
易承傳典雅安適兼備兩全適佑
牟利載以車船拾匠巧製散若
雲烟幸有卓識珍之彌堅廣事蒐
訪搨集有年編印成譜畫美極妍
更擴堂廈陳置井然保護文化
功莫大焉

舊作

原有烏絲欄小册隨手記所作失
之久矣頃於亂書堆中得之有未
收入錦灰初二三堆者補録於左

揚州新製巨型漆砂硯

岱嶽松雲照眼明面光彩貝綴來輕
才疏恨少如椽筆試此砂凹墨
一泓
鈿螺巧點江千里砂硯精摶盧映

之今日喜看双美具维揚髹飾靚
新姿
右二絶句為揚州漆器廠新製泰
山覽勝漆沙大硯作
蚌貝飾髹器可上溯商周唐宋以
還裁殼由厚而薄丈圖始細密如
畫至明江千里而蔚為大觀漆沙
作硯以出壽縣东漢墓者為最早
宋宣和內府曾仿製追清盧映之

而藝臻绝诣。今此硯鏤古楠为胎，
鋪漆沙作池，盒面以薄螺鈿嵌泰
山日出之景，可谓萃江廬兩绝於一
器，為揚州漆苑大放異彩，丕其形
體之偉，堪称硯中之王，故興無華
之嘆也。

题金云臻先生餖飣瑣憶

不譜豐肴供御筵，尋常百姓食为
天。餖飣瑣憶何謙甚，鴻製堪称甜

味篇

京華知味舊王孫，巷販街攤子細
論，我亦頻年縈苦憶，今朝展读夢
重溫。
薩其馬硬糕傷顎，名錫桃酥竟不
酥，寄語諸公齊著力，莫教今昔太
懸殊。
見說名珍萃國都，國都風味又何
如，會看美食無巨細，譽滿瀛寰曠

世無
宗室金云臻先生弱冠家已中落移
居上海後撰餖飣瑣憶記數十年前
故都大眾食品不下二百種味形之
外兼及吆喝叫賣繪色绘聲引人
入勝使久居北京者有由夢至溫之
感值此全國名產引入北京而北京食
品又有待提高之際獲讀斯篇為之
驚喜奉題四绝用以代序 甲子冬日

翡翠四事

千鈞翠璞訝空前，喜有神工為琢鐫。巧綴連環懸菊蕊，悄傳幽馥裊蘭煙。碧鱗閃閃騰濤面，紅日融融暎嶽巔。四寶功成徵國瑞，玉人青史載新篇。八九年冬

虞美人

傷心劫後遺殘跡，觸目真淒絕。髹来依舊斷紋斜，更喜名琴終入伯牙家。

雷音從此無時歇向甚年和月古杉
端的與君宜不覺移情吟綽自遲遲
一九七七年冬春雷琴劫後珠還而
項有裂痕使人心碎時樹模兄病
肺殊甚竟舉以相贈襄愛之深而
不能受更不敢辭只得抱歸幸吳
景略先生妙手修補頓復舊觀次年
樹模兄謝世嫂夫人移居武昌珉中
兄求藏此琴謹奉千弍佰金為夫人

壽。知者以為得所。襄亦一是究病中之託。盖舒文原有春雷琴室圖，曾命題辭。瓶中兄又倩人繪新圖，合裝一卷。爰步前題虞美人韻乞正。

甲午迄今已三十九年矣。癸酉初秋世襄

附荃猷題春雷琴室圖兩絕句

染毫操縵愧非才，枉步斜街去復回。一事偈師今歷歷，高齋隱隱響春雷。

寶劍從來歸壯士名琴端合屬知
音鴻篇考析窮原委可慰當年
篤古心
自乙亥夏從孟舒先生學琴習畫
彈指已五十八載愧無寸進而往事歷
歷如昨先師遺琴既歸珉中道長
又撰長文詳考流傳之緒至為欽佩
適以春雷琴寶園合卷命題謹賦小
詩求正 癸酉七月袁荃猷于芳嘉園

游武夷山

一灘湍急一潭平，淺筏輕篙載我行。溪水有情彎九曲，得教面面識山靈。

贈范君垚卿

范君毘陵縣農家子，自稱草民。而刻竹精絕，今之詹成也，頃已蜚聲海外。弟吳中罕有知者，可謂草色遥看近却無矣。設以遥青爲字豈不音義兩諧。戲贈小詩以博一粲。
妙手輕鐫到竹膚，西瀛珍重等隋珠。
贈君試摘昌黎句，草色遙看近
卻無。

讀雲夢睡虎地出土秦漢漆器
圖録小詩寄左德承先生兼呈陳
公振裕。

沉沉睡虎一朝醒，文物紛呈舉世驚。
釋嚴律書描漆繪，士林齊仰左先

生。

调朱塗墨幾經年，髹史精研砥

晦潛，喜見图文雙璧映，秦宫瓟從此有

新篇。

游北國天池

天池佳勝久神馳，此日來瞻冷峭姿。

去後更將縈夢寐，水晶倒映碧琉

璃。

附録第一種

畫解

附录 第一种《画解》

出版说明

明钦抑撰《画解》二册不分卷，中国科学院图书馆藏清抄墨格巾箱本。半页九行，行十九字。书中有庞青城考藏印。按庞青城乃近代南浔书画收藏家庞元济（虚斋）之弟，久居苏州，亦有文物收藏。

钦抑（画署款「抑」多作「揖」，苏州府志作「楫」，误，今依本书题名）字远猷，明末人，事迹见徐俟斋《画解》序及《苏州府志》传。画师刘原起，刘乃钱穀弟子，故属文徵明画派。多年前曾在玉池山房见所作山水轴，屋宇坡陀，四围密柳高荫，纸色渝敝，而神采不失。故宫博物院藏有蜀山行旅轴，纸本设色，笔法在大痴、叔明之间。雪景山水轴，纸本水墨，全学文徵明。以上作品均可说明钦抑作画不苟且，谨严有法度。《说明》后选印所作照片两帧。其一，仿赵松雪，重峦叠嶂，景物或有所本。其二，尺幅之间，远近层次分明。树石用笔，秀逸而苍古，画境幽胜，更能见自家面目。谢巍《中国画学著作考录》并谓钦抑有摹古画册十二幅，均有题识，皆论画之作，见解精辟。画册见《石渠宝笈》卷十二著录。钦抑作《画解》时已入清，书中多避明讳。学识渊博，不出仕而以教学鬻画终其生，故为明遗民。

《画解》世无刻本。程庭鹭《小松圆阁书画跋》已称此书「若存若亡」。百余年后见首尾无缺写本，自喜出望外。且论画不因袭前人，全书四万余言，规模体例，皆有可观，在明清两代画论中实不多见。一九四二年编写《中国画论研究》时，尚不知钦抑有此论画之作。一九五八年始收入拙辑《画学汇编》，并为撰写《后记》，试探析钦抑论画之主要观点（已收入《锦灰堆》壹卷页四〇三至四〇七）。「文革」后曾向科学院图书馆询及此书，不料竟谓于一次装箱运徙中失落一箱，《画解》适在其中，故原书已佚云云。《画学汇编》当年只油印二百部，今已不可得，因虑《画解》仍有散失之虞，故收入《二堆》附录，以广其传。

《画解》句读为襄油印时所加，难免有误，请读者教正。

钦抑仿赵松雪山水轴
首都博物馆藏

明清人山水集册　钦抑所绘一页　故宫博物院藏

畫解自敘

吳郡欽　柳遽猶著

畫力五百年，過五百年神去，千年絕矣。書力八百年，過八百年神去，千二百年絕矣。文力與天壤不朽計久遠，畫故不如為文耶？故不為畫，為畫之論。昔杜元凱平吳，鑿碑紀功，沉其一於江，冀陵谷變遷，得以復見也。雖或以為好名，然士故有不能已矣者。余既不能為沉碑，而於區區藝文，則陋矣。然猶愈於不為者。

畫解總目

畫解

吳郡欽　柳遠猶著

論說第一

夫物必有始，故論始。始而不已必盛，故繼之以盛。盛必飾之以法，故繼之以法。法必有傳，故繼之以傳。有其傳者必有述，故繼之以述。有其述者必辨，故繼之以辨終焉。凡六等：一曰論其始。易曰：「河出圖，洛出書，聖人則之。」於是六畫而成卦，六位而成章，畫之造始也。其後書契代作，則有指事、象形、形聲、會意、轉注、假借之名，而其道益明。其在唐虞，乃有日、月、星辰、山、龍、華蟲，繪為上服；宗彝、藻、火、粉米、黼黻，繡為下裳。繡用五色象物形，亦畫之類也。及夏之時，禹收九牧之金，鑄九鼎，象遠方之圖物，天神、人鬼、地祇、山川、草木，天下之神姦，水蟲罔象，詼詭譎怪，無不畢備。禹子啓，鑄銅劒，長三尺有九寸，腹刻二十八宿，有面有背，面文星辰，背記山川日月。范蠡為越王勾踐滅強吳，殺王夫差，遂乘輕舟浮五湖，不知所之。越王勾踐思其功，命金工擇良金鑄其狀朝禮之。楚懷王忠，矜好高人，鑄金以象諸侯人君，令大國之王，編而先馬，宋王驂乘，梁王為御，周、召畢陳，滕、薛、衞、中山之君，皆象使隨而趨。宋王偃，亦鑄諸侯之像，使侍屏匽。夫鑄亦象物形，亦畫之類也。周官載：「天下大獸之屬，小蟲之屬。脂者、膏者、贏者、羽者、鱗者。外骨、內骨、却行、仄行、連行、紆行。厚脣、弇口，出目、短耳，大胸、燿後，大體、短豆。銳喙、決吻，數目、顧豆，小體、騫腹。小首長者，摶身鴻者。以脰鳴者，以注鳴者，以旁鳴者，以翼鳴者，以股鳴者，以胸鳴者。以為雕。」夫雕亦象物形，亦畫之類也。及干戈有錯飾，幣帛有織文，皆畫之類也。莊子曰：「宋元君將畫圖，衆史皆至，受揖而立，舐筆和墨，在外者半。有一史後至者，儃儃然不趨，受揖不立，因之舍。公使人視之，則解衣槃礴，臝。君曰：『可矣，此真畫者也。』」若殷畫傅說。漢武畫周公、成王，以賜霍光。又畫休屠王夫人。文翁畫石室。魯共王畫靈光殿。宣帝畫功臣。光武畫諸將。魏畫于禁。蜀漢諸葛武侯自畫西南夷賜其國人。首畫天地日月，君長城府。次畫神龍生夷及馬牛羊。後畫部主吏乘馬幡蓋，巡行安卹。又畫牽牛負酒，齎金寶詣之者。夷特重之。至東晉時，其圖猶存。每刺史校尉至，必齎以呈詣。自虞夏以至秦漢，圖畫形像，見史傳者，其概如是。二曰論其感。或曰：「古人車旗、衣章、殿屋之畫，若棹楔鷁首，所畫飛虎、魚龍、鳥獸，非今之所謂畫也。」雖然，嘗考之秦以前人，不以善書稱名。然而岐陽石鼓詩，夏、商、周彝、鼎、壺、敦、盤、匜箴銘，及秦王詛楚碑，始皇帝泰山、嶧山、印璽、權量諸文，皆窮巧覃思，無所不臻。其他如龍鳳、琥璜、爵雖、饕餮、雲雷、犧象諸物，無不殫精極文，非後世所能髣髴，豈畫獨不能善乎？特以其所施者五采繒帛，易至凋落，不若金石玉雕鏤之堅，可以傳致久遠也。今人遂謂古畫不如晉宋，則不然矣。當是時，六法精微，攄毫變化之妙，未有論者。或言史皇黄帝時人，善圖畫。儀象天地，功牟造化，首冠群工。然其言魏晉間人所爲，非當時事也。葛洪亦載毛延壽、陳敞之屬，圖王嬙，誤漢元帝，并論其畫法構造。然其言亦魏晉人所爲，非當時事也。故余論畫之概，則自開闢以來，與六書書與並興。論其詳則自東漢始。曰劉褒畫雲漢圖，人見之熱；畫北風圖，人見之寒。蔡邕畫赤泉侯五代將相，暨書與讚，稱爲三絶。張衡性巧善畫。蜀諸葛孔明暨子瞻皆善畫。魏帝曹髦，幼善書畫。楊脩、桓範、徐邈，皆善畫。吳曹不興畫孫權屏風，誤落筆點素，因以爲蠅。孫權疑其真，以手彈之。其後陸探微見其所畫龍，因歎其妙。謝赫亦以其所畫龍首，擅名不虛。晉張墨善畫，世稱其與荀勗風範氣韻，極妙參神，務取精靈，遺其骼法。衛協畫上林苑七佛圖，謝赫云：「古畫皆略，至協始精。六法頗兼善，不備該形似，□（襄按：當爲「妙」字）有氣韻，凌跨群雄，曠絶今古。」顧愷之多才藝，尤工丹青，傳寫形勢，謝安謂其「生人以來未有也。」李嗣真謂其「天才傑出，獨立無偶。」張懷瓘謂其「運思精微，襟靈莫測，雖其寄跡翰墨，其神氣漂然煙霄之上。神妙無方，顧爲最矣。」當是時，王羲之、獻之、史道碩、嵇康、戴逵之屬，皆擅美當代。則畫自東京曹魏迄於是，始見其盛。論者以顧愷之、陸探微爲稱首，而梁有張僧繇，唐有吳道子，皆超軼絶塵，與顧、陸齊驅並長，雄（唐人稱顧、陸、張、吳。）後世（襄按：此句或「雄」字衍，或「雄」下脫一字。）不能出其域矣。三曰論其法。至齊謝赫始論六法：曰氣韻生動；曰骨法用筆；曰應物象形；曰隨類傅彩；曰經營位置；曰傳移摹寫。四曰論其傳。唐代張彥遠始論師資傳授，于是其法度構造，源流同異，可以考見。繼驗之他志，參之成跡，則十有五代之所自，皆可意知：曰顧愷之之法，又傳為張僧繇、米芾之法。（米芾字元章，人物學顧愷之，自謂勝李公麟。）又傳為吳道子之法。又傳為李公麟之法。又傳為趙孟頫之法。又傳為文徵明、文嘉、仇英之法。（仇英學李唐，亦能旁及趙氏法。）又傳為錢穀、朱朗、陸治、陸師道、王穀祥、陳淳之法。又傳為侯懋功、劉作（作字原起，徵以字行。）之法。此數士者，貌雖不同，同源為一法。曰李思訓之法，又傳為董源（董著色山水學之。）李唐之法。（李唐字希古，學思訓而變。）又傳為馬遠、夏圭、張訓禮之法。又傳為劉松年之法。又傳為杜堇、戴進、沈恒吉、吳偉、呂紀、林良、謝時臣、周臣之法。又傳為唐寅、仇英之法。此數士者，貌雖不同，同源為一法。董源之法，又傳為米芾、（米山水學董，今世所傳雲山，又其別體。）巨然、倪瓚之法。又傳為黃公望、王濛（蒙。按本書王蒙均寫作王濛，不知何據，待查。）吳鎮、徐賁、陳惟允之法。又傳為沈周、劉珏、謝晉、夏昶、王紱、杜瓊、莫廷韓、董其昌之法。此數士者，貌雖不同，同源為一法。荊浩之法，又傳為關仝之法。又傳為郭忠恕、李成、王士元之法。又傳為范中正之法。又傳為李昭、夏圭之法。此數士者，貌雖不同，同源為一法。由此觀之，自晉及唐、及宋、及元、及明，古法未亡，尋其端緒，其緒可知也。（此論其可考者，年代綿邈，不可考者，尤多也。）五曰論其述。何以謂之述？夫畫者，跡也。述者，所以存其跡也。夫物必有述，故能傳。夫述者，傳之道也。苟非其述，何以知其道乎？故思其傳，必思其述。思其述，必思其述之人。今以其述之人列敘於左：漢孫暢之，晉顧愷之、謝安，宋宗炳、王微，齊謝赫，梁武帝、元帝，陳姚最，唐王維、李嗣真、張懷瓘、張彥遠、竇蒙、裴孝源、僧彥悰、韓愈、朱景元、劉整、顧況、張璪、荊浩，宋蘇軾、黃庭堅、米芾、李成、沈括、郭熙、郭思、董羽、韓純全、劉道淳、黃休復、趙希鵠、董逌、鄧椿，元趙孟頫、周密、黃公望、倪瓚、李廌、華光、李衎、張退公、夏士良、饒自然，明曹昭、王佐、文徵明、唐寅、朱存理、王世貞、詹景鳳、何良俊、莫廷韓、王穉登、李日華、陳繼儒、董其昌、曹學佺。此數十人者，皆親覩其盛，並為著論，輇量其高下甚備。今其書具存，茲不必論。六曰論其辯。易曰：「學以聚之，問以辯之。」孔子曰：「辯之弗明，弗措也。」孟子曰：「予豈好辯哉，不得已也。」故辯者，聖人之所不能已也。于是首論古人，驗之前跡，上紀開闢，草昧樸略，比物連類，以明其事。中述中古，文彩明盛，下迄於茲。道法所系，間取之成論，旁求傳記，于其事曰俗、曰贗、曰法、曰善、曰經、曰雜篇，而首茲論說，為論說第一。夫天高地卑，萬物散殊，而人惟最靈。然人不能盡靈，處高明者十一，而好溷濁者十九。夫十一之不能勝十九，道之固然也。故十九所處曰流俗，言其眾也。十一所守曰貞一，言其獨也。夫法不存於流俗，而存於貞一。然貞一之法曰法，流俗所處亦曰法。貞一之法曰正法，流俗所處曰俗法。人不知正法，則必入於俗法。入於俗法，則不能歸正法。故俗法者，正法之害也。知其害正法，然後知避俗法。為俗法第二。孔子曰：「惡似而非者，惡紫、恐其亂朱，惡鄭聲、恐其亂雅樂，惡利口、恐其亂邦家，惡曲、恐其亂直，惡鄉愿、恐其亂德。」惡贗古，恐其亂古也。作贗古第三。贗古者，謂反正自高，以亂古法者，非謂今之偽骨董者也。偽骨董者其事淺俗，不足與辨。孟子曰：「離婁之明，公輸子之巧，不以規矩，不能成方圓。師曠之聰，不以六律，不能正五音。堯舜之道，不以仁政，不能平治天下。」又曰：「徒善不足以為政，徒法不能以自行。」夫論其善而不論其法，是謂徒善。論其法而不論其善，是謂徒法。徒法則庸，徒善則廢，二者皆不可以為道。故善必論法。然法之途多，不可不別。辨法者，所以窮法之情也。作辨法第四。夫筌者所以為魚，蹄者所以為兔。三十輻共一□，襄按：疑為「轂」字。所以為載。故法者，筌也、蹄也、輻也。善者，魚也、兔也、載也。論法而不求善，是為筌而不求魚，為蹄而不求兔，為車而不求載也。故法者，畫之道也。善者，畫之德也。論□所以求德，故論法所以求善。襄按：此二語似應作：「故論善所以求德，論法所以求善。」論法所襄按：「所」為「不」之誤。以求善，則法為徒設。作論善第五。夫禹之治水，必因其道。奚仲之斲削，必因其材。黃帝、扁鵲之治疾，亦必順其理。太公、孫吳、王子城父之用兵，各有其鍊兵、置陣、分行、布伍之法。古人梓匠、輿、甲楯、矛矢，各有其說，以垂後世。故為畫亦有其疾徐、先後、進退之節。失其節一可以為學。作法經第六。夫餘辭衍說，流言洋溢，不能無述，以為拾遺補闕。作雜篇第七。欽子曰：夫畫之可言者，自古人以來，世已言之矣。其不可言者，世亦未之言也。夫可言者跡也，不可言者道也。可言者外也，不可言者内也。可言者形也，可言者神也。可言者而屢言之則為贅，不可言者而不言，寧為無關。夫曰善、曰法、曰俗、曰曆、曰今、曰故、曰同、曰異數者，知其道則由之而入道。數者一不知而犯之不由之，則為終身之疾。余于是列敍其說於後，庶幾論其可形，得其不可形者；論其言，得其不可言者；則知余之說不誣也。于是歷述開闢以為始，至於今為終。惟七篇而論說以為首。

吳郡欽　抑遠猶著

俗法第二

同為規矩方圓，公輸得之則神，族師得之則庸。神者非心之神也，規矩方圓之神也。庸者非規矩方圓之庸也，心之庸也。推公輸之規矩方圓，得公輸之心。推族師之心，得族師之規矩方圓。得公輸之心者，得其用規矩方圓者也。得族師之規矩方圓者，得其害規矩方圓者也。規矩方圓之害者，方者不方，圓者不圓也。族師者不自知也。故非謂規矩方圓之害也。論其害規矩方圓者，謂之俗法。

害規矩方圓者，不能盡規矩方圓者也。盡規矩方圓者，信規矩方圓者也。不能盡規矩方圓者，繫規矩方圓者也。信規矩方圓者，任其輪者也。繫規矩方圓者，守其軌者也。守其軌者也，庸氓之情已。猶其遠而不知其所歸，謂之由〈襄按：「由」原作「繇」，當為避明諱。今為改作「由」，後同〉知之民。由知之民，則必守其軌而廢其道。為其事，不知其道，謂之不知法。知其道之外，不知其內，不盡其道，謂之俗法。俗始于不學。非不學也，學於俗者也。學於俗者知其外，不知其內，不盡其道者也，故至於俗也。故學於俗，不學於古，猶之無學也。學於俗，不學於古，謂之市里之學。

鄰哀巷鬴，不可以為通禮。閭里淫哇，不可以為嘉樂。驅儈之役，不可使相登御。鄉鄙之是非，不可任春秋削筆。故俗者，愚之褎也。愚者，不學之積也。俗有是非；俗之是非，非古之是非。俗有經紀；俗之經紀，非古之經紀。俗有義理；俗之義理，非古之義理。俗有氣體；俗之氣體，非古之氣體。俗有性情；俗之性情，非古之性情。故古之所有，俗之所有。俗之所有，非古之所有也。古者，遺世獨立者也，俗之所無也。古者，金玉其質者也，俗之所無也。古者，潔若冰雪者也，俗之所無也。古者，精氣純粹者也，俗之所無也。古者，體骨調密者也，俗之所無也。古者，超軼絕塵者也，俗之所無也。古者，雅正無雜者也，俗之所無也。古者，靈化若神者也，俗之所無也。凡此皆俗之所無也。俗者，穢也，濁也，污也，卑也，下也。故凡精潔超逸皆俗之所無。俗非今也，俗非非今也。俗非古也，俗非非古也。俗非剛也，俗非非剛也。俗非柔也，俗非非柔也。俗非博也，俗非非博也。俗非約也，俗非非約也。俗者，庸詆之情，見於物也。故今而庸詆則俗，古而庸詆則俗，剛而庸詆則俗，柔而庸詆則俗，博而庸詆則俗，約而庸詆則俗。庸詆者，與之語今則不能，與之語古則不能，與之語剛則不能，與之語柔則不能，與之語博則不能，與之語約則不能。其所能者，同流俗，合世好也。雖太古之世，必有嗜俗之士，不可不遠也。

有性俗，有習俗，有志俗，有迷俗，有勢俗。性俗者，雖學古法，其體性所稟之俗，不期而見聲臭之間，不可藥也。習俗者，性本清澈，所學淺下，能自濯洗，猶可愈也。志俗者，志在趨俗，不欲學古也。迷俗者，志本好古，不能擇法，漸染俗學也。勢俗者，雖知惡俗，怵於時好，不能出也。

俗有性習，有志習，有學習，有見習，有聞習。性習者，其俗與性同，受生於血氣，不自知者也。志習者，志趣好俗，不欲入雅也。學習者，取法不善，習學日深，不能出也。見習者，雖非志好，寓目棲心，不可去也。聞習者，雖非意求，聞之不忘也。故俗非特不可學，亦不可見。非特不可講，亦不可聞。

學者，得於心而存於氣也。耳目口鼻，氣之管籥，心之樞牖，可不慎哉！

古法一曰骨貴，二曰體貴，三曰氣貴，四曰貌貴。俗法一曰骨賤，二曰體賤，三曰氣賤，四曰貌賤。學俗之學，跡古之跡，猶輿臺皂隸，服莊士之服，其骨、其體、其氣、其貌，不可掩也。

或曰：「氣與貌外也，不可襲取乎？」曰：「貌從氣，氣從骨，骨從心。心賤，貌不可獨貴。」

舊說唐時長安中有康崑崙善琵琶，名第一手。及聞莊嚴寺尼段師琵琶，遂大驚駭折服，請為弟子。段師曰：「崑崙本領何雜，兼帶邪聲，請不近樂器十數年，忘其前學，然後可教。」崑崙從之，不以為難。後果窮段師之技。朱子答人論詩書曰：「來書謂漱六藝之芳潤，良是。但恐舊習不除，渣穢在胸，芳潤無由入耳。」又諺曰：「君欲學詩，必先服巴豆雷丸，下盡胸中陳文宿策，然後以楚辭文選為暖劑補之，始可語詩。」凡畫欲洗俗入雅，亦如是。凡畫誤入俗法，如受砒毒，必去之勇決而力疾，然後可除。

古之人，輪人守其輪，輿人守其輿，終其身不易者，良工也。采山之銅，登溪之錫，三年之冶成一劍者，良劍也。其斷專鑄誠，得其道深也。故上黨之人乘車，車不可上也。吳越之人乘舟，舟不可上也。俗學者反是。

欲悅一世之人，不能必方寸之內，不求通方之道，而志在得精。故所為者華，所務者誇，不知其中之餒也。

同為好物，合之則兩傷，離之則雙美。故千金之裘，續苴麻之服則悖。醪醴醇酎，儕苦櫝而廢。毛嬙麗姬，人之所喜；犀象金玉，人之所欲；而不並為貨。古法之不齊，若淵沉與陵隮，不知者必混施，故為俗之師。

有學俗而俗者，有學古而俗者。學古而俗者，不知古者也。不知古者，混衆古而不別，則俗矣。混衆古而不別，猶金玉璧帛，共入歐冶之鑪；金玉璧帛，共屬機杼之工；則有違其性者矣。違其性而不知，不知古者也。不知古者，不知俗者也。不知古，不知俗，俗之至也。

歐冶者，鑄劍者也。鑄劍者，必以銅錫。銅錫必以鑪。今以璧帛，亦入歐冶之鑪，則璧必毀，帛必焚，無益於鑄亦明矣。機杼之工，必以絲屬之，以金玉無益於織，亦明矣。

然而不知昧之至也。夫古法者，亦猶金玉璧帛之多途也。混而不別，亦猶以玉入鑪，以帛就焚，以金玉佐機杼也。故曰：違其性也。違其性必相毀。相毀而不已，則成俗。彼之法圜，此之法方，合之則兩傷。彼之法藏，此之法詳，合之則兩傷。彼之法方，此之法方，合之則兩傷。彼之法圜，此之法圜，合之則兩傷。彼之法藏，此之法藏，合之則兩傷。彼之法詳，此之法詳，合之則兩傷。夫彼之方非此之方，彼之詳非此之詳。俗者不知，不盡其圜，必學其方。不盡其方，必學其藏。不盡其藏，必學其詳。不盡彼之圜、方、藏、詳，必學此之圜、方、藏、詳。故圜者害圜，方者害方，藏者害藏，詳者害詳。無所不學，無所不害。無所不害，無所不俗。

古之人學峻，盡其為峻，以夷間之則敗。學夷盡其為夷，以峻間之則害。學麗盡其為麗，以樸間之則傷。學樸盡其為樸，以麗間之則眚。然亦有彼麗不可合此麗，彼樸不可合此樸，彼夷不可合此夷，彼峻不可合此峻。夫物有異而異，有同而異。不察其情，必致其眚。不究其眚，必至於俗。

或問集大成雜學之異。曰：「集大成，雖金聲玉振，然韶不雜武，武不雜韶，濩不雜韶武。雜學不然，元鳥之詩，肆陔敖夏，同為一奏。發揚蹈厲，簫韶九成，閭里謳謠，共混一響。故不可也。

畫部 八

吳郡欽 柳遠猶著

贋古第三

學古者惡俗，俗之人亦惡俗。俗之人惡俗，不知古法可以毆俗，而并以毆法。毆法則不能為古。不能為古，則不能毆俗。不能毆俗，猶之俗也，而自以為古。自以為古，則不求古。自以□（襄按：當為「為」字）古而不求古，害古者也。世以害古為古，不能毆俗，且以毆古。古不能毆俗，且以毆古，謂之贋古。古不亡於俗，亡於贋古。古者好古，贋古亦好古。古者惡俗，贋古亦惡俗。古謂贋古贋，贋古亦謂古贋。古謂贋古俗，贋古亦謂古俗。贋古謂古俗則疑□（襄按：當為「古」字）贋，古謂古贋則疑贋贋。古謂（襄按：「謂」應作「為」）疑贋古則疑古俗。疑贋疑古，疑非古非俗非贋。非古非俗非贋，則贋者非贋。贋者非贋，則古者非古。古者非古，古之亡也。（贋不能辨其必贋，則真古亦不能知其必真。如此則真因贋而亡。）古不亡於俗，亡於贋古。俗而存於俗，存於贋古。古之亡者，背經法而繆準繩也。俗之存者，背經法而繆準繩也。背經法繆準繩者曰：存士氣、出撇跡、徒闊古 不知法、誣是非。

存士氣

士者，修身問學者之稱也。氣者，辭氣儀容之餘也。存者，使之不亡也。畫者技，曰謂之存士氣，奈何？曰：「恐同工匠之技也。」恐同工匠之技則奈何？曰：「恐同工匠之技則任其拓落，佯為疏謬，前缺後敗，不修學也。」曰：「吾惟不學，所以存士氣也。吾士也，豈殉為技者。吾士也，豈誠能為技者。吾惟不學，所以出乎衆也。吾惟不學，所以為士也。吾之善，不以盡藝之善，以存士氣之善也。存士氣之善則貴，盡藝之善則賤。士者為貴不為賤，故今之士，相傚不能也。」（好事者以士氣掩其不能，故有是說。）其所為背經而謬法則曰：「吾非背經也，俗以為背經也。」其所為敗道而絕理則曰：「吾非則（襄按：「則」為「敗」之誤。）道也，俗以為敗道也。吾之所為，士之所為，非世之所知也。」與之論古法則不知，與之較繩墨則不協，則曰：「吾之所為，士之所為，豈顧論法、論繩墨者哉？」（當時以編反為高，故詆法度為俗。）

法者，使心知手得，筋肉鍊習也。廢法則心不知，心不知强為之故疑，疑無所定故懼，疑且懼故震，震故亂。不鍊則手無所得，筋肉不習。手無所得故違，筋肉不習故鬭。違且鬭故害，害故敗。以疑懼震亂之心，役違鬭敗害之筋肉，而曰：「若此可謂能存士氣矣，若此庶幾乎非工人之習也，若此庶幾不為法所囿矣，若此庶幾乎君子之容也，庶幾淵淵乎非常（襄按：明諱。「常」原作「當」，當為避「常」，今改作「常」，後同。）人所能測也。」（好古者必棄俗法，不知歸古法，故有此病。故棄俗法者不可不遠者也，古法者不可不學者也。）

外誇士氣，內寔不知所為故餒。其情雖百，不能相出故庸。學之不深則知之不明，知之不明則為之不勇，為之不勇故畏而惡蹈，畏而惡蹈故弱。餒庸而弱，不能力與剛，則修飾如婦人故孃。雖欲自立，不知其術，如痿人不能起，痺倚不能立，故痿痺。不知其術，其（襄按「其」應作「則」。）疑保其癰疾，守其殘賊，韋其俗說，拘於纖纆，委瑣握齪，不能皆釋，故腐。（古人之畫，亦有如不能而窴妙者。然非不能也，乃神化所至，非可強為。今人真不能者，欲效之以掩其所短，則謬矣。）人之學，盡其為古法者，則曰：「全乎為藝者也。」人之學，盡其為俗法者，則曰：「全乎為藝者也。」全乎為藝者，不存士氣者也。不存士氣者惡之，而古之可好，俗之可遠，則不知也。（時人以遠法為高，故能盡其法者即棄之，而古法、俗法都不能辨。）古之人存士氣者。（襄按「者」似應作「乎」。）曰否。古之人存士之實，不存士之氣，而氣自古。（實存，則氣不存而自存。其實者反是。無）然則士之氣，君子之容，不可乎？曰：「去法而存士氣，不可能如古之人。又盡古人之法，則純乎君子之氣，何為而不可?!」棄法而存士氣，士氣不存。盡古人之法，不存士氣，士氣不亡。盡俗工之法，欲存士氣，士氣必亡。

黃庭堅論書曰：「學書非委瑣□（襄按「委瑣握齪」見漢書司馬相如傳。）齪者所能至，必其人臨大節不可奪，立身如古聖賢者。」又云：「周越書非其工力之罪，特少胸中數千卷書耳。」又人論趙大年畫亦云：「得其胸中千卷書，則更奇古。」我朝莫廷韓亦云：「不讀萬卷書，不游歷天下名山大川奇跡，不可為畫。」凡言此者，謂其人讀書可以驅俗，游涉可以洗滌鄙近；則其為畫，自無凡猥之氣。非謂可以矯揉襲取而能也。今之人，動以文人自矜。曰：「我輩作畫，不可太工，」工則與工人無異。」不知工人之畫，自是俗體，與古法夐異。今既不能辨，凡謂之法，一皆棄之。又故為支離疏謬，以示不能。曰：「我輩文人，固當爾爾。」不知文人果當爾耶？抑不然也。唐人謂顧凱之用筆緊勁連綿，循環超忽，調格逸異，風趨電疾，意存筆先，畫盡意在。又其所畫維摩詰像，作清羸示病之容，後世畫者，皆不能及。郭恕先畫屋木樓觀，以毫計分，以分計尺，增丈而倍之以為大宇，皆中規度，曾無少差，當時匠人皆為取法。若此可為盡畫之道矣。天下之人，不以為工人者，以二公其學其人，則畫雖極盡工妙，自無凡鄙之氣也。無凡鄙之氣，則與工人不侔也。又何必支離疏謬，然後為出於眾哉？且畫固文人之事也，古人偏嗜，有甚於畫者。如曹子建好手搏，兩人相角，不用戈楯，以手搏擊。今人多此技者，然莊士不好。嵇叔夜好鍛，錘鍊金鐵。曹孟德、唐太宗好用兵，且自臨陣搏戰，當時無敵。魏武嘗自斷後，人不敢。唐太宗手擒竇建德。然戰者不聞其恥於類武人也，搏者不聞其恥於類鄙夫巷鬬也，鍛者不聞其恥於類鐵工也。設或恥之，必示支離疏謬以異之，則戰必為人敗，搏必為人傷，鍛必不成精鐵，必不可也。故鍛必盡力，搏必盡技，戰必盡勇，然後無僨敗之患。雖然，計四君之其學其人，雖當盡力盡勇之時，其所謂文彩風流，卓犖雄邁之氣，必未嘗異於平日也。若此又何必慮其類武夫、巷鬬、鐵工也。

古之畫者，若顧凱之、戴逵、宗測、宗炳、王微、盧鴻、韓滉、東丹王、郭忠恕，皆豪傑不羈之士。勝國吳仲圭、黃子久、楊廉夫、倪元鎮、曹知白，亦皆塵土富貴，空視天下者。故其所為畫，能妙盡當世，照耀千古。今之人苟能如此，又何必支離疏謬，強示不能，然後為出於衆哉?!苟其不能，則雖矯揉萬端，愈見其陋，終無益也。古人之畫，無非詩書超遠之氣。蓋皆如其人也，非有心為之。

大抵筆從氣，氣從志。有形者必祖於無形者，故其書畫必如其人。羲之書如羲之，倪瓚畫如倪瓚。設或俗書生為之，亦必如俗書生也。

凡沉深好詩書負氣義奇傑人，其所為書畫、古文辭，未嘗不似其人。故羲之之書則有游龍儀鳳之形，屈平之賦則有日月齊光之質，司馬遷之書則有駕軼古今之氣，劉琨之詩則有慷慨沉壯之音。及勝國吳鎮、倪瓚，近代沈啓南之畫，則有棲遁忘世之表。故其人果能好詩書不羣，豈無補於畫哉？然所謂存士氣，則陋矣。昔趙武靈王謬為使臣見秦王，左右見其儀容非人臣，亟追之，亡出關。此豈有意為異，以買追逐危殆乎？然有諸內，必見諸外。雖欲自晦，有不可掩者。若必以存士氣然後異，則前諸說不驗矣。

窮學以盡士之實，則曰：「非好爵所及不為也。」窮學以盡畫之道，則曰：「非世俗所悅不為也。」謂之殉俗之民。大不可以為聖賢仙佛，小不可以為書畫詞賦。

其人果學俗法，雖讀萬卷書不能救其俗，以其本俗也。故正其本，必以古法。其人存士氣，亦不能救俗，以存士氣毀法也，毀法亦不可以救俗。故惟古法，可以救俗。或曰：「然則子言不讀萬卷書，不可為畫，果何謂耶？」曰：「讀書所以助其無形者，學古法所以正其有形者。必先正其有形，然後可以助其無形。有形者，其規矩方圓，可以言傳者皆是也。無形者，其意象恍惚，不可以規矩方圓得，亦不可以言傳者皆是也。」

凡畫，有法、有意、有氣。讀書所以助其意、助其氣，不能助其法也。

古法而俗人操之，骨骼雖古，意象必俗。雅士而誤學俗法，意象或雅，骨骼必俗。

出轍跡上「出轍跡」三字，見董彥遠廣川畫跋。今俗謂之「出窠臼」。

何以謂之出轍跡？曰：「越眾象，逾古今，離言說，不為眾法之所囿也。」夫法：不出偏全、今古、雅俗、方圓也。欲出轍跡，則欲出偏全、今古、雅俗、方圓也。請言其不可：夫離偏法，則入全法，則離偏之轍跡，入全之轍跡，則不能出轍跡。去全法，則入偏法，則去全之轍跡，入偏之轍跡，則不能出轍跡。變古法，則自立法，則為今法，則變古之轍跡，立今之轍跡，則不能出轍跡。惡今法，則入古法，則惡今之轍跡，入古之轍跡，則不能出轍跡。貶正法，則妄出入，則為俗法，則貶正之轍跡，為俗之轍跡，則不能出轍跡。畏俗法，則歸正法，則畏俗之轍跡，歸正之轍跡，則不能出轍跡。守方法，則背圓法，則守方之轍跡，背圓之轍跡，則不能出轍跡。適方法，則歸圓法，則適方之轍跡，歸圓之轍跡，則不能出轍跡。惡方圓之法，則為大小、長短、橫平、斜直之法，則惡方圓之轍跡，為大小、長短、橫平、斜直之轍跡，則不能出轍跡。夫百人為古法者，其人、其地、其法不同也，同為善之轍跡。百人為俗法者，其人、其地、其法不同也，同為俗之轍跡。百人初學，不知其道，則自謂高前列，輙倫輩矣。其人、其地、其法不同也，同為初學不知其道之轍跡。轍跡也者，其形跡也。形雖萬不同，不能離其形；跡雖萬不同，不能離其跡。出偏全、今古、雅俗、方圓之形跡，則出法之形跡。出法之形跡，則入無法之形跡。惡其形跡，則亦出無法之形跡，則不能存形跡，則無物矣。故曰：不能出轍跡。

出轍跡中

或曰：「吾所謂出轍跡者，非謂無形跡可存也，謂不為眾法之形跡，而自為形跡也。夫必以法為形跡，而不能自為形跡，則囿於眾人之內，不能自出者也。故不如去法之桎梏，而獨運之善也。去法之桎梏而獨運，則其為形跡，不為眾人之形跡。不為眾人之形跡，則不為今古凡聖之所囿，而犂然獨存其形跡。則吾之所謂形跡者神矣。」吾應之曰：「法者，猶聖人所謂禮也。禮者，所以敺暴慢而遠鄙悖者也。法者，所以敺鄙俗而就大道者也。故有法則正，無法則野。野而好下則俗，野而好上則邪。今子雖欲逃法，而不能逃野俗與邪。所謂去喬木而下幽谷者也。故法者，所以去桎梏者也，非為桎梏者也。所以引而出於眾人者也，非所以囿於眾人者也。故欲犂然而獨存，必由法。欲形跡之神，亦必由法。不然不能出此，必入於彼也。且子之所以欲去法者，欲其異於衆也。而不知欲去法者，亦衆人之情也。故合天下之欲去法者，聚一州之內，奚啻千萬？而求天下之由古法者，萬不一二。則子之欲異於衆者，乃所以同於衆也。故曰：出法之轍跡，則入無法之轍跡，猶之轍跡也。而陷野俗與邪，明者不為也。」或曰：「吾能去法而獨運，善矣。奚遽必陷野俗與邪？子之游詞也。」吾應之曰：「夫野俗與邪，非欲而後至者也。蓋去法則不能動容周旋中矩；不能動容周旋中矩，必進退疑懼；進退疑懼而無所定立，謂之野。始而進退疑懼，終必苟且無緒；苟且無緒而強以悅人，謂之俗。始而進退疑懼，終而苟且無緒；苟且無緒而強以自高，則必矯反過正；矯反過正，則必倒置是非以自高，不由故常以自表異；倒置是非以自高，不由故常以自表異，則必戕敗正道，以是為非；戕敗正道，以是為非，善之賊也，故謂之邪。故俗者，非其人之欲俗也；邪者，非其人之欲邪也。以不知正法而強以悅人，其弊至於俗也；以不知正法而強以自高，其弊至於邪也。故其為俗與邪也，豈自謂俗與邪者耶？必自以為微妙圓通，人莫我若也。自以為微妙圓通，人莫我若，則雖謂余之言游詞可也。」

出轍跡下

或曰：「吾所謂出轍跡者，非野俗邪僻之學也。所謂出轍跡者，遺古人之糟粕，存其精微也。遺古人之糟粕，存其精微，謂之不善乎？」吾應之曰：「子之所謂存其精微者，深入得存之耶？逡巡不敢進，惡涉其跡，得存之耶？欲入其室，惡涉其跡，必踟躕於戶外。始延首而遥望，終趦趄而卻退。雖歷年歲，不能知其閫閾，不能知其中之崇大廣侈也。又謂能存居居（襄按：「居」字衍。）室之精微可乎？今有人欲食其食，惡涉其跡，雖陳雕胡、露葵，望視而不敢入口，與不食者同也。又謂能存飲食之精微可乎？輪人之言曰：「斲輪徐則甘而不固，疾則苦而不入。不疾不徐，得於手而應於心。口不能言，有數存焉於間。臣臣（襄按：「臣」字衍。）不能以諭臣之子，臣之子亦不能受之於臣，故年七十而老斲輪。」則其斲輪之精微者也。然豈不學其學，惡涉其跡，而能之耶？必其精思專學，窮心殫力，使內外相得，心手相發，然後能之也。今子欲不為衆法之形跡，又惡法如桎梏，則先失其學之門，況望其能升其堂、入其奧乎？不能升堂入奧，不知者也，又謂其能遺之、存之乎？不能遺之、存之，則其所得者精微耶？糟粕耶？夫博奕者，小道也。有學之終身不能得其精微者矣，未有畏涉其跡，不入其門，而能自得者。故曰：「操予之術，求予之欲，所謂卻行而求及前人，必不可得也。」（凡欲遺其糟粕，存其精微，必深入古法，窮盡其道，則精微自得，精微既得，則糟粕自去。若惡涉其跡，不入古法，則糟粕不可得，況精微乎？）原其所以出轍跡者，欲其異於衆也。則操弓者不可以盡執弓之量，盡執弓之量，執弓之轍跡也。乘馬者不可以盡乘馬之量，盡乘馬之量，乘馬之轍跡也。為大匠者，不可以盡大匠之巧，盡大匠之巧，大匠之轍跡也。為面目手足者，不可以盡面目手足之好，盡面目手足之好，面目手足之轍跡也。故曰：操弓者必裂弦折羽，發不能中的者，出射之轍跡也。乘馬者必缺銜折衡，絕鞅覆車，出乘馬之轍跡也。為大匠者，必毀瓦畫墁，蔑棄準繩者，出大匠之轍跡也。為面目手足者，必鑿竅皮面，剖腹絕腸，首足倒置者，出面目手足之轍跡也。故曰：雖有為善之志，無為善之具不能也。雖有軼倫出羣之心，無軼倫出羣之法不能也。故為射必盡為射之道也。盡為射之道，為羿、逢門，出於嘗射者也。為御必盡為御之道。盡為御之道，為王良、造父，出於嘗御者也。為大匠者必盡為大匠之道。盡為大匠之道，為公輸般，出於嘗操工者也。為面目手足者必盡為面目手足之道。盡為面目手足之道，為毛嬙、西施、陽文、子都，出於嘗面目手足者也。故為畫亦必盡為畫之道。盡為畫之道，為顧、衛、吳、張、王、韋、鄭、閻、韓，出於嘗畫者也。近代文人好事者，欲以不能自高於能者，終為能者所嗤，以其不能也。近代能者，復以其俗能自高于不能者，復為不能者所嗤，以其俗能也。故能必去其俗，不能必使之能，則兩者平矣。兩者平則古法矣。古法者，能而不俗者也。

三

難者曰：「所謂法者，如射之必以弓矢也，如矢之必中的也。射不以矢，焉乎射？矢不中的，又何為射？所謂轍跡者，如射者必其綸巾草屩，不講養由、逢蒙之道，而徒習噭號張機之習者也。故曰：法不可無，轍跡不可有也。學伯夷之廉，必棄稻黍菽麥而食薇；學柳下惠之和，而必俟三黜不去抱石待於河。此向者莊生所笑也。故曰：子之尊法是，而號法為轍跡則非。」

欽子曰：「孟子曰：『仁，人之安宅也，義，人之正路也。』今人徒知轍跡之可遺，不知善亦有安宅正路之不可易。雖小道亦然。學伯夷雖不必襲其採薇行歌，不能不義。學柳下惠雖不必襲其三黜不去，不能不仁。學射雖不必襲其綸巾革舄，張機噭號，而養由、逢蒙之道不可不講。今欲藉出轍跡之名，盡去其正路安宅。學伯夷而義，必責其不能出轍跡；學柳下惠而仁，必責其不能出轍跡；學射而講養由、逢蒙之道，必責其不能出轍跡。古之所謂秉彝人倫，□（襄按：當為「法」字）度準繩，今之所謂轍跡也。故以法度為轍跡，彼之所命也。」（近代好事者，以去法為尚，以面目倒置，首足易處，謂自有別解，非常人所知。故雖古人妙法，以為轍跡，必遠棄之。所以然者，以古法正直平和，無怪妄之習，彼以為少奇也。徒閱古（不學其法度規矩，而徒以多見為功，謂之徒閱古。）

周官以五聲聽獄訟：一曰辭聽，二曰色聽，三曰氣聽，四曰耳聽，五曰目聽。辭聽者，聽其言之不誠，知其情之不直也。色聽者，察其色之不正，知其情之不衷也。氣聽者，視其氣之不壯，知其情之不至也。耳聽者，因其聽之不專，知其情之不存也。目聽者，察其眸之多避，知其情之多變也。此其犯於野而聽於朝，無怪其聽之多端。今之嗜古者，或不能甄別，則藉衆耳目以為是非，而恐偏聽之生奸，則以甲之所是，質之於乙，乙以為非，復徵於甲。觀其辭之直者是之，則辭聽之類也。或甲乙之言俱直，察其色之誠者是之，則色聽之類也。或兩色俱誠，察其氣之壯者是之，則氣聽之類也。或兩氣俱壯，察其聽之專，目之無遯者是之，則耳聽目聽之類也。然則聽者如獄，則論者如困矣。

宋之人有耳食者，獻之惠文君。惠文君受而傚之，旬而弗得食，遂餓且死。召其世子，告之曰：「寡人弗得耳食以終也，吾死其猶耳饗之。爾紹余介福，惟耳之從，無替乃考之丕顯休命。」

名之大者大譽之，名之次者次譽之，名之下者下譽之，無名者不譽。以最上之蹟列最下，名與最下同棄；以最下之蹟冠最上之稱，蒙最上之譽。自以為目如離朱，別其黑白，萬不失一也。昔聾人好音，賂謳者使高唱。謳者臃病，不能為音。誑之曰：「吾於蝰唱，君胡不知？」聾人則傾耳而聽，撫節而歎。既而流涕曰：「吾久不聞激楚之聲，感樂係之矣！」瞽者好游，或相以登冀壤之邱，詒之曰：「章華之臺也，左江右湖，前荊山而後大別。」瞽者大喜，婆娑舞於其端，樂而忘歸。

今有犯一聾則眾聾羣而詢之，今有犯一瞽則眾瞽聚而訕之，其竭力致死，所以保其聾瞽也。故生為太師，死則祀於瞽宗。聾者配焉。（今代瞽者謳于逵，或童兒有竊詈之者，則眾瞽羣聚，相率索鬥，必勝乃止。）瞽者好色，陽文、吳娃、閭須、鄭姬，充牣其側，而不自知也。則使人視之，問其姸醜而後御之。

瞽以誑瞽，必謂己離朱，而不能知其非離朱，不能別白黑也。聾以誑聾，必謂己師曠，而不能知其非師曠，不能審五音也。故瞽與瞽相致，聾與聾相誘，而師曠離朱盈天下。

以瞽而不明，而憂天下之不瞽者不明，不知目者也。以聾而不聞，而憂天下之不聾者不聞，不知耳者也。不知耳，不知目，不自知其瞽聾者也。

聾人以衆聾之言問不聾。不聾以不聾之言諭之。不聾以不聾之言諭衆聾，衆聾以衆聾之聽聽之。故言者愈明，而聾者愈聾。

子列子曰：「燕人生於燕，長於楚，及老而還本國，過晉國，同行者誑之，指城曰：『此燕國之城。』其人愀然變容。指社曰：『此若里之社。』乃喟然而嘆。指舍曰：『此若先人之冢。』其人哭不自禁。同行者啞然大笑曰：『予昔紿若，此晉國耳。』其人大慚。及至真見先人之廬冢，真見燕國之城社，悲心更微。」今之好古者，其悲者、泣者，悲心更微者，未必非燕人之類也。而城廬冢社徧天下矣。徒聞古者，見市里所藏僞古人畫，坐臥其下，遂忘寢食，嗟嘆不已，亦燕人見晉國之城社而泣者耶？

無耳目者，以天下之耳目為己之耳目，然不能不俗。所以然者，以其同者衆也。同者衆者，俗也。無耳目者，不以天下之耳目為己之耳目，然而必乖。所以然者，以其無獨見之明，而欲為獨見之事，則必無所見。無所見，則必乖也。二者雖殊，所以失者一也。所以失者，以其無耳目也。

越人不知虺，狎而玩之，及為所傷，三年不瘳。他日遇鱓，怖而避之。反為所觸，一悸而死。今人徒聞古者，見僞古人畫，厚價收之，則狎虺之類也。及其既悟，見古人真畫，反不敢收，則畏鱓之類也。

水母無目，蝦沉則沉，蝦浮則浮。聾人不聞，人笑則笑，人悲則悲。吳牛恒喝，覩月而喘。蜀之地恒翳，犬視日出而吠。臧孫氏不知爰居，設壇壝而祀之。今之人好古者，其沉浮、悲笑、喘月、吠日、饗祀爰居者，亦不可勝數也。

瞽人不知日月之形。或告之曰：「日月如壺，觚稜而八出，其色如黝玉矣。」瞽者信之，曰：「諾」。或曰：「日月如牛，四足而有翼，其飛則翬然矣。」瞽者信之，曰：「諾」。或曰：「日月如旗，上方而下梐角，因風而飄颻矣。」瞽者信之，曰：「諾」。或又有告者曰：「前所告者，皆以誑子也。焉有日月之形，如牛、如旗、如壺、如杠者乎？夫日赤而月白，圜若璧而無好者。（璧中孔曰好。）人所共知也。前所告者，皆以誑子也。」瞽者應之曰：「前所告者皆誑余也，惡知子之所謂日赤月白，圜若璧而無好者，非誑余者耶？」（今之好古畫者，不能自別，始受人誑，既知其誑，疑不誑者皆誑，終身不決。）於是質之天下之人，或以為誑，或以為誠。瞽者愈質而愈疑，七日懣而死。其所以然者，以其無目不能自見也。今之好古人畫者，不能自知其善否而質之其人，愈質而愈疑，何異乎瞽者之日月乎？（或曰：「此瞽者知懣而死，則猶愈於今之自用者。今之自用者，必不自以為瞽，而以天下之人為瞽。以天下之人為瞽，必責天下之人為不知。不自以為瞽，必謂己之所求無不善。以己之無不善，御天下之不知，詎有不失者乎？人有古畫盈篋，而不能自別其善否者，以徒閱而不學也。以此益見不學之不可也。故徒閱與無閱同，無閱與無目同。）

今之人曰：「多閱前人所為者，則無不善也。」夫若耳食、目聽、激楚之聲、章華之臺、燕之城、吳之月、蜀之日、越之鐸、瞽者之日月，雖多閱古人所為者，詎能無不善乎？

其所以耳食、目聽、激楚之聲、章華之臺、燕之娍、吳之月、蜀之日、越之鱓、瞽者之日月者，以不事學，徒事聞也。不事學，徒事聞，則不能知其善。不能知其善，則不能知其惡。不能知其善，不能知其惡，不能者也。而謂之無不善，吾不信也。今聞欲與以學聞不為同。學，故無所得也。

游於太倉，不食不能為吾飽。觀於滄海，不飲不能濟吾渴。目之與腹，異道也。徒聞者，目之死者也。目之死者，猶之無目也。學則目生，猶盲人而復生明也。欲復生明而不知學，猶盲而不知求明也。

目，無所不見者也。人，未有無所不能者也。人有終身能一技者也，未有終身視一物者也。今舉天下之人所共見，而不能共為者明之。人所共見者棟宇，不能共為也。人所共見者衣服，不能共為也。人所見者陶鑄，不能共為也。人所共見者烹飪，不能共為也。不能共為者，非不共見也。然而不能者，不學也。今請言所以學。學為棟宇，必由匠人。學為衣服，必由縫人。學為陶鑄，必由冶埴之人。學為烹飪，必由庖人。由之者能也，能者學者也。故學為匠人，非學其繩鋸斤劐、方圓鑿枘，不能也。學為縫人，非學其尋丈刀尺，鍼紉殺削，不能也。學為冶埴，非學其水土金錫，鑪錘冶鍛，不能也。學為庖人，非學其鼎鑊烹調、鹽梅醯醢，脯腊膻腳，不能也。故同為匠人，有斷者不雕，雕者不斷。同為金工，有冶者不鍛，鍛者不冶。其所以然者，以所學不同也。所學不同則不能。今謂畫獨可以徒學（襄按「學」為「閱」之誤。）而能之，不講其學，何哉？同為工也，雕者不斲，斲者不雕。雕斲者不陶埴，陶埴者不垣墉。垣墉樸斲若輔車也，而不相為也。不相為者，不相能也。不相能者，非不相見也，不相學也。養由基、造父、樓季、奚仲，共事者也。其事不相易者，非不相見也，不相學也。（養由基善射，居車左。樓季多力，為車右。造父善御，居車中。奚仲善斲車，知車之用。四子者，共一車之事者也，故其技互相見。然而各有所長，不相易者，以所學不同也。）舟人操舟，不能為舟。匠人為舟，不能操舟。二者非不相見也，不相學也。養由基善擇矢，縮而視其直，旋而視其利，轉衡而視其隆殺，然不能自為矢。郵無正善擇車，前視其輮則知和，中視其轂則知均，下視其輻則知堅，然不能自為車。（養由基善射，其閱矢必熟，不能自為矢者，以未嘗學為矢也。郵良善御，其閱車亦必熟，不能自為車者，以未嘗學為車也。故知學與閱為兩事。）夫居凌雲臺之傍之人，日視凌雲臺，不能為凌雲臺者，不講其刀斤斧削，縋繂構揭，規圓矩方，繩直墨曲，尋高丈卑也。（凌雲臺，魏帝所造也。當時帝及三公九卿，暨御嬪、衛、與臺小臣，無不朝夕共仰熟視者。然欲自為凌雲臺，無一人能者，素所不學也。匠人之居山涯水濱，無人之鄉，目未嘗觀凌雲臺也。然乃能而為凌雲臺，不日而就，以素所學也。故畫人當講其學，不可獨任其閱。）夫學所獨也，閱所同也。棄所獨，任所同，未有能者也。

曰：「然則無閱乎？」曰：「否。學而閱，閱得其獨。不學而閱，閱得其同。」（學而後閱，則軒閱亦學也。）學而後閱，不易之道也。然學欲約，約者堅守一法，務在深造，不輕移易也。閱欲博，博者無所不閱，使目廣見，不滯一方也。

學古而閱古，謂之醇。醇者，純古而無雜也。學俗而閱古，謂之駁。駁者，雜駁而難純也。不學而閱古，謂之無所得。無所得者，不知雅俗、今古、同異、純駁之辨，則無所得也。

今之人，無一日之學，誇千日之閱，臨事行制，手無所托，心無所措矣。

不知法

或曰：「山川、草木、禽魚，吾法也。何必古人之法然後為法？」曰：「今法書之法，不似山川、草木、禽魚，以何為法？今俗之書，亦有四體，胡不以為法，以古人為法」？或又曰：「前世作之，後世述之，則為法。今我作之，後世述之，則為法。何必古人之法，然後為法？」曰：「古人之法，法天之法，故後世以為法。今子之法，非天之法，不可以為法。」曰：「請問法天之法。」曰：「五聲六律，師曠之法。青黃黼黻，離朱之法。璞臺十成，公輸之法。必上論遠古以為法，下察今之世以為法。法分陰陽，較輕重，別時□，（褒按：疑為「序」字）以成其法。與寒暑消長均理不貫不忒，以存其法。其鬼神造化，合德同量，不能違其法。故曰：『法天之法。』夫內盡其學，（褒按：「學」當為「性」之誤。）外盡其學，中盡其思，不陂不執，故後世以為法。今子不盡其性、其學、其思，非天之法不可以為法。故物不師其形，師其法。故法不師非法，師天之法。履、適足也，不以足為法，以履為法。衣、蔽身也，不以身為法，以縫人為法。屋，蓋形也，以匠人為法。音，理情也，以六律五聲為法。味，適口也，以狄牙為法。故畫以古人為法，不以山川、草木、禽魚為法。山川、草木、禽魚謂之形，不謂之法。畫之神，不存其形，存其法。故欲神其形，必神其法。不盡其形，神其法，猶謂之法。盡其形，不神其法，不可以為法。文，紀事也。事雖善，文不善，不可以為法。事善矣，文不善，不可為作文之法。商鞅、韓非，六國游說誕幻之書，其事嗤擊孔孟，誣罔賢聖，不可以為法。後世誦之，以其文之神，非以其事之法。雖然，山川、草木、禽魚，非不可以為法。盡古人之法，然後視山川草木禽魚，則形無非法。形無非法，則形愈盡愈法。形愈盡愈法，則山川、草木、禽魚皆法。今子欲棄其法，徒以山川、草木、禽魚為法，又不盡其性、其學、其思，而欲後世述之以為法。故曰子不知法。凡古人畫法既盡，然後觀眾物之形，則牛馬、禽蟲、山川、城郭，無不盡其狀而格法古也。畫其狀者，能詳觀眾物之驗也。格法古者，能盡古法之驗也。若其徒守古法，不求物形，則有畫虎類狗之病。若不學古法，專求形似，則必鄙俗不足觀也。

誣是非

夫史籀、李斯、崔瑗、蔡邕、曹喜、張芝、鍾繇、二王、歐、虞、褚、薛、張顛、李邕、顏、柳、蘇、黃、蔡、米、趙孟頫、鮮于樞、揭奚斯、倪瓚、虞集，及國朝諸公，未有引腕無力，劣弱頹靡，不能自振者，謂之法書者也。二典、三謨、左氏春秋、公羊、穀梁、儀禮、周官、國策、離騷、太史公書、管、韓、莊周、商鞅、孫吳、賈誼、晁錯、劉向、揚雄、司馬相如、班固、范曄、張衡、左思、阮籍、嵇康、任昉、江淹、庾信、徐陵、蘇頲、張説、杜牧、韓、柳、蘇、曾、歐、王，及國朝諸公，舉未有四體不屬，劣弱頹靡，不能自振，謂之能屬文者也。今之人之畫，舉諱言力。凡綱直剛方，整飭嚴明者，皆謂之俗。幷誣趙孟頫、吴鎮、黄公望、王濛、倪瓚、柯九思、巨然、徐賁、劉珏、杜瓊之屬，皆四體不屬，劣弱頹靡，不能自振，然後為法。亦謂今之初學，不能其道，其劣弱頹靡者，皆趙孟頫、吴鎮、黄公望、王濛、倪瓚、柯九思、巨然、徐賁、劉珏、杜瓊之儔也。然則古之屬文及書，皆非耶？抑畫之道獨異乎？古之屬文及書，如文人、朝士、將帥、武夫、婦人、孺子，其狀剛柔、小大、輕重、厚薄、嚴毅、婉孌，固不一端。舉未有四體不屬，劣弱頹靡，不能自振，謂之善者。而畫之剛柔、小大、輕重、厚薄、嚴毅、婉孌，亦非一端。而獨以劣弱頹靡，不能自振者，謂之善，何哉？蓋今之人不知善之實，而獨以貌求；而以時之所好劣弱頹靡者，以為準的，而幷誣古人也。然則今之人，即以貌求，胡不好貌之善者，而獨好四體不屬，劣弱頹靡，不能自振者也。蓋從容整飭其所難，劣弱頹靡其所易。以其所易誣古人，則己之惡易塗。以其所難廢今人，則今之目盡廢。廢今之人，誣古之人，則劣弱頹靡者神奇矣。（誣劣弱頹靡者為神奇，以誤天下之耳目。）

余嘗見吴仲圭畫髑髏像，用筆□（裹，按當為「脱」字，見下條。）略，不知者視之，如初學小兒所為。畫大士像，衣紋簡妙，不涉圖畫常境，然不知者視之，亦如不能結構者。沈啓南、錢叔寶、文休承畫人物，亦有如畏懦不勝任者。此皆學力深邃，神妙之至，不可思議，比之整筋者為尤難，非真劣弱頹靡也。若無其學力，強欲傚之，無異東鄰傚西子之顰。又莊子所謂「學步邯鄲，未得國能，又失其行」。

前所云仲圭髑髏，及啓南以下諸公云云，其脫略處反成古，其若畏懦處反成奇。今之劣弱頹靡者，必以此藉口，不知實相去萬里，不可不辨。

晉人字之偏仄，元人畫之弱腕，皆一代絕能，後世終不能及者。設欲傚之，當從千鍛百鍊中求，不可以鹵莽滅裂得。（晉人字之偏仄，非真偏仄也。其結構皆合至理，寫繩墨于不可窺測處，聖於字者也。元人畫之弱腕，亦非真弱也。寫至剛于至弱之中，亦使人不能測，聖于畫者也。夫物之聖者，至難學也，而為劣弱頹靡者藉口，尤為可笑。）

今之人，知能重者力，不知能輕者力。善書如輕者力，市人不善書，如重者不力。善行捷而輕者力，小兒附壁行，如重者不力。元人畫，下筆柔如脂韋，可以謂之柔嘉，非弱劣也。唐人畫，下筆堅如鐵石，可以謂之古壯，非剛劣也。故果能如古人，剛亦善，柔亦善。但欲知剛之所以善，柔之所以善耳。（其所以善，可自知，不可言。）

或曰：「古人之畫弱故善。」吾應之曰：「弱者，病辭也，猶言人之勞瘵也，痿痺也，疥癬也。今論人之美者，不曰龍章鳳姿，婉孌翩姍；而曰勞瘵者也，痿痺者也，疥癬者也。可乎？」（近習以剛為俗，弱為雅。故譽古人者必以弱，而其俗剛者，亦變為俗弱。古人或有似弱而寔非弱者，蓋其貌之柔婉，非怯弱畏懦之病也。若果怯弱畏懦，則不可以為善。且柔婉之雅元人，唐宋皆不然。豈唐宋皆不足道乎？故知善之實，則不以貌求也。）

六

鍾太傅論書：「多力豐筋者勝，無力無筋者病。」今之論畫者反是。鍾書比諸書最為婉麗，其言猶如此，則所謂筋力，可想矣。元人之畫，譬如毛嬙、西施；唐人之畫，譬如烏獲、孟賁；宋人之畫，譬如端人烈士。人知烏獲、孟賁、端人烈士之有筋力，而不知毛嬙、西施，亦待筋力以生也。故筋力者，凡物之所托命也。偽柔無骨，骨者，鍾太傅所謂筋力是也。人所易知。偽剛亦無骨，人所不知也。骨者中之精靈，凡視之飄如行雲，深若山海，一點一畫，有無窮之致者，皆骨也。望之頹然如廢，寓目之後，不欲再觀者，無骨者也。然骨不可強致，必從百鍊而得。故鍾太傅學書，夜臥畫被皆穿，羲之池水盡黑。筋力俱至，點畫中有物，謂之骨。故古人或言骨，或言力，其□〈囊按：當為「實」字〉一也。凡人執筆，指揮如意，輕捷不滯者，皆力也。若欲東而西，欲上而下，廢滯不能自舉者，無力者也。今人但以貌之強勁者為力，則非矣。貌之強勁，亦有無力者，謂之偽剛。偽剛必無精氣。元人之畫，雖用弱腕，外貌如散弛無力者，而內則圓融，活潑，略無廢滯之病。此腕中有千鈞之力故也。人但知強勁之能為力，而不知至柔之中，非力不活，活則為真柔，不然則偽柔矣。骨力俱足，而仍不善者，俗學、雜學是也。以其取法卑下，雖能百鍊，而纖澀之氣，不能出也。

惡俗剛而不知真剛，必趨俗柔。惡俗柔而不知真柔，必趨俗剛。俗法者，學之卑者也。

贗古者，學之偽者也。

俗法以媚小人，贗古以惑君子。

俗法者，糞壤也。贗古者，沉溺也。盲人不居沉溺，必歸糞壤。不知世之有潔土也。

俗法者，生人而庸劣者也。贗古者，雅士而木偶者也。

保其俗法以自高，則俗者好之。保其古法以自高，則好古者好之。保其不學以自高，則

畫解

不學者好之。贗古者，保其不學以自高者也，故不學者好之。
與雅為仇者，俗學也。與法為仇者，贗古也。故俗學保其不雅，贗古保其不法。
今之人，當出俗法之堂室，入古法之堂室。欲出俗法之堂室，升出古法之堂室，則贗古 贗古
也。所以然者，以不知俗法之害，而謂凡法皆害。不知俗法之俗，而謂凡法皆俗也。
升出古法之堂室，則入野之堂室。野者，不學之名。今人自謂出窠臼者，皆野者也，謂之野之窠臼。以天下之不學者，同是窠臼，則亦窠臼也。詳見前出轍跡。
勇於絕俗者，所以存正也。勇於絕俗而所存不正，則謂之邪。贗古者，邪者也。
曰：「勇於絕俗矣，其所存猶有不正。何也？」曰：「勇於絕俗以求道，則非理弗好，
非道弗從，雖不知正，必至於正。勇於絕俗以殉癖，蘘按：「癖」當作「僻」。勇於絕俗以求名，二者必
至於邪。勇於絕俗以殉僻，則寧倍於道，不改其僻。不改其僻，則反正以自高，矯直以
從枉。知此不已，則必以正為非，而僻為是矣。以正為非，正之仇也。彼又堅守而不能
化，故謂之邪。邪者，反正之名也。勇于絕俗以求名，則寧倍於道，不敢倍名。如此則
違道干譽之事，行之而弗疑矣。則亦邪也。邪者，亦俗也。去此俗，以入彼俗也。
邪者，正之害也。邪者不知守正，則必以正為非。以正為非，則中下之人，皆以正為非。
中下之人，皆以正為非，則邪者之道昌，正者之道匿矣。何也？上智之士，累世而一也。
中下之人，天下皆是也。以累世之一，正天下之人，未有能勝者也。

存士氣、

孟子曰：「詖辭知其所蔽，淫辭知其所陷，邪辭知其所離，遁辭知其所窮。」
出轍跡、徒閱古、不知法、誣是非，亦贗古之詖辭、邪辭、淫辭、遁辭也。

吳郡錢 柳遠猶著

辨法第四

存士氣、出轍跡、徒閲古、不知法、誣是非，不足辨其所短，必亟求入法，而不知法，則不知擇法，則必入於俗法，而其累尤甚於無法，故亟當辨法。故法有正法、有古法、有俗法、有全法、有偏法、有法之守、法之變、法之合、法之别、法之體、法之道。必知此而後能擇法，而不入於俗法而造於法。何謂正法？夫法無不正也。巧力之權衡，規矩之至，百為之主也。故可以輕重，非鈞也。可以多寡，非量也。可以長短，非度也。故法無方、鄉無黨，論必其善，而不以今古節也，不以名譽奪也，不以同異惑也。故今而善法也，古而不善，不可從也。吾所以從古法者，以其善也，非以其跡也。故有俗法而無俗善。俗則非善也。故法非一也，而善則一也。故為於我而不惑，惑則不知法。歸於善而不執，執則不知善。故知善而後知法，知法而後可與論法。故非法法難也，而知法難也。謂之正法。何謂古法？夫古有是法，後世以為法，則必其四體不相害，其經緯不相失，其馳驅進退必中其節，其源流沉斥、序次不紊，除乘盈縮、輕重長短得其度。古之人，薄厚、遠近、疏數，一毫釐之間，意有所存，非苟已也。後之人不知而妄用之，則四體必害，則經緯必紊，則輕重長短必失度。而曰：「吾法、古法也，」則不信也。

故今之人，能其法者，必知古人和（褭按：「和」疑衍。）調度之次，而知其所以為調度之意，則可謂知古人，能盡其法者也。謂之古法。何謂俗法？夫古有是法，傳之非其人，不能守其法，其志俛仰其世，不必窮其道，不究長短，不校高下 其節之不和者不知也。乃揣摩世好以為之。度世好炫晃，則多設五色以為巨麗。削采飾以逢好樸質者。法之途多，俗者不知，則恥守法之不售，歆雜集者易銜，則必妄為出入，合所不合，以為兼博，以欺流俗。俗與俗相授既久，不可藥也，謂之俗法。（畫雖小道，然為己者必古，為人者必俗。故俗法必起於工人炫鬻者。）何謂全法？全法者，上下遠古來今，傍察其情，極其量也。反覆陰陽天地鬼神，叶合雄雌，表裏經綸，無所遺也。是故論其巨而巨無敵，論其細而細無敵，論其輕重而輕重無敵，論其柔剛而柔剛無敵，論其巧智而巧智無敵，論其力強而力強無敵，論其意而意無敵，論其氣而氣無敵，論其神而神無敵，論其形而形無敵。其廊廟之像，伏羲、神農、女媧、黃帝、岐伯，衣裳、冠玉、舄履、劍帶，迄備畢具；耳、目、鼻、口，行動作止，如其生也。其漁虞樵薪，鳥獸、蟲魚、山川、林澤，畢志極慮。其情文備、形體盡、神采足、骨法正，如玉之縝潔，雪之純白，日月之光華，星辰之參列，河漢之超邈。無他故也，能盡其思也。謂之全法。（能全法者，古今未易其人，言其道云爾。）何謂偏法？其法衆法備，謂之全。衆法不備，偏於一善，謂之偏。故有能其情，不能其形。長於銳，不能其醇。守其弱，不能為強。任其氣，不簡於儀。拘於文，不充其神。數者皆偏也。夫物固難其全也，得一善可以為法，故法不期全，期不染於俗。一染於俗而不為法，不足列也。謂之偏法。何謂法之守？法之守者，猶人之所守也。人之所守者生也，畫之所守者法也。人不可以造次顛沛遺其生，故不可以造次顛沛遺其法。故神者，法之神也；形者，法之形也；體者，法之體也；善之（襄按「之」當為「者」之誤）法之善也；法失而俱亡矣。謂之法之守。雖然，知守而不知變，不知守者也。知變而不知守，不知變者也。謂法死器也，故守者守其變也，變者變所守也。夫失劍於水，刻其舟旁識之，則為眾嗤。夫舟行器，刻定跡，非所以識亡也。其舟朝江湖，暮吳越，不釋刻而求劍，不可得也。故御者不襲轍跡，蛇蟬蛻則不服，水火不由憲行也。謂之法之變。何謂法之合？夫江、湘、沅、澧、漸、元、辰、漵、資水，會為洞庭。河水下趨，播為九河，入為東海。若耶溪之銅，鄞山之錫，歐冶、干將、莫耶之徒鑄之，樅成神鋒。弦匏笙簧，合守枹皷九奏，節以金玉，其聲集而大成。古人顧、衛、吳、張、曹、鄭、閻、楊，家有其法。其有類同合者，類異合者，不知其情，同而不合，異而不合矣。不知法之別，不可論合也。（畫法可合者，若元季倪、黃、吳之屬，同出自董巨，或可互相為用。其次若李伯時、趙子昂、趙千里之屬，與元季諸公，亦可互相用。然非深知其道，損益得宜，則有病矣。若李唐、馬遠、馬逵、劉松年、夏圭之屬，與元人萬不可合。）何謂法之別？法之途多，如飛沉異類，矛楯水火，不相及也。故苦檟甘醴，置同器為熱啜，其腥臊登閒，俱失其馨香。紅紫相方，以為容華，遂相廢俱不彰。故邱陵不能為魚龍窟室，驢馬不可使江海沉浮，任重致遠，非藉猴猿雖（襄按「雖」字疑衍。）捷給，牛（襄按「牛」上疑有脫字。）橐駝，而強力不

畫解

可使猨附秒顛。故知之者，使魚沉馬陵，猨猨駝負，各得其極。若牽魚馬同行，縛猨駝負車，其不能相紹反為之累矣。故五聲、五色、五藥、五石，人之性，物之氣臭，水蟲罔象，詭怪龍魚，具有不可合者也，故為法之別。（劉、李、馬、夏之屬，用剛而曲。倪、黃、王、吳之屬，用柔而直。劉、李、馬、夏之屬，用武而華。倪、黃、王、吳之屬，用文而朴。劉、李、馬、夏之屬，形似纖悉，備則為病。倪、黃、王、吳之屬，脫略形似，不必具備，反見其美。凡此之屬，事事相反，故確不可合。分而言之，則各有異趣，兩不可廢。今人好學元人，以劉、李之屬剛棲，不講其法，或以其屬為外道，置而不論。然而非也，但不可合耳。古法猶多，不可盡舉。所共知者，他可類推。）舉何謂法之體？其法雖有今古、偏全、雅俗、邪正、分合、同異之不齊，而具有五臟、六腑、百骸、九體、筋肉、腠理之宜。失其宜不可以為法。若樂之有辟雍、太章、韶濩、咸池、大小、大濩、大夏之不齊，而具有黃鍾、太簇、姑洗、蕤賓、夷則、無射，六呂五聲，分刌度量之數。失其數，不可以為樂。若書之有夏、商、周、籀、斯、篆、隸、鐘鼎、狂草、行、八分之不齊。然具有纍結、前後、左右、輕重之節。失其節不可以為書。若織之有纖縞、元纁、錦貝、毛褐、絺綌、麻苧、綿繭之不齊，而具有經緯、先後、始終之緒。失其緒不可以為織。若稻之有稻、黍、粱、稷、菰菽、稯、麥、秬、秠之不齊，而具有敷華育實，深根固蒂之體。失其體不可以為穀。若含生之類，有裸毛、羽翼、角鱗、鼈介之不齊，而具有飲食、觀聽、知識、運動之形。失其形不可以為物。故法不可逞其臆說，不可易其是非，失之毫氂，其數可責也。謂之法之體。何謂法之道？法之道者，天之道也。其日月星辰，盈虛運行，寒暑分朔，正閏

三

不忒之謂也。故曰千歲日至，可坐得也。故法雖小道也，其榑闔權輿、經魂愿魄、傅體
榑質，非人之強為也。所以順日月星辰、盈虛運行、寒暑分朔、正閏不忒也。故至變而
信，體萬不可遺也。故法之體者，法之形也。法之道者，成為形之故也。成為形之故者，
衆法之所稟令也。法之形者，命令之所量賦也。體雖變不違其故，道雖一不變其遺。故
有變體，無變道。操一故，非一形也。故違其故非道，違其道非法也。非故非法，故體
者非體，形者非形，變者非變也。故物有樞命、有管籥也，謂之法之道。夫畫之善非法，
而善必由法。如人之靈非身，而靈必由身。故其人之身，毫釐有眚，則□（裒按：當為「靈」字。）不能
以懌。故其法毫釐有戾，而善不能極。故法者與善存亡者也，非徑行者也。所以致行是
善之與也，故橫平斜直，惟吾志也。是登天之有翼，航海之以舟楫也。是故法不可不論
也，謂之辨法。

「夫楚謠、漢風，既非一骨。魏製、晉造，固亦二體。譬猶藍朱成彩，雜錯之變無窮。
□（裒按：條「宮」字）商為音，靡曼之態不極。故蛾眉詎同貌，而俱動於魄。芳草寧共氣，而皆悅於
魂。不其然歟？至於世之諸賢，各滯所迷，莫不論甘而忌辛，好丹而非素。豈所謂通方
廣恕，好遠兼愛者哉？及公幹、仲宣之論，家有曲直；安仁、士衡之評，人立矯抗；況
復殊於此者乎？又貴遠賤近，人之常情。重耳輕目，俗之恒蔽。是以耶鄲託曲於李奇，
士季假論於嗣宗，此其效也。然五言之興，諒非夏古。但關西鄴下，既已罕周。（裒按：「周」為「同」之）

誤。河外江南，頗為異法。故元黃經緯之辨，金碧沉浮之殊，僕以為亦合其美並善而已。」

此江文通雜體詩序也。余謂楚漢、魏晉、關鄴、江河，固亦並美，而體不可不分。論甘忌辛，好丹非素，寔滯所迷，而俗不可不遠。畫之有三吳、浙水，既若河外江南之異途。子昂、巨然，亦如公幹、仲宣之別體。其他營邱成李、無棣郭忠恕，蜀郡蘇軾、襄陽米芾，易轍分庭，概可知矣。後世托名廣恕，則以雜而敗羣。傅會專臻，將由俗而累格。此又好博之罪人，衆善之鬼蜮也。故為具論，法有殊體，學隸偏全。務使丹素不乖其方，甘辛咸遂其性。蛾眉曼睩，無浼東鄰之嫌。蘭杜繩衡，斯免蕪穢之誚矣。

研北雜志載袁伯長父之言曰：「嘗聞善書者云：『大篆不得入小篆，隸書最懼入八分。』」以書況畫，益知余之辨法不誣矣。大篆今可見者石鼓文。小篆李斯泰山、嶧山諸碑皆是也。隸書今之楷書，八分或誤稱隸。畫法亦有如大篆者，如小篆者，如八分者，如楷書者。其法各別，亦不可襍。

畫解

吳郡欽　柳遠猶著

論善第五

夫論法、論同異、比今故、校是非、别雅俗、量度厚薄輕重高下，若權石均任，尺寸壹於法度不□，所以求善也。夫法、非善也，而致善之具也。故國之所以論賞罰、設威福、陳禮樂，將以求治也。養仙者别五行、鍊五石、論銀黄，所以衞生也。桑門之士，等威儀、辨戒律、論教言、設五宗，所以出死生也。兵家者勒奇正、司什伍、設金鼓、樹旌旗、明賞罰，所以制勝也。工之規矩、商之衡石、樂之六律、農之耒耜，皆有求而設也。故徒論善而不論法，不知善者也。論法而不論善，不知法者也。故知法者必論善。夫善：曰象貌、曰五色、曰今古、曰同異、曰格法、曰形勢。雖然，徒索其象貌，不可得善也。徒索其五色，不可得善也。徒索其今古，不可得善也。徒索其同異，不可得善也。徒索其格法，不可得善也。徒索其形勢，不可得善也。何以明其然也？今之人所畫神荼鬱壘，五祀神祇，有黑而髯、頎而皙，婉而嬋娟，其象貌未嘗不似也，而不可與曹、衞、張、吳同寶之也。今之僞為古蹟，畫神鷹、騂騮、驌驦，其象貌未嘗不似也，世亦未嘗寶之也。則善之不存可知也。故徒索其象貌，不可得善也。夫法有萬殊，古今異宜，方土異途，趣慮懸乖，善則皆可以為善，不善則皆可以不善。則善不係同異可知矣。故徒索其同異、不可得善也。若必古人而善，古人未必皆善。若必今人而善，今人有善不善。則善之不係今古可知也。故徒索之今古，不可得善也。今之人摹古人善蹟，東皇赫曦，職貢藩夷，耳目鼻口，無錙銖相失，經營位置，較若畫一，而不可得善。故徒索之形勢，不可得善也。今之罨畫臺題，棹楔門閭，皆有鯨魚、巨鰲、水族、龜龍、人物、禽獸、山神、海靈。今之旌旗，皆有朱雀、元武、蒼龍、白虎、日月、斗宿、雲霓。今之戈船、運船、公船、游船、舴艋，皆有巨首吞波，神龍喜珠，采鷁飛翔，友鹿啣芝，翼虎搬旗，珊瑚珠璣。其彩色炳煥萬（襄按此處疑脫一「端」字，或「狀」字。）於今好事者之畫也，世不能謂之善。以黯闇為善，則今之偽蹟托為黃、王、米芾、周、張、李成、范寬、董、巨、燕、楊，皆塵坌冥昧，淡闇無色。宜以為善矣，而皆謂之不善，與棹楔罨畫同棄之。則善之不存可知也。故徒索其五色，不可得善也。若以格法為善，則格法不出像貌、同異、古今、形勢、五色也。若此數者不善，則格法亦不善。故徒索之格法，不可得善也。故擊石得火，而石非火也。叩鐘鼓求聲，鐘鼓非聲也。故格法不離其體魄，而體魄非格法也。善不離格法，善非格法也。故善者，聖也、神也。格法、形也。聖神待形而生，而形不可以盡能聖神。形必聖神而善，而聖神待形而善。故形可言也，聖神不可言也。不知者馳驅於千里之外，不能必於五步之內。察之冥冥之鄉，適之昭昭之際。思之渺渺之端，不知忽之尋常之內也。故言者寥廓，聽者藪澤。吾指其神理，彼必泥其影跡。吾言其難言，彼必聽其易聽。

故跋胡疐尾，而提襟肘見。雖有良驥騄耳，不可以足追；烏獲、任鄙，不可以力搏；夷羿、逢蒙，不可以弋而致也。死可生也，敗可成也，失者不可復得也。故輪扁不能以斲輪傳其子。馬服之言兵，知趙括之必敗。故知西施之顰之美也，而效之者必致其嗤者也。非臨事之有挫失也，其數先敗者也。故言者非其至也，至者不可言也。知之者摶之空虛，萬不失一。風可攬而結，聲可拮而繫，日之五色，月之光華，卿雲景星，可以挈而行也。何以知其然也？故海有揚塵，河有滔陸，天地有反覆，而善不失也。論止矣，不可以加矣。雖然，猶未也。夫窮其流者，必極其源者也。汶山道江，達於滄海。雖濳沱支流所不遺也。今請論其本。夫致善有術，求善有道。如陽燧取火，方諸取水，存其人與器而已。其人者（裹按「其人者」三字疑衍。）其人有聞一知十之資，篤好之性，勇往之志也。夫法亦善之陽燧、方諸已。故修大法，得大善也；修小法，得小善也。雖然，不修法則無善矣。夫善一者也，非有大小也。法者如氣之傅形，形之有人、有鳥獸、有蟲、有魚，而氣未嘗異也。其昏明之不同，形之不同也。如火之傅木，傅大木則大明，傅小木則小明。非有二火也，木之不同也。如火之焚，焚椒桂則香，焚脂漆則臭，其氣臭非火也。又如樹木倒植則倒生，横植則横生，正植則正生。非氣有倒、有横、有正也，木也。故法主變者也，善主一者也。何也？法有形故變，善無形故一。善非無形也，因法而為形也。善無形以道言也，法之變以體言也。故一道可以盡萬變，衆體不能相移易。惟不能相易，故萬體萬形，惟一道相，萬形而萬善。故不泥於一者法也，不失於變者善也。故非善非法，不可惑也。非善之法非法也，非法之善非善也。何也？法、善之法也，善、法之善也。離法無善，離善無法也。非法有二：曰法失，曰法亡。法失則俗，法亡則死。雖有聰明睿智，無所用之。故曰不修法者，無善也。法不同而皆善，如物之異類而皆以生也。物之異類者，如人之有耳、目、手、足，獸之有蹄、有爪、有趾，鳥之有翼，蟲之有六足、有四翼、有長形、有圓形。有萬足、有無足、有土居、水居、穀居、樹居，雖萬不同也。亦有四體上下，有飲食起處，以保其生、全其身也。故法萬不同，亦各有進、有止、有上下、遠近、輕重、得失、古今、同異、分合、避就，以成其法者也。□［按「囊」當為「故」字。］無飲食起居，無生可保，無體可全者，不可謂之鳥獸蟲魚也。故無上下、遠近、輕重、得失、今古、同異、分合、避就，不能其馳驅進退者，不可謂之法。不可謂之法，法亡者也。不可謂之善。故曰亡者也。物類之害，則有缺鼻、有斷唇、有跛足、有腐面、有癘、有壅腫、有折翼、有缺翼、有漏蹄、有折角。法之失，則有位置不適、輕重不得、今古不察、同異不別、驕驟失據。數者一不辨，則雖有法，不得謂之善，徒可以驕世俗士之不知者，故謂之俗。故法亡者，不知法者也。法失者，知法之郛郭，而不知其精微者也。不知法之精微，不知俗者也。故未有知俗而入俗也。故欲知俗者先知法。雖然，法不可以徒知也。知法者，必能法者也。能法者，能以法驅馳上下，獨出獨入者也。故吹噓消息，無非法也。法之形如水，水之形因高而高，因下而下，因曲而曲，因直而直，因江而爲長流，因澤而爲巨浸，因風而爲波濤，因寒而爲霜雪。故能法者，百行百易，無常蹤也。故其神、其變、其不測，如龍、如兵、如海。其信如四時，如日月。其道而爲（按「而」疑「百」之誤）而一，簡而易識，循之者有數，爲之者不費。故曰：善守者無常，善變者不貳。如天地之以八風、六氣、星辰、河海而運也。如人之有百骸、九竅、五臟、六腑，血氣周流，上下不息也。星辰有彗孛，風雨有不時，日月有薄蝕，羲和者可推步而識，故民有其備也。四肢有不和，血氣有沉積，棘刺毫末，纖疥之疾，未嘗不知。故□（按疑「藥石」字）。爲藥可施，疾可除也。法有輕重、上下、今古，驕驟失度，能法者動知其所不宜，故諸俗可遠也。故曰：知法者必能法者也。雖然，進退不豪，擘斷不雄，引腕無力，不可謂之能法也。法者，巧與力俱論也。故徒力而無巧，力不可盡也。徒巧而無力，巧無所成也。能法者如引千石之弓，必中其的者也。故能引而不能中，非能也。有中之道，而不能引，不能中也。故法者心之知也。進退之豪，引腕之力，手之能也。今之人有心使而手不用命者，有手欲而心無所主者，此則内外相戾，不能成事者也。故鍊法者如鍊三軍。三軍之事，大將偏裨及千百什伍之長，各司其統。又爲□嚴坐進旌旗金鼓錞于，使其人一其心目手足，然猶未能知其分合變化，墮城殺敵也。故必使令素行，教素成，耳目素熟也。故有三日閱，五日校，七日講。積日既久，然後使三軍之衆，如使一人，可以赴水火、陵險阻矣。鍊法者亦然，必使明其頓措，其信鄉法度，後（裹按：以上疑有誤字。）後使手行之，而手未必能應也。故爲日肄、月省，三歲不成，積以五稔；五歲不成，積以十稔；積三十稔，其技神矣。然後前後左右，無不可也。心之使其手也適，手之行其心也適。兩適而不疑，若龍之乘雲，風之從虎，魚之得水也。故其行也，如列子之御風，不知其清泠也。東海之揚顯，不知其神速也。九地之雷，不知其震也。莫邪之鋒，不知其銛利也。蒼鷹之擊，不知其駭疾也。神龍之行，不知其恍惚也。河漢之縱横，不知其高深也。日月之麗天，不知其光華也。惟人之力，傾其身乘其影端，所向無不如志也。然後謂之能法。故行概進退欲豪，力欲沉。（裹按：沉爲"全"之誤。）志欲沉着。未有志不沉着而力全者也。未有力不全而進退豪者也。故進退之豪，無所忌也。力之全，無二鄉也。志之沉着，無所疑也。無所疑者，法數存其人也。力之全者，非謂墨重筆剛，而無從容也。雖柔如脂韋，輕如綃縠，而具有其力者也。無所忌者，無事繩墨，雖落度零離，而無非妙道也。雖然欲沉着者，非誠沉着也。欲全者，非誠全也。欲豪者，非誠豪也。必使無事於豪，誠豪也。無事於全，誠全也。無事於沉着，誠沉着也。欲其無事者，非無事也；忘其無事者，無事也。欲忘其無事者，肆之而已。故忘其無事者，忘法者也。忘法，法之至也。故其成也，如鬼神，吾亦不知其然也。其成也，與聖同功，與陰陽同德，使天下之人，可望之而不可即也。何以能其然也？其人、其學、其法，無不至也。故以明月之珠，夜光之璧，夏后之鼎，周王之駿，尚父之璜，封父之繁弱，密須之鼓，綴以路車，副之乘皮，國子奉之，羊舌肸贊辭，跪坐而進之，猶不足與方駕而並美也。此善之實也。

書館

畫解

吳郡鈸　柳遠楢著

法經第六上　骨法

凡畫之神理倚形勢，骨法像毫腕，二者猶利器也，猶戰之有兵刃也。兵刃必精，必習然後用之。今以合九之弓，兼武之矢，不素習不可以射也。莫耶之銛，純鈎、湛盧、越棘之利，不素肄，不可以殺敵也。古人曰：（唐張彥遠云。）「齊之紈，吳之練，柔如團膩，瞭若冰雪，縝如切玉，機杼之美也。武陵水井之丹，磨礲之沙，越巂之空青，蔚之曾青，武昌之扁青，蜀郡之鉛華，始興之解錫，研鍊澄汰，深淺輕重精粗，林邑崑崙之黃，南海之蟻鉚，雲中之鹿膠，吳中之鰾膠，東阿之牛膠，漆姑汁鍊煎，並為重采，鬱而用之。百年傳致之膠，千載不剝。絕仞食竹之毫，一劃如劍。」莫非不美也。工不得其良，不可以為良。故必精必習，使外內相得。上如雲興，下如蟄擘；左如風馳，右若川迅；凝者若岳，斫者若躍；拂者若皴，引者若行；翳者如卿雲，曳者如長星；若留若行，若宵若明，若渙若凝，若嬉若驚。謂之至神，不可以思慮得也，不可以聞見取也。

凡腕雖不主剛，然不主柔。摶力久則剛不抗而柔不懾。取諸心，施諸素，行諸腕，詘若一，謂之三壹。法不傷，道不屈，功不後，神不弛，氣不卑，己不失，謂之六至歸之腕。（法不傷者，取法純乎古人，無屈法就我之累也。道不屈者，其法平直中正，無拂乎至道也。功不後者，習鍊之功既優，與道法相足也。神不弛者，其意象飛揚騫舉，無懈散垂死之表也。氣不卑者，其氣光華如日月，高深如山海，無俚俗委巷鄙風也。己不失者，其精神形骨，無非己性，自合衆妙，無執泥徇古之病也。輟環十候之門，不一至其庭，不知堂之高，宮之美也。夫力盡其外，心昧其內，所務者博，力有極也。夫欲盡天下之能，失其能者也。盡己之能，得天下之能者也。故行十者失十，守一者得百。

一曰取法，二曰能法，三曰神至，四曰貌至。取法者從古人也。能法者能之我也。神至者氣充足也。貌至者氣不卑也。取法曰擇，能法曰學，神至曰化，貌至曰貴。取法擇矣，不學不善也。學學矣，不神不善也。神神矣，貌不貴不善也。

今之人，徒知懸腕，不知懸肘。懸腕不懸肘，猶之無懸也。懸腕不懸肘，身之力膠之几肘，達其腕者其緒也。不懸腕，身之力膠之几腕，達其指者其緒也。懸腕懸肘，身之力達其毫端，無所復膠也。故進退獨則氣昌，運其握如鷹揚，而重者不膌，輕者不跳。運指則力分，力分則氣浮。運肘則力全，力全則氣古。虛其腕，不知沉著，則浮無力。重其勢，不知用虛，則死不救。榑力不熟，不知用腕也。使肘不著几，以臂自運，此古人不易之良法也。書家屢言之，特畫未有明者。吾鄉顧聽字元方，好古多材藝，善摹秦漢印。亦云：「篆刻當用臂力。」蓋用臂力則一身之力俱至，即余所謂懸腕、懸肘，無所復膠之功也。

或曰：「腕主重乎主輕乎？」曰：「主重則濁，主輕則浮，二者皆病也。故腕主自然。」

謂若「功力既到，則雖重不濁，雖輕不浮。」莊子所謂「昌狂妄行，踏乎大方」者也。然不易言。輕而不能力故浮，重而不能力故滯。二者皆死者也。故力者，善之命也。

力不可強至，神至則隨。強至者非力也。

力者，氣之所至也。氣從志，力從氣。

氣可壯而不可濁，可橫而不可邪。

以剛重為力，非力也。以怒勢為力，非力也。以稚鈍為力，非力也。以銛鋒為力，非力也。以輕婉為力，非力也。

能其事者，劃之所起，知其所止。不知者，謀其始起，迷其所止。謀其所止，迷其所起。

迷其襄按：「其」字當為「故」字之誤。疑，疑故懼，懼故怯，怯故病。

凡為畫如作書，當曲者曲，當直者直。習鍊既久，則骨體流暢，自無膠滯之病。若競戰以求鋒棱，多曲以求嫵媚，皆俗體也。唐宋人有無筆不曲者，自荆浩以下多有之。此又有別法，非病也。

神其象貌者，神其形勢者也。神其骨法者，神其纖毫者也。神其形勢者，其人物、禽獸、魚龍、鬼神、山川、邱陵，動如生成也。神其纖毫者，其點畫披拂如抒虹擂孛，神妙恍惚，不可羈縶也。欲神其形勢者，殫其思者也。欲神其纖毫者，鍊其指者也。二者異途，廢一不可盡神也。雖然，古人有遺其形勢者，未有遺其骨法者也。遺其形勢者，獨美其骨法者也。遺其骨法者，象貌雖善，不足以論矣。今之人，遺其形勢，復遺其骨法，謂神，謬矣。賊其形勢，復賊其骨法，而欲自附於古人，謬矣。不能知其骨法，而欲論其是非。不能知其一點畫披拂，而欲論其全體，皆謬者也。唐張彥遠曰：「古之畫，能遺其形似，而尚其國（襄按「國」字為「骨」字之誤。）氣。以形似之外求其畫，難與俗人道也。」神其骨法者，其腕素相得，如風雲神變，不可測也。故其疾，非疾也。其舒，非舒也。其著，非著也。其徵，非徵也。或謂其往而寔來，或疑其來而實往。如洛水之靈，可望而不可要也。帝子之紘，聞之而莫知其鄉也。

古之人，臨池學書而水為黑，或卧畫被而穿，或以斷棺而得法，或竊枕中而獲運腕之道，或觀劍器舞而進所學，或因學書而得畫理。故其一點所披拂，不易言也。古人方之折釵股、屋漏痕，言其妙如天成，不似人所為也。王羲之自言五十能書，非五十之前不能也，不能盡其神也。故用腕其返勢頓起往復，皆有機發，不可不講也。返勢者，每去而必還也。往復者，左右往返雖屢，其氣不斷也。頓起者，其抑卬俯仰，疾徐應機不滯也。故古人其一曳如穗烟去而復來，不可追躡。其一抑如墜飛鳥下而復上，不可羈御。此法出自趙松雪，而文待詔專學之。錢叔寶學于待詔，故亦能之。若李將軍、趙千里，則皴法如懸針。董源則如披草，仲穆則略似董，與此異。或有鋒稜八注、斷險四設，其斫如利劍芒，其劈如冰稜，其闢如彍萬石之弩，其屈如拉鐵酋矛，其勒如截斷珊瑚，其引如蒙公長城，其拂如霜戟，其斬截剛決似無往返頓起者也。然溟涬之間，有數存也。所人襄按「人」字疑為「謂」字之誤「合桑林之舞，中經首之會」者也？此法出自李唐、馬遠，而近代沈恒吉、[illegible]古狂、唐子畏、仇實父，乃其流裔，而沉啓南、文仲子發叔寶能仿之。衆法雖多，以此類推。以古人之法素講而臨事不惑也，坐作進退，不易其方，則久而愈得也。故欲其神者，守其不神者；欲其變者，守其不變者也。

古人用皴，形斷而勢不斷。形斷者，每皴自有起止也。勢不斷者，前後脈絡相揖顧盼也。然不可強為。設有人作意湊飾為之，必有斤斧跡，無雲行水流、釵股漏痕之妙矣。皴勢之相屬，法也。其所以神者，熟也。故其一斮、二斮、三斮，勢已素定；四斮、五斮，至於全體，一勢而成。故一斮而有返勢，有返勢故有藏鋒，歸而復往，故藏鋒不死。若無藏鋒，必有觸形。此法數自然之可言者也。若既熟之後，則運行如天，雷動風趨，不可言者已。古人云：董源皴法如草，惟向下直披，全無返勢觸形。然顧盼之勢存乎腕，亦形斷而勢不斷也。法非熟故死，熟非法故庸。

圜如絲縷，堅若金石。拂若煙霧，力如山岳。微至如圭璧，超舉如雲霞。至柔如水，無微不之。至微如風，無間不入。至柔則至著，至微則至著。無剛不柔，無著不微。剛而柔，剛非死剛，著而微著非徒著。柔微剛著之情，剛著柔微之體。勒如弓弦，力如箭注。劈若雷擊，炫如光奔。曲如垂籐，奮如龍行。點如凝漆，藏力於渾。鬱如景星。披如抽練，浩如雲散。素學不必見於一隅，見於一畫。一畫不善，萬畫不善。圖之中，唐宋作者皆然。

凡習練一歲而具形，不能堅正。再歲堅正，不能體變。三歲體變，不能窮奇。四歲窮奇，

畫牂　　元

不能知非。五歲知非，不能知是。六歲知是，知所趨向，不蕩迷罔矣。凡學七歲而知守法，不能虛衷。再閱歲則能虛衷，不能渾實。再閱歲則能渾實，不能微至。三閱歲則能微至，不能通適。三閱歲則能通適，不能鬼神。三閱歲則能鬼神，不能天地。能其道者，期至天地。

盡其學者，慎守一法，不趨衆門者也。若雜趨衆門，不知專一，雖終其身，無所得也。一閱者欲博，學者欲約。閱者博，知道之無不存。學者約，知宗之不在遠。閱謂閱古畫，不拘一門，無口（衆似當是「所」字。）不閱，則其見愈廣。學謂學其法，專守一門，不趨衆家，則其入愈深而力不分。惟其多閱，然後知博者不博，約者不約。博者不博者，法雖萬殊，理則一也。約者不約者，天地雖大，不出乎此也。

學者欲約，約則愈精。見者欲博，博則盡變。盡變而不爲變所奪，以其有約者存也。守約而不爲約所困。以其知變者盡也。

求水者終日鑿一竅，則土盡而及泉。一日鑿十竅，則土不盡，水遠而力竭。冶者終身鑄一劍，則工聚而劍良。一日鑄百劍，則工散而劍惡。學者旬年窮一法，則法盡而道明。一日涵百法，則法遯而道匿。測景者守咫尺之表，而日月之情極。吹律者候三寸之管，而四時之氣得。故法雖衆，學者必有要一法窮衆法之情可知矣。

夫畫不必全體而知其善否，即一筆能辨之。一筆之間，善惡邪正，雅俗淺深，無不畢具。

惟能辨之，乃為真知。知一點一畫皆有深味。於此不、，不可謂知也。

或曰：「今古同異之跡，法度不一，子豈能盡知？」曰：「若不能知，則持一法不知。苟知之，無古今同異之間。譬如甘、鹹、辛、苦之味，味雖不同，善則皆知。若謂食鹹者不知甘，食辛者不知苦，則非口矣。」

或又曰：「子嘗言當守一法，今又言善無不知，何也？」曰：「惟守一法，則善無不知。雜學衆法，反不能知。雖知不精，何也？惟守一法，則所學者內。知其內，雖有今古同異之不一，善無不同。雜學衆法，所學者外。外則以跡為是非，是今非古，論甘忌辛矣。」

或曰：「子言今古同異之跡，善無不同。又言不可兼學，何也？」曰：「吾所謂無不同者，謂其神理，非謂其體構也。今言麟、鳳、龜、龍，皆瑞鳥獸也。豈謂麟可為鳳，鳳可謂麟乎？今有學書者，據篆籀之跡，求狂草之法，可乎？故體構者不可同。不可同者不可兼。不可兼則彼不能兼此，此不能兼彼。猶篆不能兼草，草不能兼篆。神理者不能異。不能異者，彼亦可以善，此亦可以善。猶篆亦可以善，草亦可以善。」

體構有樸者，有麗者。樸者必窮年盡力以求樸，麗者必窮年求力以求麗，不可兼也。其功既成，樸者不求麗知麗之善，麗者不求樸知樸之善，神理不異也。麗者知樸之善不能為樸，樸者知麗之善不能為麗，體構不同也。

或曰：「子言守一者內，雜學衆法者外。外內之說，可得聞乎？」曰：「外者，其形似也。未盡彼法，又入此法，所學者多，則力分也。故自以為無不知者，寔無所知。所以然者，所務者形，未及一點一畫之神也。故謂之外。以古人一點一畫論之：彼輕而善，我輕之則不善；彼重而善，我重之則不善；彼剛而善，我剛之則不善；彼柔而善，我柔之則不善。且謂其剛不可以剛得之，謂其柔不可以柔得之，謂其輕不可以輕得之，謂其重不可以重得之。謂可追，追之逾遠。謂可執，執之愈失。所謂仰之彌高，鑽之彌堅，瞻之在前，忽焉在後。古人一點一畫之神至如此，我多方追執不可得，又如此。非窮數十年之力追之，不能盡其道。及追而得之，不必似其形，得其神矣。此專學一法之功也。故謂之內。」（「或曰：「近代沈啓南、錢叔寶，于諸家無所不能，豈亦專學一法者？」曰：「二公雖無所不能，亦必專學一法。啓南之法，得之黃子久，其餘皆旁及。叔寶之法，得之文仲子，其餘皆旁及也。祝京兆書法亦鍾、王、顏、歐，無所不能。然入手處在米，其餘皆旁及。然能旁及，則亦才之高者。」）又曰：「古人一點一畫，微妙幽深，不可測也。故謂之剛非剛，謂之柔非柔，謂之輕非輕，謂之重非重。勇於進取者不可以勇得之，優柔善巧者不可以巧得之，思慮深沉者不可以思得之，長於襲取者不可以襲得之。窮日之力追之，追之愈遠。殫身之力執之，執之愈失。如繫風捕影，無所施力。及功力既足，不必得其形，得其神矣。不必得其外，得其內矣。故羲之之書，形不必盡鍾，與鍾齊肩。獻之之畫，（疑「畫」字為「書」字之誤。）形不必盡羲，與羲並轡。以其外貌雖不同，內之神理寔同也。書之道人盡知之，獨畫未有明者。今之學書者摹古人善蹟，始一年謂盡得其神，次二年謂并不得其形，及窮數十年，愈以為不得矣。故古人一點一畫，不易窺也。

吳郡欽 柳遠猶著

法經第六下 位置

李氏、修貴者也，以堅剛為質，窈窕為體，靡麗為神。故其草木委蛇而詰屈，則其宮苑委蛇而詰屈，則其山陵委蛇而詰屈。委蛇以成其靡麗也，詰屈以成其堅剛也。其山水文若交，本大末銳。趙氏、純質者也，以巽為質，直為體，從容為神。故其草木豐榮而柔碩，則其山陵豐榮而柔碩，則其庭園豐榮而柔碩。柔碩以成其巽也，豐榮以成其從容也。其山水文若隱若現，末若大若銳。郭氏、謙讓者也，以和為質，曲為體，欣愉為神。故其草木春容而窅冥，則其川谷春（稾據此處脫「容」字）而窅冥，則其山陵春容而窅冥。春容以成其欣愉也，窅冥以成其和也。其山水文若蘭不銳。馬氏、抗健者也，以峻為質，方為體，沆宕為神。故其草木竦而遒崒，則其山陵臺榭竦而遒崒，則其人之衣裳冠帶竦而遒崒。遒崒以成其峻也，竦者以成其沆宕也。其山水文若從若橫，八出而見，本大末銳，若兩頭等。倪氏、夷靜者也，以凝為質，縹緲為體，虛明為神。故其草木頡頏而滑稽，則其亭廬宿井頡頏而滑稽，則其山陵頡頏而滑稽。頡頏以成其縹緲也，滑稽以成其虛明也。其山水文若隱若現，而游端若大若銳。此衆體之異也。（修貴者，其樓臺、宮苑、山川、人物之狀，皆相成其修貴。純質者，其山川、屋木、人物之狀，皆相成其純質。故山水窈窕，則其樹木亦窈窕。人之衣紋態狀，亦皆窈窕。其山陵平直，則其樹木亦平直。人之衣紋態狀，亦皆平直。譬如作文者，）

秦漢體則通篇首尾皆秦漢體，韓歐體則通篇首尾皆韓歐體。六朝體則通篇首尾皆六朝體。若首秦漢而尾六朝，首韓歐而尾秦漢，則不成文。近世俗□，〔襄按：此處疑脫一「手」字，或「工」字。〕不知諸配合之理，每以李、唐之屋木、山石，雜趙子昂之草樹、人物，遂至骨體不和，互相為害，久乃成俗也。衆體不齊，則輕重不齊，則曲直不齊，則長短不齊，則小大不齊，則虛實不齊。故彼之輕重，輔此之□〔襄按：當為「輕」字〕重，則不相成也。彼之曲直，輔此之曲直，則不相成也。彼之長短，輔此之長短，則不相成也。彼之小大，輔此之小大，則不相成也。彼之虛寔，輔此之虛實，則不相成也。不相成者，輔之非其類，其節不和，相害者也。故彼之輕重，輔彼之輕重；彼之曲直，輔彼之曲直；彼之長短，輔彼之長短；彼之小大，輔彼之小大；彼之虛寔，輔彼之虛實；則相成也。此之輕重輔此之輕重，此之曲直輔此之曲直，此之長短輔此之長短，此之小大輔此之小大，此之虛寔輔此之虛實，則相成也。相成也者，輔之得其類，相助理者也。

數者各有所相成，故彼之是用於此則非，彼之長用於此則短。不知者混合而不分，各有所相害，久乃成俗也。數家之法，各有所趨。靡麗者如毛嬙、麗姬，樸略者如羲、農、擊壤。必欲以彼輔此，譬猶以毛麗服擊壤之冠服，擊壤施毛麗之鉛朱，必不可也。道雖不一，大概如是。

骨法形勢若相異，乃相須也。形勢先定，乃趨向不迷。趨向不迷，而腕行無忌，故衆力自隨。衆力自隨，而百體流行矣。

骨法故善，不能其形勢，衆美不生。形勢故精，不能其骨法，衆美不成。

凌雲臺，其樓觀先稱平衆木，無錙銖相負，乃後造構，暨懸棟去其地二十三丈七寸餘五分，而隨風搖動，無傾陂之患。魏明帝登其臺，懼其危，以大材扶持之，而未久即穨毁。輕（襄按此處疑脫「重」字）之力至此偏也。（畫亦有輕重相等之理，但不易知，亦不易言。）

凡畫位置，如布四體，其耳、目、鼻、舌、手、足、口、腹，各循其道，大小輕重，氂毫不負，乃後為善。故上多重下不致獨虛，上無厚下不致獨重。逾遠逾微逾小，逾近逾明逾大。上高出故下，下極多寔寡。虛故死，寡寔多，虛故浮。至寔者至虛著生地，至虛者至寔樹骨力。樹多直無橫故梗，多橫無直故穨。縱橫相成，其勢乃和。有縱生之石，故有橫經之地。石文縱，地文橫，而勢乃平。一石之文縱橫者，地文不足。平地無石相槍榆，棘荆為縱，此其大較也。（若用法明熟，乃能出人意表。人虛我寔，人寔我虛，此惟神于法者能之。不然則妄誕矣。）樹曲非直不振，直非曲不和。有萬樹之曲直，一樹之曲直，一枝之曲直。杪端毫末，皆有曲直。（「石必三面，樹雖四出」等語，已見王氏《畫苑》，及黃子久《畫山水訣》，故不贅。畫苑集齊梁以至宋元論畫者皆全，書已凡數十種。子久山水訣見《輟耕錄》、《西湖志》諸書。）

古人論書輕重相和之勢不一，又論較如算子則不成書。故知適輕重之宜，與排齊刻迫，自是二道也。審之者膚寸，而責命千里。守之者釐毫，而所係生死。故小大高下，薄厚輕重，天下莫至神焉。

一樹以枝葉高下，一邱以衆樹高下，衆山以岡領高下，形勢所由生也。積以成大，咫尺千里，形勢所由成也。

虛實者，形勢之實也。小大厚薄，輕重有無，虛實之實也。

畫人肩背過隆故椎，少殺故歧，不隆不殺故正，俱不得其所故死。死者其手足耳目，失其所也。美麗者、便娟者，耳目手足得其所也。故貌之美惡，存其面之匡郭。其耳、其目，其次也。故匡郭以少隆而肥，少殺而羸，過隆而憨，過殺而瘠。置目之間，隆滿而美，窒損而醜。置口之間，隆滿而質，少損而豔。下頷少方而雄，嬛順而麗。

顧愷之論畫曰：「小列女，既甚奇，作女子尤麗，衣髻俯仰中，一點一畫，皆相與成其豔姿。且尊卑貴賤之形，覺然易了。伏羲神農，神屬冥茫，居然有得一之想。漢本紀，龍顏一像，超豁高雄，覽之若面。三馬，雋骨天奇，其騰踔如躡虛空。東王公，居然如神靈之器，不似世中襄按：中下脫「生」字。人也。」余明畫伏羲神農非難也，其神屬冥茫，居然得一之想則難也。畫漢祖之雄非難也，超豁高雄則難也。畫東王公非難也，居然神靈之器，不似世中生人則難也。畫馬非難也，雋骨天奇，如躡虛空則難也。及所謂一點一畫，相與成其豔姿，非深於畫者不知也。長康之論，得畫之神矣。其後唐宋諸人論者，皆莫及也。余謂漢人作詩重意，晉人之畫亦重意。今人之畫，以晉人為法可也。

余又記宋人紀畫，有古人畫火神，口、鼻、耳中皆出火，意狀甚怒，而超然天表，非世中物也。文有論郭恕先畫屋木之妙，層樓綺閣，千楹萬檻，遊接霄漢，而脩然簡遠，無一毫塵俗氣。此亦能知古人者，可附長康之後。（超然天表，無塵俗氣，此為畫之難者。）

凡畫（襄按「畫」字經挖補填寫，原文可能為「愚」字。）人畫人，其貌必愚。庸人畫人，其貌必庸。蓋其心志所至，不可強也。

凡畫人，易俗而難雅，易庸而難超，易卑而難高。

今之人畫人，以濁俗為雄，以作態為麗，而不知雄不害其清澈，麗不害其端重，此惟古人能之。

饒自然論畫十二忌，其一曰：「人物傴僂，謂行者、望者、負荷者、鞭策者，皆如傴僂之狀。」今之畫人，非但傴僂，或事事作勢，如優工所為。戲笑若聳肩縮頸，瞪目張口，伸拳促膝，蹲腰傴背皆是也。謂之下里俗學。

畫耕夫野甿，宜樸略不可稚俗。畫武夫，宜拳勇不可市井。畫朝士大夫，宜富貴不可濁肥。畫風人逸民，宜骯髒不可粗鄙。畫寒士，宜簡儉不可庸劣。畫婦人，宜美麗不可如昌樓樂人之形。凡此不知，皆俗學也。（諸物皆（襄按此處似脫「入」字）畫，惟俗人不入畫。古人未嘗畫猪，亦以其俗也。）

李伯時，畫之純樸者也，故其畫人衣履劍帶之間，皆寬廓而端重，往往不務形似。後世趙子昂、錢舜舉其類也。近代沈啓南、文仲子、錢叔寶其流也。李希古，畫之雕麗者也，其畫人物皆窄狹而窈窕，務在形似，纖毫不失。元人學者無幾，而近代周臣、戴文進、唐子畏、仇寔父、沈恒吉、吳偉、杜古狂其流也。二者雖同畫人物，實若吳越。昔莫雲卿氏好論南北宗。二李雖同為畫人物，寔有南北宗之分，知者當辨之。又南宗可以寫意，不求形似。北宗形似，纖毫或爽，則為病矣。又南宗圖中之方，北宗方中之圖。南宗之畫，非不欲工，有必不工者。北宗之畫，非必欲工，有不可不工者。或曰：「吾嘗見伯時畫，窮妙極麗。子以樸目之，恐未當也。」余笑曰：「吾非謂伯時拙而希古工也，特論其各有所趨向。伯時之窮妙極麗，非希古之窮妙極麗也。但子既不能知，余亦不能更辨。」伯時雖用巧思，而格體自樸。希古用意不殊，而格體自麗。此係當時所入之宗派，不係巧拙。凡今人古人山水、花卉、鳥獸，其宗派不同，大略如此，不可盡舉。

李伯時、趙子昂之人物，有可以專尚骨氣，不務形似之理，所謂筆簡意多，求之形像之外者。希古之法必形似，骨法兼至，然後成體。譬如雕金鏤玉，一物不備，則為缺失。又伯時之畫，如先秦、西漢人作文，獨尚骨氣，不以偶麗、聲律、長短為事。希古之畫，如六朝人作文，專以偶麗、聲律、長短為事者也。二者其則自天，非人力所能強為。且其道精微，難與不知者言，言之徒以為好辯也。又曰：「此二家雖同是人物，而法不可合。譬之食物，伯時如嘉茗，希古如醇酒，分則兩味皆美，合則兩不可食。又譬之食味，希古如易牙，調和鮮羹膾脯，各得其道。伯時如鮮荔枝、江瑤柱，不假人力，而鮮美特殊。此等設譬，皆俟知者意解，不然則因言生障，愈難明矣。

三代之車，載薪材重物者用牛，其他戰陣田獵，及人出入所乘者，皆駕以馬。漢人之車，富貴者皆用馬，貧人或乘牛車。晉及六朝，雖王公皆以牛負車。至唐人，雖天子有時乘馬，不用車矣。騎馬大抵起於戰國秦漢間，趙武靈王之騎射，是其著者也。三代無騎馬者。凡畫此屬，亦所當考。其他衣冠俎豆，簡札卷帙，席牀几案，窗牖門户階庭之屬，古今不同，不可誤用。凡三代御車者皆居車中，衣冠與古人同，但手執轡以便馬而已，所謂僕御。冉有僕皆是也。其他見于論語左傳者不一。今人畫古車者，每如丹陽腳夫，立地推車，誤甚矣。古人之跡可遺也，古人之意不可遺也。古人之意欲是而無非，欲雅而無俗，欲深而無淺。

學古無常，期於是、雅、深而已。

鍊骨法如鍛金，求位置如制禮。

相較輕重之禮，襄按「禮」疑「理」之誤。尤為難言。蓋因勢制形，無有常像。昔之所是，今而非之。昔之所危，今而安之。故有至壹之矩，則有至變之形。故知法者不窮。

或曰：「元人作字，寧拙於形，不敢虧法。」予應之曰：「此後世所以不及古人也。鍾王豈不顧法者，何嘗拙於形也？」

郭河陽曰：「凡畫，積昏氣汩之，則黯猥而不爽。積惰氣壓之，則荏苒而不快。輕躁之氣未除，則脫略而不周。慢易之心不盡，則疎率而不齊。不快則分別不當，不爽則氣不瀟灑，不周則體裁不決，不齊則急緩無緒。」熙嘗作一圖，經二旬不能下筆，似神有不欲者。神有不欲不強，避惰氣也。或處煩志撓則委而不顧，避昏氣也。凡著一筆，必神嚴氣清，滌濯盥將，如見大賓，不敢以輕躁之心為之也。已營之，又徹之，已再之，又三之，已三之，又復之，前後終始如交嚴敵，不敢以慢易之心為之也。又曰：「世人知落筆作畫，不知畫非易事。莊子云：『解衣盤礴裸，』此真知畫者也。故必胸次寬閒，情意悅適，然後注意，則人之笑啼，物之尖斜偃蹇，自然布列於中，不期見於筆下。故顧駿之（六朝人，見張彥遠名畫記。）必搆層樓以為畫所，登樓去梯，妻子不得至，然後栫寫。不然則局於一方，志氣鬱滯，何能體貌（同邈。杜詩云：「畫工如山貌不同，」楊升菴先生已辨之矣。）物情，得其思致哉？」（河陽二說極合道，故探入之。）

或曰：「凡畫艱而澁者善也，疾而易者不善也。」吾應之曰：「譬之弈者也。素善弈也，又不妄弈也，則得善也。素不善弈也，雖不妄弈也，不得善也。」

古人有落度披昌，似若不及而愈善者，皆神聖其內，諸詭其外者也。今人不能其內，強倣其外，皆東隣捧心之屬也。

古人或有疵瑕，不害其善者，取其衆長，略其一短也。今人不學其善，必學其疵瑕。謂不如是不為古人，亦謬矣！

蟹之為物，外八跪二螯，內八跪二螯。外者大以行，以御侮。內者小以運，以飲食。腹之下兩柱，匡之前兩栝，口之外兩牖，口之內四齒。復有如檻、如鍵，如矛、如稍，外甲、內甲，不可勝紀。然不以其多而可去也。蛇蟥之屬，中空外直，無鍵、無甲，無螯、無足，無矛、無稍，無柱、無齒，無牖、無栝，紆身而行，仰口而食，飲水而已。然不以其少而可益也。李將軍、趙伯駒之徒，畫甘泉、建章，長樂、鴛鴦，千門萬樞，複道交侵，榱題參差。充以美人、宦者，伶倫、小臣，吹篪、鳴琴，美麗繽紛。其林則青桐、木蘭，楩楠、栟櫚，森蕭敷紛，丹華瑶英，素實朱榮，秋蘭被洋，王芻承陰。其中則有翩翩、麗黄，鶻雕、鳴鳩。其下則有碣石、昆池，樓船、鋒旗，虹旋、霓旌，篙工、舟師。其中則鴻鵠鶬鵝，鵾鷺、鴇鶴，鴛鴦、文鴿，栖遲陽陰。凡人間所有，不壓繁彩。比之物類，蟹之屬也。王洽、米元章之畫，連雲數千里，樹不辨枝柯，山不見蹊徑，無人物、鳥獸、臺榭之繁。比之物類，則蛇螾之屬也。凡此二途，各有其命，不可以益損。以蟹蛇螾益損，傷蟹蛇螾之命者也。以李、趙、王、米之畫法益損，傷李、趙、王、米畫法之命者也。莊子亦有曰：「鳧脛雖短，續之則憂。鶴脛雖長，斷之則悲。」憂與悲者，傷其命也。

元人畫用弱筆正鋒，大抵如作草書，蓋至此始解散宋人法矣。宋人畫用中筆，如作楷書，蓋因唐人之法，未盡變也。唐人畫用強筆，如作篆書，堅強深穩。安閒醇實，而行雲流水，風趨電疾之致，寓於其中，此其爲尤難者。凡畫衣紋、鳥獸、車服、器杖、雲水皆然。

畫解

吳郡欽　柳遠摘著

雜篇第七

造物之筦樞，眾法不可違者謂之道。內盡其道，外盡其學，中盡其才，舉動如神，無諸俗疾皆謂之善。法有萬皆可以為善，盡其善，道在其中矣。盡其道，善在其中矣。

道在功之先，善在學之後。

善必由其道謂之道，學而合乎道謂之善。

或曰：「易者隨時變易以從道之謂。道者不可易者也，跡者不得不易者也。」夫學古亦然。古者謂道之不可易者也，非謂其跡之可易者也。故善學者未有同其跡者，而未有易其道者也。不善學者反是。不知道而欲易其跡，必易其道。不知道而欲存其道，必存其跡。

知道而易其跡，所以存其跡。不知道而不易其跡，所以傷其跡。

晉傳唐，唐傳宋，宋傳元，元傳至今，文、沈、唐、仇諸公，其貌未有同者，其道未有異也。此但論其可傳者，俗工之法不與。

好古而忽今，不知古者也。好今而忘古，不知古者也。謂古不可學，不知古者也。謂古易學，不知古者也。謂今皆俗，不知古者也。謂古皆善，不知古者也。以形貌為是非，不知古者也。離形貌論是非，不知古者也。

古法必通今法，今法必合古法。以俗法為今法不可，以古法為今法不可，以離法為今法不可。今者（襄按：「者」當為「法」之誤。）者、古法之情不亡，變通而合乎中者也。故曰：「為今之法者，守古之道者也。」

萬古而新曰古，當時而朽曰時。（六經以下，如莊、騷、班、馬，及韓、柳、歐、蘇諸文，雖年代久遠，然而觸目如新，無字字陳朽可厭者。今世俗之物，構造未久，而厭目可厭，即頃刻而陳朽者也。凡古今法書亦然，古今名畫亦然。）時中者道也，時俗者賊道者也。

劉靜論書曰：「所損益者，制度文為。若夫執筆之妙，書道之微，則鍾、王不能變乎蔡雍，（襄按：「雍」當為「邕」。）蔡雍不能變乎籀古。古今雖殊，其理則一。故體有今古，不可相移，道無二途，前後不異。」此亦篤論，不特於書然也。

鍾繇之書法出於蔡邕，然非蔡邕而為鍾繇。衛夫人書法出於鍾繇，然非鍾繇而為衛夫人。羲之書法出於衛夫人，然非衛夫人而為羲之。獻之書法出於羲之，然非羲之而為獻之。歐、虞、褚、薛出於羲之、獻之，然非羲之、獻之而為歐、虞、褚、薛。此又源流雖同，才氣各異之驗也。畫法難明，書法人所共知，聊借以為喻。

詩法源流云：「詩者源於德性，發於才情。心聲不同，有如其面。故法度可學，而神意不可學。是以太白自有太白之詩，子美自有子美之詩，昌黎自有昌黎之詩。其他如陳子昂、王摩詰、高岑、賈、許、姚、鄭、張、孟之徒，亦皆各自為體，不可強而同也。」

此亦善喻，聊存之。今人以形貌論畫，不知此者也。古人學書而不變者，謂之書奴，以其徒守其形，不知其神也。詩畫亦當然。

法與氣降，故今氣不勝古氣，今法不勝古法。道與學用，故今道不異古道，今學不異古學。東西京五言不如三百篇，曹魏不如東西京，六代不如曹魏，唐不如六代，法與氣降也。金元之傳奇，宋之填詞，唐之律詩，六代之偶麗，漢之樂府，古詩三代之風、雅、歌頌，同為千載，道與學同也」。此調起於金董解元，金人也。

善書者謂「大篆不得入小篆，隸書最懼入八分。」此又體法既異，今古不可相溷之驗也。

與之言古，則謂今皆俗。與之論今，則謂俗者皆善。此庸詆之情，不可與言道也。今之人慕古則遠求唐宋，論今則漫取俗工。而不知求之太遠，則名高而無實；取之太卑，則氣潰而雅衰。良由不知其道，孟浪從事之過也。

處今而不愧古人者，好古者之所求也。在古而照耀今代者，好古者之所求也。

俗人好剛則救剛，俗人好柔則救柔。俗人好剛則俗剛得，俗剛得則真剛失。俗人好柔則俗柔出，俗柔出則真柔息。以俗柔攻俗剛，則真剛受其害。以俗剛攻俗柔，則真柔受其敗。俗不知真，則玉石俱毀。俗兩甚而真兩溺，古法斯遠矣。柔惟元人一代，而唐宋人皆用剛。

余嘗見唐閻立本畫普賢像。一白象負車，普賢坐車中，蠻人牧象者二人，懸長棘海螺及他珍寶於車上數行，意古人或以長棘海螺為寶耶？長棘海螺，蟹屬也。狀如佛樂中大法螺，周身有棘刺。刺長三寸餘，生於海中。其運筆界畫，堅如鐵石，而珠圓玉潤，玩之有無窮之趣，難以形容者。貫休畫羅漢，其衣紋筆墨闊寸許，純用濃墨，亦如鐵石，而轉折間有雲行水流之趣。研北雜志載趙子昂云：「唐之畫寫描雲水，所難能也。」蓋刻畫中有飛動之意。今觀唐人畫，往往皆然。後人李嗣真謂李斯小篆為「萬石洪鐘，千鈞強弩，」今觀貫休畫亦然。荊浩畫山水，運筆無寸不曲，樹葉夾筆者數十株，葉極細，無一樹似今人者，運筆亦似鐵石。且畫佛院寺宇，一景有三四處，每一處殿及樓觀多至數十，不用樹間。其欄、檻、牕、楹、斗栱，皆極工巧，雙鈎而蕭然物外，不見其煩。其樓閣中牕有開者，有閑者。宋周公謹言：「凡荊畫殿宇屋檐，皆反飛向上，」今視之果然。由此觀之，用柔腕作畫，起自南宋，而盛於元。唐以上皆不然也。今以詩況畫，閻畫用筆則如西京十九首、蘇、李之流。貫休則如曹孟德之流。荊浩、關仝、董源則如子建、嵇、阮之流。其他如李伯時、李營邱，如晉宋諸人之流。元人則如梁簡文帝、元帝、蕭子顯、徐庾、江總之流。蓋詩至陳隋間而柔婉，極似元人畫筆之柔婉也。至明初劉完菴、杜東園、謝葵邱之屬，如楊、王、盧、駱之流。詩體雖變，而猶有六朝遺氣。劉、杜諸公畫，亦猶有元人遺氣也。若沈啓南、文仲子、唐伯虎、仇實父之屬，則如陳子昂、東方虬、高岑、儲、王、李、杜之流。蓋畫至是而反柔為剛矣。極如唐人詩，反陳隋之柔為剛也。今鬻古者元人柔腕作畫，謂沈、文諸公，壞元人法，非也，蓋有意矯其過耳。且畫之善否，不係剛柔也。固是絶作。然遂謂唐及五代堅凝者皆非，則不可也。故畫之善否，別有樞要，不係剛柔。

毛嬙，麗姬，不事粉白，阿錫縞衣，蹤布蓬首，人見之愈好之，毛嬙、麗姬也。非毛嬙、麗姬，愈事粉白阿錫，作為婀娜嬋娟，人惡之，愈去之，非毛嬙、麗姬也。以毛嬙、麗姬，縞衣蹤布蓬首人悅之。非毛嬙、麗姬，亦縞衣蹤布蓬首，人不悅者，非毛嬙、麗姬也。以非毛嬙、麗姬，粉白婀娜嬋娟，人惡之。毛嬙、麗姬，粉白婀娜嬋娟，人不惡者，毛嬙、麗姬也。今之人，以毛嬙、麗姬，縞衣蹤布蓬首人悅之。非毛嬙、麗姬，縞衣蹤布蓬首，亦悅之。非毛嬙、麗姬，粉白婀娜嬋娟，人惡之。毛嬙、麗姬，粉白婀娜嬋娟，亦惡之。皆不知本者也。

張雨謂倪元鎮畫「無畫史縱橫之氣。」其後做之者遂遺棄骨法，專修飾形貌，如太羹元酒者徧海內，所謂「楚王好細腰，宮中多餓死」者耶？古之美人若楊太真以肥，江妃以羸，西施以病心。而天下之肥、羸、病心者不與焉。則知三人者之美，非以肥、羸、病心也。顧愷之畫，緊勁連綿，風趨電疾。陸探微一筆畫如草書。張僧繇畫如鉤戟利劍森森然。吳生畫虬鬚雲鬢，數尺飛動，力勁有餘。非所謂縱橫者耶？設令俗史皆能，則顧、陸、張、吳滿天下矣。故以皮貌論者，俱非伯樂、九方皋也。

又曰：淮南、戰國諸書，纚纚數千萬言，懸之國門，不能去一辭。劉義慶世説，東西京五言，殘鉛片牘，經奇千古，亦不能益一辭。以之比類，則畫之是非，不期縱橫與否，期有當於作者之理而遠於俗。俗之害出二者之外，人有觸之，如犯虺毒，難於藥矣。故縱橫而俗則為工人，如太羹元酒而俗則為書生。工人則傖，書生則庸，二者皆遠於至道汩其溷濁者也」。〔縱橫者貌之雄健，俗者氣之污賤。庸劣二者不可不分。如人之貌象，亦有雄健而不俗者，亦有弱不勝衣而不免俗者。今人有以雄健為俗，劣弱為雅者，尤謬。〕人知元黃金碧可以俗，而不知太羹元酒亦可以俗。俗者眈殉俗好，不能特立之謂，非元黃金碧也。〔眈殉俗好則氣卑，卑則俗。故黃文節謂「學書須大氣節學問人」，亦以其氣正而固也。〕俗人好隨衆，不敢違衆。或通人達士皆為太羹元酒之畫，俗人亦必倣之。若此則貌雖太羹元酒，而出自俗手，其氣必俗，謂之貌古而氣俗，亦俗物也」。〔俗從心出，不從貌改。〕

唐人論逸格，或置衆品之上，或置衆品之後，或置衆品之外，然皆未當。今略定有三品：深況於古人，其丰神氣骨，不為學所奪，而亦非學所至者，比之於書，鍾、王其人也。斯為逸之上，居衆品之上。雖古〔襄按：「古」疑為「學」之誤。〕古人，不通諸長，而情意超至，獨異衆類。然小不勝大，薄不勝厚，與學勝者上下相掩。斯為逸之中，居衆品之中。不學古人，不模俗法，而才氣卓犖，不愧風雅，然愈小而愈薄矣，則為逸之下。然既謂之逸，不敢屈居下品，居衆品之外可也。逸者謂風骨之間有異氣，非謂小體也。小體亦有不逸者。逸之至為神。有逸而不神者，未有「逸而神者。鍾、王之書，古人以為神也」。

吳道子學之張僧繇。張僧繇學之顧愷之。李營邱學關仝。范寬兩師荊浩、營邱。王濛、黃公望、倪瓚、吳鎮，皆學董源、巨然。巨然學董。董著色山水學李司〔襄按：「司」當作「思」。〕訓。由此論之，古人未有無師授者。唐張彥遠極論師資傳授，庶幾乎知道者。今人一意野學，不知師法源流。或棄古以為高，或雜揉以為博。然非俗則淺，求進而愈退矣。古人學古深者，雖解散師法，而師法愈明。倒置規矩，而規矩愈信。蓋其斟酌損益，動合至理，非可與妄意作俶者同日道也。今以書法論之，自鍾、王以至於今，稍有名譽者，詎有不師古人者乎？亦豈有徒學其面貌者乎？亦豈有雜駁而不純者乎？

有專學、有兼學、有廣學、有旁學、（襄按：依下文旁學在廣學前，當作「有旁學，有廣學」。）有雜學、有野學、有變體、有變法。專學者，專宗一體，不兼衆法者也。兼學者，雖學是人，不專用其法，酌取衆長可合者，鎔鍊成體者也。旁學者，先從一法入室，復能旁學衆法者也。（近代能旁學衆法者，書惟祝希哲，畫惟沈啓南。其後錢叔寶、沈寶父。）廣學者，廣能衆法。然為彼法，必舍此法，不離出者也。（旁學亦然。雜出則為雜學。）雜學者，牛驥同皂，雅鄭合奏者也。野學者，無所宗法，以意為體者也。故專學者面貌可變，其精靈骨體，不異所宗。兼學者，雖鎔鍊無跡，而旁取衆長，亦必可考。旁學者雖亦彼法不雜此而，（襄按：「而」當為「法」之誤。）而本宗具見。廣學者雖法法具別，而精氣必如其人。雜學者雖所學多門，而鷁首雁足，鷄腹麟身，不足言矣。野學者雖自謂積學，而所奏不合宮商，所成不合經緯，終若回牆矣。變貌者，形貌雖變，體法不移者也。變體者，體位雖變，骨法未變者也。變法者，內外更張，初雖宗學，後寔變異，更入別門者也。變貌變體者，寓目知其所宗。變法者，雖曰學某，實非其傳，以其內外皆變故也。然有變而善者，有變而不善者。論其去從之善否，學之淺深可也。惟雜學雖變不善。惟野學無貌、無體、無法，故不能變，亦不能善。

夫雜，又有氣雜，有形雜。形雜者，雜今古、邪正、雅俗、同異之跡，出於一圖也。氣雜者，循其形無古今、雅俗、異同會雜之跡，然其素學則不辨今古、雅俗、同異而共學之。故望其氣而知其雜也。

氣雜者，若江、海、池、澤、溝、涂、畎、澮之水，混為一區，不可復辨者也。形雜者，若金、珠、玉、石、瓦、礫、銀、錫、矢、溺，共盛一器者也。然形雜者氣必雜，氣雜者形必熾。雜學之所以不善者，以雅者可俗，而俗不可雅。今以雅俗並學，則雅者亦俗，以其氣薰灼，不能無染也。且法之多途，有如水火者。今以水火並處，則必相害。相害而不分，則必兩敗。強以兩敗者為美，則其愚而俗亦甚矣。今欲學之異於雜學者，以其取衆法之可合者合之。然必斟酌精微，鎔冶得體，孟子所謂「金聲玉振」，無涵雜之累也。

有野學、有俗學、有邪學。蹇淺無學謂之野，氣體汙賤謂之俗，矯反亂正謂之邪。然野可藥也，俗與邪不可藥也。何也？野可學而正也，俗與邪不可學而去也。俗者學古則古者亦俗，以其氣體不清，雖涉古學，皆為俗所汙染，則古者亦俗也。邪者學古則古者亦邪，以其反古自高，不入常道，以正為非也。故邪在佛學謂之魔，在聖學則為鄉愿、少正卯之流，非真知古者不能辨也。

或曰：「始而學俗，既入其門，而後學古。可乎？」曰：「不可。始而學俗，則終而俗矣。入俗之門，則為俗所浸漬，不可復出也。」人情大抵，忽於初學，謂可以淺者俗者，少肆馳騁，然後入雅。而不知一踐其境，即為固疾，終身不可復出矣。故俗者纖微氣息皆不可近。余嘗謂士人子，五六歲時即當從名士遊，漸染其爽朗超拔之氣。不可從村學究讀書，恐涉其鄙腐之言，終身不能洗滌也。今之學歌曲者亦然，素未學俗者易教。若先學俗調，則難于雅矣。

古人之學，上達者也。俗人之學，下達者也。上達者達其超世之氣，下達者達其狥俗之情。

客閱唐寅畫，其一樹樛曲則曰法馬遠，其一石盤礴則曰法董源，一山拳攣則曰法郭熙。凡其貌象彷彿者，皆名其為法某人也，且聚於一圖。或謂其然，執以訊余。余應之曰：

「余嘗謂稻、黍、菽、麥，金、玉、疋、帛，混淆一器中，不能為用者謂此也。今一幅之端，眾法溷陳，猶為良工乎？古人之畫，名同而造體萬。此之書有如籀篆、有如八分、有如隸、有如鍾，如張、如王、如歐、如虞、如褚、如薛、如顏、如柳。今為一字，畫作八分，直作籀，勾為鍾、王，引為張，折為歐，從為顏，橫為柳，左為褚、虞，右為薛稷，必不稱善書。譬如詩，有風、有雅、有頌、有秦、有漢、有魏晉、有梁陳、有唐、有古詩、有樂府、有律、有絶。今為一詩，首為風、為雅、為頌，中為秦、為漢、為魏晉，終為梁、為陳、為律、為絶，必不稱善詩。古之人，法其法者不必肖其形。唐子學李唐，即以李唐之法論之：馬遠則斬絶，馬逵則繩直，夏圭則竦逸，劉松年則古質，戴進則雄特，吳偉、張平山則狂僻，林良則蹴畧，呂紀則整密，周臣則剛削，杜堇則雅軼，唐寅則豔溢，仇英則麗則。其他名不彰而藝可觀者，不可數矣。其源皆出李唐也，而貌未有一同。必求其貌謂之學，皮相牝牡驪黃矣。故曰唐寅自貌其貌，其形勢曲直，值其地為推移，匪惟不貌他人，亦忘李唐矣。同法一也，居宋體宋，居元體元，居明體明。猶宗祖也，父為夏，子孫商，曾元周矣。時言之，周人不可以為商。宗言之，子父雖遠，其體也。貌言之，唐寅之貌非李唐。法言之，李唐之法，唐寅也，襄按此語，似應作：「唐寅之法，李唐也」，故為正傳。昧者不知索其形聲笑貌，謂之混陳眾法，而不知誣為雜體。浮圖所云：「病目驗花，明視則非有也。」彼復曰：「唐寅則猶古人矣，其沉、其文，其廢法者也。」彼之所謂古人者，混陳眾法而一也。混陳眾法謂之雜體，雜體即俗體也。彼欲譽唐，反毀之矣。所謂廢法者，體貌不同唐寅也。不知法之萬殊，眾源異也。莊子云：「南溟者，天池也。」岷山非黃河之支，黑水非東海之陂。沈法出自子久，文法出自子昂。不可執李唐之法，以求二子也。居彼廢此，非通論也。李唐之法，比之古文辭，若六朝麗偶之文，學之者必窮奢極巧，乃稱其格，近代學其學者不下數十家。今繫古所稱者仇實父、唐子畏兩人。實父之法縝而麗，比之古文人徐孝穆也。子畏之法疏而秀，比之古文人庾子山也。貌雖不同，皆豔體也。

嚴栖野處，遺世脫畧，黃冠古像，此子昂、子久輩所長。千乘萬騎，層臺綺閣，雕甍曲檻，嬋娟美麗，嘉禽珍鳥，神鷹俊鶻，鮮葩豔卉，皆希古輩所尚。二者並美，不可偏廢，亦不可混壹。人知脫畧者，可以遠俗，而不知李希古之穠麗者，亦不可纖毫涉俗。必如藐姑射之神人，肌膚若冰雪，婥妁若處子，吸風飲露，乃可。今人一言及穠麗，遂以俗工當之，不知之甚者也。

大抵元季諸公，畫法皆出自董巨。黃子久曰：「今人所學董源、李成二家法，不可不辨。」李法今不復可知。若倪元鎮、黃子久、柯敬仲、吳仲圭、王叔明、陳惟允、張來儀、張伯雨、唐子華、馬文璧、徐幼文、楊廉夫、劉完菴、杜東園、夏仲昭、仲昭兄孟暘、孟暘名昺，畫師高房山，亦董巨流派。謝葵邱、王孟端、沈啓南、莫廷韓，皆是也。其他已見古人載記，不必盡舉。而倪以逸勝，叔明以古勝，黃以厚勝，仲圭以峻勝，幼文以幽勝，啓南以超勝，啓南所畫虎、豹、牛、馬，皆有逸氣。今人家藏沈畫，略有凡庸氣者，皆系贗作，非真筆也。啓南專宗子久，其點苔、墨葉、樹本、山脚，皆如之，獨石面及皴法少異。然而貌變，其內未嘗變也。其貌未有同者。啓南之畫，比之古文人，如太史公、韓昌黎。比之詩，如陶淵明、曹孟德。論畫，論體法則孟德詩比唐人畫，論逸力則啓南畫極似之。其能大而變，又如杜少陵。倪元鎮畫比之古文人如莊周，比之詩如李太白。論元人畫體，則如陳隋諸詩。論氣則倪如太白也。

余嘗論元人畫，古與沉鬱，王叔明有之。漂如游龍，倪元鎮得之。融厚明治，黃子久得之。耿介銛爽，吳仲圭得之。靡顏膩理，陳惟允得之。

又曰：多多益善，黃子久得之。一旅莫敵，倪元鎮得之。大巧莫拙，王叔明得之。絕險為功，吳仲圭得之。豐膽渾樸，陳惟允得之。凡閱古畫，如對聖賢，如涉異境，如見景星慶雲，如食異味，如讀古人奇書、奇文、奇詩，及節行、奇事，有不勝詠歎反覆者。若徒具山水林泉之形而已，則一畫工之任，何足論乎？

唐人佳處，如百鍊金鋼。宋人佳處，如良工琢玉。元人佳處，如神龍出水。明人佳處，如凌霜松柏。各擅其美，難於優劣。今人好唐宋者，必謂元人之柔腕為非。好元人，必謂明人之古勁為惡。此江文通所謂「論甘忌，好丹非素，」非真知而獨賞者也。

答某公書

昔李伯時有九歌卷，余彷彿其意，改作小圖，戲為設色。某公寓書，以屈平九歌為寓言，不可見之圖畫。又以九歌所稱山鬼非婦人，又以山鬼所乘赤豹文貍為虎，不可畫。九歌河伯篇曰：「魚鱗鱗兮媵余，」後世或有畫者，某公亦以為不可。新安有程子名炤，字亦遠，好古奇士也，以學仙而寓於吳。嘗為余言，欲擬枚乘十九首詩以為圖，未及畫而色喜神動者再三矣。華子方雷，亦極力贊成之。圖成，而某公又以為十九首詩寓言也，不可畫。余少年好事，漫為復書。倘以為用心於無用之地，則無辭焉。

畫自何始，曰始於六畫，著於六書。書有轉注、象形、諧聲、會意等名，而象形其尤著者，故虎象虎形，木為枝格，蟲作樛繆。考三代諸書，及籀、斯二篆，乃見非謂今楷書也。三代鐘鼎諸書，夏曰夏書，商曰商書，周曰周書。及周宣王時史籀作書，方稱篆。秦李變籀書，稱小篆。今人槩以古字稱篆，亦非也。然畫亦六體互用，未暇一一言也。其山龍、華蟲，及九鼎鑄象，不可考見，然可以意求，不出於是矣。故深知古人者，然後可以論。不然徒豪舉耳。今某公曰：「吾能知畫。」其亦探知古人之意而知之乎？其亦言象之外，別有所會而自得乎？其亦深討唐宋諸法家，以知其所指歸乎？其亦謾為大言以自娛乎？其亦世俗之所謂耳食臆斷之流乎？必先辨此，然後可與論之。不然，吾見其遁。其遁之辭曰：「吾聞某生之言云爾。吾受某大方之言云爾。」此耳食者也。曰：「吾固志在天下，未遑暇此技藝也。吾所言者特戲之耳。」此謾為大言以自娛者也。何則？始未嘗不以為知，詰之而窮，則有此言。其詰以天下之志，必又未有以應，則終身閉門食肥，老死牖下已矣。吾知某公不然，其言之者，必寔能知之者也，故敢與為論。今某公曰：「九歌、十九首，不可畫也。」而抑嘗檢舊籍，得梁陳間畫記，其目有十九首詩圖，則古人已有為之者矣。又見宋周密所錄有李伯時九歌畫。又嘗見衆摹本，小大不一，具存於世。則宋人已為之矣。然則九歌、十九首之畫，不始於抑矣。今某公曰：「詩人之作，離騷之興，皆寓言也，不可以為像。」雖然，古人寓言，我獨不可寓意乎？古人寓言，莊叟為最。然六朝宋元間人，已為列子御風、巢父洗耳、空同問道等圖，大者盈丈，然人不以是嗤。陳王洛神賦，亦寓言也，古今畫者不一。司馬相如上林賦，其言上林之大，包括宇宙，寓言之尤者也，而今仇英實父以意為像。像天子遊獵，千乘萬騎，弧旌枉矢，虹蜺霓旄，及宮苑之衆，美麗之盛，草木之備，山川之廣，如賦所云，無不畢畫。說見王氏所載，其摹本真本，具有存者。詳見王元美先生藝苑。今有摹本，或托言李將軍也。按六朝人載：衛協曾畫上林苑七佛圖，其上林苑豈即漢武上林苑耶？若然則晉人已有為之者矣。且唐人之詩，大半皆寓言也。而今畫者尤夥。豈唐人寓言可圖，漢人寓言不可圖乎？或曰：「唐人之詩，所詠山川風物，可圖也。」然則十九首獨無山川風物乎？且詩人因物起興，三百篇已然。無山川風物，是無詩也。然則畫唐詩乃所嘗見而不非，畫古詩所不見遂非耶？然而畫寓言，固不始於抑矣。今某公曰：「山鬼，非婦人也。」今何不以王叔師、洪興祖、朱紫陽註熟讀之乎？王註或多脫畧，而洪、朱二註，衆所稱備。其言以婦人自況，致意其君，則尤見屈平之忠也。然則山鬼之為婦，章章見之前儒之言，非柳之臆度矣。今某公曰：「二虎一豹，殊失雅觀。」然柳之所圖，乃貍非虎也。所謂「乘赤豹從之文貍」者也。柳嘗見李伯時本，經後人摹者，作二獰鬼騎豹而馳。柳嘗笑之，以為非伯時所為，必後人益入者。何也？按山鬼篇云：「既含睇兮又宜笑，子慕余兮善窈窕。」豈有含睇宜笑，而窈窕其狀，乃如怪不朽株者乎？且古人凡謂乘，皆駕車也。乘赤豹者，以赤豹駕車也。所謂「辛夷車、結桂旗」者，乃豹之所駕也。不然，既已騎豹，又何用車？古人雖寓言，必有條理，非如後世淺見，扶不成章以誇人者也。某公以為失雅觀者，以豹為不入圖畫耶？其亦運腕不善耶？其師古不純耶？其位置不得耶？以虎豹不入圖畫，則古人嘗畫虎豹矣。其運腕不善，師古不純，則不當獨責於虎豹也。且運腕師古，事頗難言，有言則列於後。如位置不得，則咎不在虎豹，而在位置矣。如用意不善，乃屈平之言，非柳之所創也。且古人以形之詩歌不為俚，見之圖畫乃為俗乎？今某公曰：「河伯之後從四魚為不善也。」其亦以水中之魚為不可見耶？其以為神而從魚，無其理耶？其亦運腕不善耶？其亦位置不得耶？如曰魚在水中不可得見也，則柳嘗於清潭臨流，觀魚鱗鬣，歷歷可覩矣。以神而從魚為無其理，則楚辭之寓言也。且既謂之神，亦何所不可哉？如責之運腕位置，則直責運腕位置，有不可涸者。夫詩人之作，有賦、有興、有比，圖畫亦然。約略圖其意而不圖其事者，興之類也。贈君子以蘭芝，擬耆老以松柏，比之類也。直畫其事者，賦之類也。凡實事已載之史冊，不待畫而明，則宜用比、興。體寓言及鬼神恍惚，宜用賦體。以無為有，所以出人意也。且事本無而更無之，則微言無稽，故必表其像而見之。像者，象也，如易之有象也。古人好圖毛詩，及帝釋天王地獄變相，蓋此意也。前此皆某公所已論，故略與為辯，然非此藝之要務也。何也？前志之所有，今世可無也。古人之所難，今或可為也。或刊量高下，斟酌是非，未必盡善，而不害其善者，意別有在也。故元人畫蘇李圖而唐衣冠，後世不以是病之，以別有取也。若稽考古制，抑當從事焉，然非所急也。今請論其要曰：夫畫不一法，而歸於善。意不一揆，而歸於理。失之者狂，違之者荒。不一法者如古有顧、衛、陸、戴、張、曹、吳、王、二李、閻、楊，及宋元與明諸名家。其法不一，狀貌與殊，方圓異宜，虛實異度，小大異制。其設飾布采，若吳越之不相及也。其運精布思，如水火之不相用也。然而宮商相宣，經緯相錯，則有不可易者。故謂之法不同可也，謂之善不同不可也。故此善必通於彼善，此法不通於彼法。故法可言也，善不可言也。今指一畫曰：胡然曰善，請問其所謂善？曰：善在形似，則今之俗畫所畫藩夷、天馬，及上古神聖、遺老，皆有形似極肖者，胡不謂之善？曰：善在傅采，則今之俗畫，設采有窮豔極麗，及鮮於古圖者，胡不謂之善？曰：善在布境，則今之俗畫，市簫便面，皆能布境，胡不謂之善？曰：善在淡冶，則今之俗畫，僞作骨董，亦能淡冶，胡不謂之善？曰：善在骨法，善在神采。曰：彼骨法與此骨法不同也，彼神采與此神采不同也，而皆謂之善何也？彼俗畫骨法、神采亦具也，而謂之不善何也？其人必不能對也。故輪人之言曰：「臣不能以喻臣之子，臣之子亦不能受之於臣。口不能言，有數存焉於其間。」故曰：善不可言也。故法不同，而同歸於善。或不能此善，而曰：我法別法也，人不知爾。或不能知此善，而曰：吾所善者，別有所謂，吾所不信也。何謂意不一構，曰：前之所是，今而非之。長之所棄，短而取之。若四時之代謝，日月之運行，操至一於不一之中，逞萬變於不變之域，使之適宜時宜，不可執一是也。夫畫之興謝，與世高下。若摩詰、道元，則聞而知之者也。若李唐、伯時、子昂、仲圭、子久之流，則見而知之者也。近代諸名家，斟酌去就，不出乎此。（若文衡翁學子昂，沈啓南學子久、仲圭，唐子畏、仇實父學李唐。）

今世不講此事，不知其難。人始執筆，遂謂超越前流，謂古法不足學，且反以爲俗。殊不知俗之與法，如天淵之絶。今畧分有三品：以古法而雜俗工之法，謂之下品。今世俗學是也。能遺脱俗法，而以古法自運，謂之上品。今世未易其人也。畏俗工之法而并棄古法，謂之不入品。今世文人學士好事者是也。（不入品謂之野學。）或曰：既以古法爲法，而俗工之法亦謂之法，何也？曰：俗工之法，師古而不純者也。古法質也，而俗乃華之。古法直也，而俗乃曲之。古法樸也，而俗乃雕之。古法壹也，而俗乃雜之。古法爲己者也，操古法者，皆古之賢人達士，深知其道妙，非欲以誇耀俗人。欲俗法媚俗者也。以此誇耀俗人而欲其悦。然而亦有短長高下之節也，故亦謂之法。古法之與俗法，如碔砆之與美玉，非深於其道者不能辨之。惟能辨之，則考之古人，百世已上，不能適其是非。俟之其人，百世以下，不能違其軌轍。不能辨之，如深夜而入幽室，無瑩燭之光，而欲知蚊蝱之端，咫尺而謬者千里矣。故今之所謂窮盡其道，實皆面墻者也。自此以前，畧伸諸説，所謂畫之要務，而某公之所不可不聞者。比之九歌、十九首、寓言、魚・虎、山鬼、婦人諸論，則有内外輕重之别矣。欽抑白。

自題摹白岳游圖後

錢磬室先生畫，如趙充國之征先零，籌算絶倫，而不知者反以爲曠日持久。楊子雲之草元，知之者謂可比六經，不知者謂必以覆瓿。大抵外若不足，内實有餘，故他人之不可及者惟巧，而先生之不可及者惟不巧。他人之巧巧於巧，先生之巧巧於不巧。老子曰：「勇於敢者殺，勇於不敢者活。」又曰：「我不敢爲主而爲客，不敢進寸而退尺。」又曰：「良賈深藏若虚，君子盛德，容貌若愚。」方此數語，若合符節矣。所謂希聲太樸，可與知者道，不可與不知者言也。又凡先生所畫津關設險，舟車軌道，他人爲之，必至煩猥。而先生運思，反見超逸。古人謂杜子美之詩，如周公制作，而余亦謂先生之畫津關設險，如周公制作。其氣象則如羲皇擊壤，以其動合繩墨，無規矩方圓之迹也。此册凡十有八葉，自吾吴以至白岳，其中巖灘、七里瀧，皆天下勝地，又得先生爲之寫構，自有不可不珍者。余十餘歲時，得粉本於劉用吾先生家，急勒之以歸。今又得真本於李子文中，復摹此册，并録其題識。時一展翫，知前輩之用心，彷彿若此云。

磬室先生家貧而好讀書，其藏書與吴中賢士大夫家相埒。又好手録，凡祕書不易得者，皆手録之，多至數千卷。無間寒暑，年七十餘猶未倦。性好氣義，惡游説，終其身未嘗屈於利勢。蓋先生少爲文衡翁門人。衡翁爲一代碩儒，才高識卓，德行純備，出其門者多賢士。今載其從事於書畫者若蔣苑子健、陸治叔平、陸師道子傳、居節商谷、陳淳道

壹册　四五

復，或隱或顯，皆以節操名世，蓋得衡翁之切磨也。余少得畫學於劉用吾先生，用吾先生得畫學於錢先生。用吾先生名作，字原起，後以字行，爲吳中望族，亦能以節義自守。其姊年十八而寡，守義不更嫁，先生迎養之終其身，年九十而卒，爲禮葬之，服喪如法。余嘗聞先生之妾，偶以疏糲食其姊，先生大怒，切責之。其孝友篤摯如此，猶有文氏之遺風也。孰謂師友無益乎？

余嘗論當嘉、隆間，吾吳中多賢士，其能以畫自娛者，若沈、文、唐、仇四公，其後則錢罄室先生輩，餘無敢多論。沈啓南畫如羲皇上人及莊列諸公，飄然非人世中物。文仲子畫如儀容揖讓之大人，鳴玉立朝，鄙倍自遠。唐子畏畫如風流拔宕之俊人，裸體摽漁陽之摻，磊雄爲之喪氣。又如虞允文用兵，指揮猛士如雷電，而逸氣自若。仇實父畫如擁書萬卷之賢士，一動一靜，皆有儀則，無一毫風塵氣。錢叔寶畫如偶耕荷篠之丈人，欽文蓄采，而以農圃自見也，然而其美在內。錢畫得之於文，而文以文見長，錢以樸自用，若相反者。其他若文文水之超淡，陸叔平之雅正，陳道復之風逸，謝樗仙之高雄，皆一時可觀者。謝畫雖偏體，而氣寔風雅。前輩何元朗先生，及今之篤古者多詆毀之。然非其寔也，不可不辨。

或曰：夫賢者之處世，太上立德，其次立功，其次立言。至其藝，則末也。諸君子既皆賢智之資，而區區以藝見長。何哉？蓋當是時天下承平，祖宗之業方盛，雖有周召之才，無所復施。故士大夫拱手，隱士安於壠畝，終身不慕榮利。暇日則肆力於藝學，或造神妙，亦時世使然也。然諸君子，或為琴張、曾皙、牧皮之行，或操伯夷、叔齊、巢由之志，雖為藝學，惟以自娛，故足多也。若藉以干請奔利勢，何異趙女跕躧持鳴瑟以事大人乎？然其所以為藝者，遂其所偏好不能已耳。其立德、立功、立言之地，無所攄也。

論倪元鎮畫與揚子敢遜治波

莊子曰：「孔子見老聃，退而言曰：『鳥吾知其能飛，魚吾知其能游，獸吾知其能走。走者可以為網，游者可以為綸，飛者可以為矰。至於龍，吾不知其乘風雲上天。吾見老子，其猶龍耶？不可以網、以綸、以矰矣。』」又揚子雲讀司馬長卿賦，謂「似不從人間來，其神化所至耶？」今余謂倪瓚畫，二者可以當之。以其氣飄飄凌雲，不可羈縛，形器象貌，遠若天表。蓋據其胸中所存，非強能之於毫翰之末者。究其至，又非棄毫翰之學，徒恃其心之所存者。夫徒論其手之能，不保其心之所存者，工匠之事。徒恃其才氣超邁，不講牖變化之學，誕妄者之所為。二者兼之，然後為神。昔荊軻刺秦王，歷九死而不撓，當萬乘而襄楼此處當脫「不」字懾。秦舞陽色變震恐，荊卿言笑自若。其才氣非不善，以不講刺劍之術，遂至隕軀無成。魯昭公威儀容節無不善，才非千乘之器，遂至出遜，不可復振。故非其才雖學不至，無其學雖才無成。蓋有其才，不可無學；而無其才，雖學愈趨於下。以其志其氣囿於凡俗，不知天地間復有卓犖超邁者，雖說以眇論，終不省也。此其人居四民可為者三，不可為者一焉。所謂三者：曰農、工、商，而獨不可為士。蓋士非高明之資不可。士非高明，而驅以為忠孝廉愛，必不能也。設或處潛隱之地，亦必不能為許繇、巢父、務光、伯夷、叔齊所為。何也？其心志不能出乎俗也。故俗之為物，如金城湯池，銀壁鐵郭，歷萬重以為錮。非大有為，真知極明，不能超出。故曰：士不可俗，俗則非士。何也？俗則雖爲士，所爲者實農、工、商，則非士矣。若農、工、商則不然。盡其稼穡之道，盡其器用之道，盡其貿易之道而已，無所謂忠孝廉愛，巢、許、務光、伯夷、叔齊之責也。故曰：三者可爲，士不可爲也。夫書雖小道，士之餘事，非農、工、商三者之所爲。故其氣非如藺相如之不屈，朱雲之強直，屈平、宋玉之超卓，伯夷、叔齊之高潔，莊周之齊物，不足以爲善。而倪書兼有之，蓋其才氣心術，寔出常倫，而又濟之以其學者。故曰：「玉在而山輝，珠生而川媚，」非有意求其輝且媚，有其實則輝媚自見。故有義之之人，則有義之之書。有劉越石之人，則有劉越石之詩。有屈、宋、太史公之人，則有屈、宋、太史公之文。其後班孟堅雖彷彿子長，出入左、國，兼該馬、揚，夫亦文人之雄，而不能立言，以其曾次鄙猥，不知大道之情。故嘗以桑弘羊、孔僅、卜式、汲、鄭同論，且好非屈原，依阿竇憲，徒知慕富貴尊高，爲一時之榮，不以雅俗邪正爲急。所以不及子長也。子長之書則不然，世家以吳太伯、仲雍爲首，列傳以伯夷、叔齊爲首。考之史冊，太伯、仲雍，海隅小國，其爵大者爲伯，小者子男，校之宋、齊、魯、衛，已降二等、三等。伯夷、叔齊，東北小國之公子，既不覲朝歌之靡麗，又不及西周之盛美，言行不合於世，餓死首陽山下。此四子者，論其富貴不足言矣，而子長首推之者，以其能讓國，視不義之富貴如浮雲也。故又引孔子之言曰：「太伯可謂至德也已矣。三以天下讓。」及爲世家，遂言及仲雍。又曰：「伯夷、叔齊，求仁得仁，又何怨乎？」亦各從其志也。然則子長深知四子之用心，而又能知聖人之所以取四子者。若是然後使萬世之後，知天地間有瀟蕩爽朗之正人，而富貴真可土芥視矣。此子長所以每自托於春秋不疑也。何也？春秋者，千古之直道也，豈俗之所能知乎？俗所不知，而子長能知之，故能破俗之金城鐵郭出之也。故其書亦能包括宇宙，軼駕千世，不可以一代論。屈、宋、劉、王，亦以其人之奇偉，故其文及詩及書，皆能出乎常倫。若是則吾所謂倪畫，兼該藺相如以下諸人之才氣爲不誣。而所謂如龍，如不從人間來，亦不易也。

余寓施亮生鍊師齋中，湯子敢遥偕余過王氏閱倪畫，王氏出以相示，寔平生所見第一幅也。其畫用游絲筆弱腕，樹三四株，中有一楸，短峯三四尖而已。然洗心對之，雖蓬萊三島，崐崘五城十二樓，不能過也。其上倪自書洪容齋所錄僧詩。既後三年，王子謝化，畫不復見。意若龍劍九鼎，遁去不可知耶？書右一通，以示湯子，且識不忘也。

畫解　　徐枋

欽子遠猷畫解序

孔子曰：「歲寒然後知松柏之後凋也。」故天下既亂，則世多隱君子焉。雖然，涉橫流而知返，恥亂邦而不居，其節則峻矣，而以言乎先幾之哲則未也。若樂靜尚志，未亂而隱，確然獨行，歸潔其身，其高風不可想乎。求之古人，亦唯梁鴻、徐穉之流，為足以語於斯。不謂於今而見其人如欽子遠猷也。欽子少而孤苦，家貧好讀書，而性耿介峭厲，落落寡諧。遂終身不娶，棄其家以推之於其兄，而寄居蕭寺，不與世俗浮沉。惟日橫經教授，閉戶自精。雖故人戚友，罕睹其面。時正太平，稱明盛之世。士而能讀一書、通一藝，輒思乘時以自顯。而欽子獨隱約畏避，絕塵遠引，同人無不怪之。抑知又十年而天下遂大亂矣。噫！於此而始益歎欽子為卓絕也。尤所難者，存身棲遯，記命束脯，而獨能教養諸弟，使皆成立，蔚為方聞之士。如吾友序三，尤著名字。天下徒知序三學博行高，而詎知成之者乃其無家之仲子乎？欽子既篤學好古，能強記，于書無所不通，而尤精於古今名物器數、金石銘勒之學。故凡他人所窮年覃思而不能記憶者，欽子無不應口而出。即如儀禮一書，韓愈猶苦其難讀，而欽子獨字櫛而句比之，則其他可知矣。而隱居之業，兼善畫理。烟墨驅染，稽古為先。讀九歌則繪之像，讀史記則為之圖，以至三百篇、十九首，無不有畫，而山川、人物、衣冠、尊俎，皆按其地而可稽論其世而不謬。鄭樵曰：「圖經也，畫解也。圖至約也，書至博也。即圖而求易，即書而求難，舍易從難，成功者少。古之學者，左圖右書，未嘗偏廢，故人易為學，而學易為功。」欽子之意，其在斯乎？其在斯乎？則其所以裨益後學者，寧有涯量哉!?雖然，苟非隱居求志二十餘年，其精詣亦未能至此也。近復以其性學所近，著畫解一編，以垂於世，其言皆古所未有，而謬以余為知畫者，索余言以敘其意。余謂此則唐宋諸家之書具在，能互相證明，余故不論，而論其沈幾高蹈之概云。（畫解原書無此序，從居易堂集卷五錄出。）

欽楫傳

欽楫，字遠猷。學通五經，以儀禮注疏多不合經文，乃旁搜漢以來諸儒訓詁考正之，作圖解。少學畫於劉原起，高古有宋元遺意，以此自給，他餽遺不受。為人孤僻，終身不娶，聞婦人聲，必引避他所。寄居僧寮，不近市宅，其違絕人情如此。弟蘭，字序三，少為諸生，有名。鼎革後，高尚不事，賣文自給。文博雅，詩有漢魏風。性孤介，離其妻，無子，寄友人家以終。（蘇州府志卷五十四人物志八）

欽遠猷畫冊跋　　程庭鷺

徐俟齋居易集中有欽遠猷畫解一序。始稱「其人為梁鴻、徐穉一流」。更稱其「博聞強記，精于古今名物器數、金石銘勒之學。謂隱居求志二十餘年，未能有此精詣。」及論其畫則云：「烟雲驅染，稽古為先。讀九歌、史記，以至三百篇、十九首，皆有圖繪，而山川、人物、衣冠、尊俎，按地可稽，論世不謬」。所以推崇者至矣。今畫解一書，若在若亡，而九歌、史記、三百篇諸圖，何可復覯？惟此十九首雖有缺佚，而真跡獨存。況證以俟齋之序，想見其人，尤足使丹青增重哉！小松圖閣書畫跋

附録第二種

新增鷹鶻方

附录　第二种《新增鹰鹘方》

出版说明

一九四二年隆福寺书店送来《新增鹰鹘方》一册，日本宽永癸未（公元一六四三年）二条鹤屋町南轮书堂刊本。索价颇昂，但喜其内容罕见，手抄录副。时襄已摒绝一切玩好，编写《中国画论研究》，故无暇详读。不久南下，一九四五年返京，投入清理追还敌伪劫夺文物。一九四九年访美归来，忙于故宫工作。此后运动频仍，多难多灾，抄本夹杂书中，早已忘怀。「文革」家被抄空，待归还图籍，此本幸未遗失。直至一九九四年撰写《大鹰篇》，始取出研读并征引多处，写入拙文。

《新增鹰鹘方》卷首无作者姓名。书中《鹰鹘总论》、《调养杂说》篇署名「星山李燗编」，《养鹰鉴戒》篇署名「星山李燗撰」。查字书无「燗」字，疑为「燗」之误。按「燗」同「焰」，故《大鹰篇》曾简作「李焰」。「星山」可能为李之字或号，亦可能是地名。查工具书多种，未能查到李燗或李焰，《鹰鹘方》或《新增鹰鹘方》亦未见书目著录。当时见页十八后半页有双行朝鲜文注两处，检《中国古今地名大辞典》又未能查到我国有地名「星山」，故以为李燗或许是朝鲜人。今重读全书，行文用辞并无外来语气。《养鹰鉴戒》一起便曰「余谪北方」，颇似明代官员，贬谪至东北。至于朝鲜文注正如我辈读外文书，在旁加中文注音或译意，因而出现朝鲜文字。

故前疑李燗为朝鲜人实出臆测。今除非查明朝鲜古代有李燗号「星山」，或有地名「星山」，否则无法证明此书为朝鲜人作。至于《鹰鹘方》曾在朝鲜流传并经日本书坊刊行，则可以肯定。前撰《大鹰篇》疑李燗可能是朝鲜人，证据不足，因恐误导，特更正如上。

我国鹰文化起源甚早，史前及商代，鹰已是常见之玉雕题材。用以猎物，亦甚久远。许慎《说文解字》，已有「𩾚」字。释曰「鸷鸟食已，吐其皮毛如丸。从丸咼声。读若骫，于跪切」（见卷九下，丸部）。猛禽所食猎物皮毛，不能排出体外，必须紧缩成丸吐出。此乃其消化过程之自然规律。不被驯养，不可能观察到此种现象。吐出之丸能成为专门名辞，并经许慎编入字书，可见养鹰猎物远在东汉之前。隋代魏澹《鹰赋》，自然是一篇重要文献（见《全上古三代秦汉三国六朝文·全隋文》卷二十），骈体而不用典故堆砌排比，却用浅显易懂语言讲述捕鹰、相鹰、喂鹰，由雏到老羽毛花纹变化，雌大雄小有异常禽，以及医治疾病方法等等，非亲身驯养不能道。但毕竟受文体局限，不可能讲得太详细。唐段成式《酉阳杂俎》有《肉攫部》一卷，专讲鹰文化。捕鹰网具，几乎与现在所用相同。一年、二年、三年由雏至老，羽毛花色的变化也有论及。对不同地区所产不同颜色之鹰列举尤详，使人感到作者对鹰种之知识十分丰富。宋沈括《梦溪笔谈》卷二十四讲到「三馆书有《咊漱》三卷，皆养鹰鹞法度及医疗之术」。此书想已失传。对不同时代有关猛禽之传说、记事、诗文、杂录等辑集最详之书，当属《古今图书集成》，有四卷之多。因清代成书，又有影印本，故较易得。据所载唐、辽、宋、元各朝贡鹰制度，鹰房设置、捕户数量等，可知历代皇家均大规模养鹰鹘。但对相鹰、出猎、医治等则极少述及。仅有一篇《鹰论》署名「臣利类思作」。并经清末王韬收入《弢园丛书》，署名「西洋利类思译」。此论篇幅甚长，内容讲到有关鹰鹘各个方面。但作者为意大利人，其说与我国有异有同。如上所述，可见《新增鹰鹘方》实为我国古代惟一详述相鹰、养鹰、放鹰、医疗之专著。又因传世绝少，难能可贵自不待言。当年随手抄录之书，竟是我国鹰文化至为重要文献，实非始料所及。

读利类思译《鹰论》知西洋对养鹰之实践与研究，已有多年。沙特阿拉伯贵族早有养鹰隼的传统，上世纪以来，以石油致富，对鹘（通称猎隼）更情有独钟，每年均有人来我国为其盗购，偷运出境。据闻今欧美均有养鹰学会，会员众多。已出版专著多种。为了不违反动物保护法，人工孵化繁殖，已获成功。说明后附图四帧即据英国养鹰学会所赠之书影印。近日获见由阿拉伯联合酋长国策划编印的英文、阿拉伯文双语本的《对鹰隼及地鹇的全球性保护方案》（A Global Strategy for the Conservation of Falcons and Houbara）一书，研究制定如何保护鹰隼及地鹇野兔资源。因为如果鹇、兔日益稀少乃至消失，则鹰隼将没有猎物可捕，鹰隼也将随之消亡。于此可见其对传统的鹰隼文化的重视。又有鉴于我国鹰文化源远流长，已获得我方同意，派英国研究人员来华与中国科学院动物研究所人员合作，对我国各地养鹰历史及现况，进行调查采访并编写学术报告。蒙垂询及我，深愧所知有限，只得推荐养鹰老友常翁共同提供有关材料，但未必能满足访问者要求。因念《新增鹰鹘方》乃我国鹰文化重要文献，又极为罕见，故特收入《二堆》附录，影印出版，供中外人士研究考证。

各种鹰隼，我国早已列为保护动物，自不能再捕养并用以猎物。惟养鹰乃我国传统文化之一，如完全禁止驯养出猎，今后将只有外国流行，而我国反将绝灭。故是否宜经过特准，允许少数人继承这一传统文化，似乎是值得研究考虑的问题。

A GLOBAL STRATEGY
FOR THE CONSERVATION
OF FALCONS AND HOUBARA

图中书名《对鹰隼及 Houbara 的全球性保护方案》，由沙特阿拉伯及英国联合出版。两种文字内容相同，合订一册。此为英文部分的封面。左下角一鸟即 Houbara，与我国的地鹎同属而稍小，是阿拉伯鹰隼捕捉的主要猎物。

Monitoring Wild Falcon Populations

THE SAKER FALCON

Falco cherrug

OUR TRADITIONAL HUNTING PARTNER

Throughout history, Saker falcons have hunted in partnership with man - their nesting lands the cradle of falconry. But sakers are now in grave danger. In the past ten years, overtrapping in their breeding grounds has increased and they face many other threats such as loss of habitat. For the sake of Falconry, we need to conserve wild Saker populations - populations which have supplied mankind with hunting partners for four thousand years.

To that end, research programmes are underway across much of the Saker falcon's range. Their primary goal is to identify the precise nature of threats to wild populations. Once the results are known, conservation programmes can target resources where they are most needed. Their final aim is to safeguard the future of the Saker falcon and, in so doing, Arab falconry itself.

此图所示为不同种类的隼及在全球的分布情况，用不同颜色在右上角的地图上标明。足见海外养鹰隼者对猛禽的资源曾作全球性的详细调查。

CAPTIVE BRED FALCONS

Top Hunting Falcons Produced by Selective Breeding

More Choice for Falconers

Good News for Falcons

Captive bred falcons are proving their worth at hunting camps - strong, fast falcons well-suited to life in the desert. But there is more to captive breeding than is immediately apparent. It has active conservation and research benefits - cutting down on the number of wild falcons that need to be trapped and safeguarding the best falcon bloodlines for the future. A sales agency would ease the problems currently associated with buying falcons.

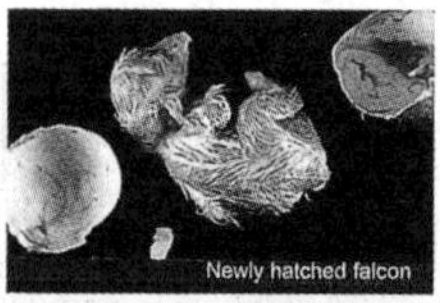

Newly hatched falcon

White gyr x saker hybrid falcon and her chicks

A young captive bred saker is measured and photographed for scientific study

Captive bred gyr falcons

From traditional types of saker to the newest hybrid falcons, these captive bred birds carry fewer diseases, have stronger feathers and usually moult faster than wild-caught falcons.

IMPROVING SUPPLY AND CHOICE OF FALCONS

- Streamlining importation procedures
- Stabilising prices
- Encouraging sterilisation of hybrids to prevent breeding with wild falcons
- Encouraging microchipping and health records
- Breeders and falconers together working to produce best birds
- Improving care of falcons in transit

为了不违反动物保护法，海外国家已不从野外捕捉鹰隼，而笼养成年鹰隼，人工孵化所生之卵，并早已获得成功。雏鹰长大后同样可用以捕捉猎物。图中所见为才出卵和已稍长大的鹰雏。

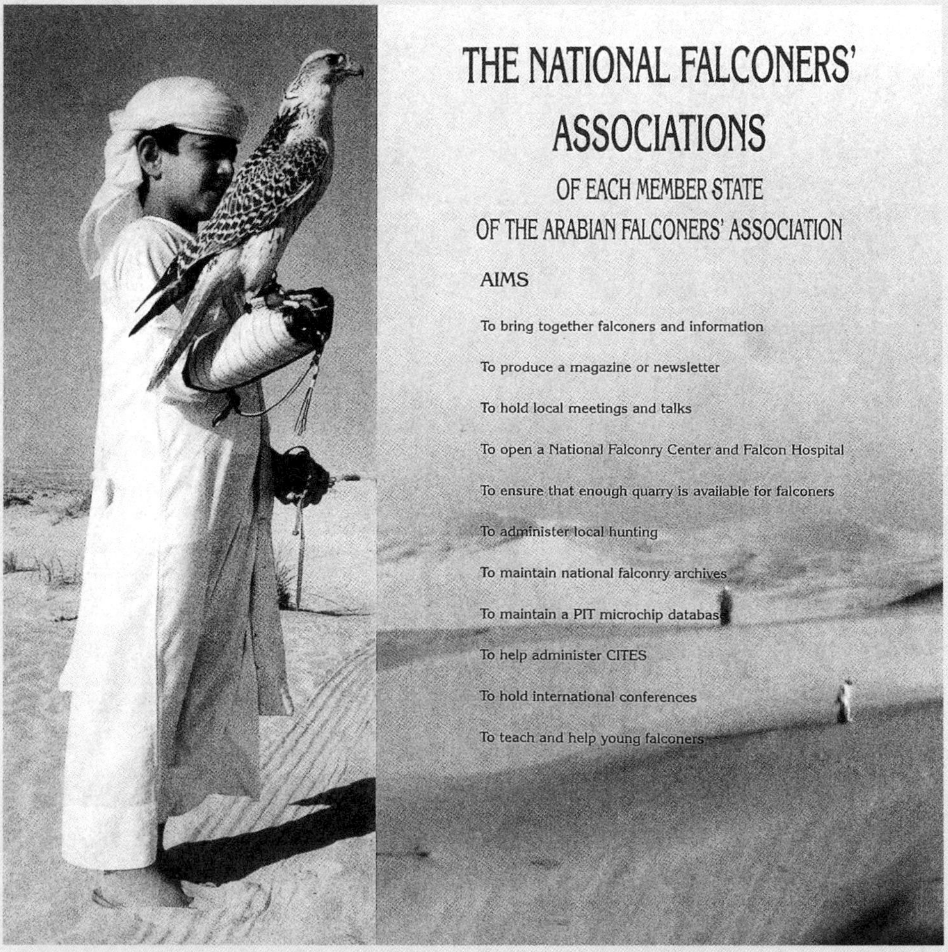
THE NATIONAL FALCONERS'
ASSOCIATIONS
OF EACH MEMBER STATE
OF THE ARABIAN FALCONERS' ASSOCIATION
AIMS
To bring together falconers and information
To produce a magazine or newsletter
To hold local meetings and talks
To open a National Falconry Center and Falcon Hospital
To ensure that enough quarry is available for falconers
To administer local hunting
To maintain national falconry archives
To maintain a PIT microchip databas
To help administer CITES
To hold international conferences
To teach and help young falconers

图中右侧条文为沙特阿拉伯国家鹰隼协会会员制定的共同目标，共十一条。目标有集中并交流鹰隼信息，出版专门刊物，举办会议和集会，开设治疗鹰隼诊所、医院等。最后一条为辅导、帮助年幼的养鹰者。图中举隼者就是一个阿拉伯青少年。

第一頁

新增鷹鶻方目錄

蕅廬鈔存

救急方 1534

經驗方 1540

養鷹鑑戒 1543

聞見常談 1547

新增鷹鶻方

鷹賦

魏彥深

惟茲禽之化育，實鍾山之所生，資金方之猛氣，擅火德之炎精。何虞者之多端，運橫羅以羈束，綴經絲於雙臉，結長繩於兩足，飛不遂於本情，食不充於所欲。逸翰由而暫歛，雄心爲之自局。若乃貌非不一，相乃多途，指重十字，尾貴合盧，立如植木，望似愁胡，觜同鈎利，脚等荆枯，亦有白如散花，赤如點血，大文若

新增鷹鶻方

當即相字

錦細斑似纈眼類明珠毛猶霜雪身重若
金爪剛如鐵或濩頂平似削頭圓如卵臆潤頸
長筋麁脛短翅厚羽勁脾寬肉緩此之才用
俱為絕伴或如鷂頭或似鵰首赤精黃足細
骨小肘懶而易驚好而難誘住不可呼飛不
及走若斯之輩不如勿有若夫疾食速消此
則有命鴛頸猴立是為無病廁門忌大結肚
悪軟條不欲絕背不宜喘生於窟者則好眠
生於木者則常立雙骹長者則起遲六翮短

第二頁

者則飛急毛衣屢改厥色無常寅生酉就總
號爲黃二周作鶬千日成蒼維日排盧性殊
衆鳥雌則體大雄則體小遇犬則驚猜見人
則馴擾養雛則小病野羅則多巧察之爲易
調之實難格必高迴室必華寬薑以馭熱酒
以排寒鞲須溫暖肉不陣乾近之令狎靜之
使安晝不離手夜便火宿微加其毛小減其
肉肌肥腸瘦心和性靈念絶雲霄志在馳逐
嚴者脛也格者架也黃者今之
鬧羅也鶬者今之求億真也

楳廬鈔存

同前

伊鍾山之鷙鳥，稟金方之勁氣，含火德之明輝，淪瑤池之純粹。春秋運斗樞曰：瑤光星散為鷹。或聞於蒼成千日，或重其指如十字，若乃點血散花之狀，草眸金距之名。西京雜記曰：茂陵李奇好馳逐鷹鷂，皆為佳名，鷹有青翅、草眸、青冥、金距之屬。既在南而為鷂，晉書崔洪清厲鯁直，為尚書左丞，時為之語曰：叢生荊棘，來自博陵，在南為鷂，在北為鷹。亦與鷂而為兄。古樂府曰：豹則虎之弟，鷹則鷂之兄。亦有下鞲命中，畫壁如真。漢趙勤字孟卿，太守虞栢署以為督貪令，自責解印綬去，虞嘆曰善

第三頁

史如良鷹下韝則中○齊廣寧王資僧達之
存術畫蒼鷹於壁見者皆以為真
馳逐王僧達好鷹犬何尚之曰顏郎且放鷹犬不復游獵教行父之事
君臧文仲教行父曰誅無禮於其君者如鷹鸇之逐鳥雀唐則斷聯而
見放太宗初即位園中蘢鷹悉斷聯任去漢則斥賣而不用熹和
太后臨朝上林鷹犬悉斥賣逐黃犬於東門李斯臨刑謂子曰牽黃犬臂
蒼鷹出上蔡東門不可得矣擊鵰雛於雲夢楚文王得海青為獵雲夢
海青縱翮而升失其所之須臾毛墮若雪血
下如雨有大鳥墜地度其兩翅其大數里博
物者曰大鵬雛也梁冀貪而見求漢馮顯為謁者逐單于至雲中梁冀
遣人求鷹止晉陽舍不避顯大亮忠而不獻顯命收之其人繫鷹而忘

蓮廬劍存

唐李大亮表言使者求鷹若陛下之意深乖昔旨如其擅取任使非人太宗賜金壺獎忠讜

馬融既美於出籠漢馬融與伯世書曰憤憤愁思猶不解懷思在竹間放狗逐麋晚秋涉冬大蒼出籠黃棘下土筆以乾菜自送餘日茲樂未已要離亦閃於擊殿戰國策要離將刺辛慶忌蒼鷹擊殿上故其威同尚父尚父時唯鷹揚名傳郅都漢郅都為濟南時號蒼鷹魏主以秋吟見重曹丕答繁欽書曰風振條秦鷹秋吟商侯文以嚴霜行誅支遁則愛其神俊建康實錄支遁好養鷹馬而不乘放人向之曰愛其神俊元坦則肆其畋漁三國典略坦為冀州好畋漁言寧三日不食不可一日不獵至於鷙蟄靡失於為鳩處暑不

第四頁

羞於祭鳥（禮記鷙蟲鷹化鳩 周書著處鷹祭鳥）逐不仁者（子產

子產曰視氏如子見不仁者如鷹鸇之逐鳥雀）名爽鳩者少皞（少皞為鳥

師鳥名爽鳩氏司寇也註鷹也）又若翮短飛急翮長起遲大

雌小雄加毛減肥時令既著於學習爾雅亦

號於飛翬亦閑惡彼足黃欲其食疾罻羅設

於已化（禮記七月鳩化為鷹然後設網羅）矰弋禁於未擊（漢書

鷹隼未擊矰弋不施於蹊隧）飢而為用猜防既見於曹公

（陳登謂呂布曰登見曹公言待將軍譬如養虎當飽其肉否則噬人公曰不然譬如養鷹

飢則為用飽則揚去）飽則高颺引諭亦閑於權翼（慕容垂請

蘋盧鈔存

請誅鄴符堅許之權翼諫曰垂猶鷹也飢則附
人飽則高颺唯宜急其羈絆不可任其所欲
堅不從
垂果叛

相鷹歌

論鷹何事最堪奇貪馴居上疾次之膂軒脊
分空快駿目光如電爪如錐若知稟性柔且
馴吻欲短分頭欲規兩脚枯麄枝節竦競道
能攫真不欺大者頭小小者大毰毸欲見羽
參差刷翎跳身伸脚攀名為弄架空應良趾
成十字尾合盧彥㳅著賦為贊揚羽毛要欲

第五頁

善折破坐則尾短飛則長倫類亦有數般色

黑白間見黃赤常人言小馴大則悍在山馴

者在手翔頭脩觜長善回顧雖云能捕終飛

揚獵家所訣略如此餘詳大好眼中看毷毸張羽

貌

藕廬鈔存

鷹鶻揔論　　星山　李爛編

蓋惟二氣亭毒萬物化生羽而飛者是名為鳥姑就其鷙者而言之曰海青松鶻曰大小鷂鶻羅親曰籠奪都農太曰大小兔鶻益撻貴曰燕鶻飛下也曰鸇求其乃皆鶻屬也曰鷹曷之箇曰白鷹斗伊昆曰角鷹照骨曰鷄結外皆鷹屬也曰鷲愁雷曰低強名無別曰晨風乇布亦其曰鵟小奴其皆鷲屬也鶻屬鷲屬足青目黑間有黄足者鷹屬目足皆黄唯角鷹目黑亦有鳥眼青趾者雉云

第六頁

殊類別無奇材也鷙鶻教以鷹鴨烏鸛烏兔
鶻教以雉兔烏籠奪教以鵶鶬鶄烏鸘教以
鵶雀烏鷹白鷹角鷹教以雉兔鴨烏鷄教以
鶉鵲烏鸞鷹有名而無教烏若海青則鶖鷹
鸛鶴雄兔無所不教而至有扴鵬雛者烏鶵
觀鷹者著於上古少皞氏爽鶻者顯於唐人張九
齡言鶻跡隱於古史闕其載豈昔之多識物亦有遺乎杜子美有義鶻行其為物
也猛烈俊兔搏鮮而食浴水而潔淩風而寒娛
一舉千里自在無礙及被羈紲心煩氣東渴

蒔蘆鈔存

病生為庸夫不察緊宝帽纓掩塞鼻孔不與

之水因諸烟房烟薰處閉广黑燈不通氣處是但殺之而

已故達理之士養之有其節調之有其法察

病尋其源用藥因其性以能全其天而臂以

交之徐以瘦之飢以放之得盡其才為其為

術涉於戲玩雖君子之所不屑然非盡物之

性者有不能解也

取鷹七月上旬為上時內地者多塞外者少

八月上旬為次時下旬為下時塞外之鷹畢

至矣

網目方一寸八分縱八十目橫五十目以黃蘗和杼汁染之令與地色相似鴿能遠視若動眄睞身隨其所視候之鳥（杼者橡實也）

調養雜說　　星山　李𤊩編

水

鷹熱物，性喜水，雖雪上好浴，至有羽氷不能而飛者。庸人不解，乃謂惡水渴證，一云作，正坐於此。調新鷹者，傍置水盆，數翔張口時，坐之盆上，則鷹必喜飲，如或畏人見水不飲，用大為羽漬水，滴於鼻上，令浸浸流下，則鷹必細細呑之。或噀水於頭頰，亦細細呑之◯。不得已，臥縛者，以小匙挹水，數數灌口，毋猥多而

令噎○獵時渴熱，挹水飼之，日溫時數浴川

中。

食

鷹不傷於飢，必傷於飽。況新鷹畏逼，氣結，尤

善傷食。須用雀鼠、鶉鳩肉，小小飼之，日久食

食通用鷄、雉、雁、鴨，最忌鹿。惡雄鷄○終日放

獵則勞熱，必多叉飼熱血肉，則乘溫凝結不

得速消。況新鷹畏人，心熱常存，尤宜戒慎。須

切肉浸水，是名水食○水食貴細長，忌麁大。

○冬則間〻飼温肉無妨。春秋則不可不水

食。○肉之陳乾處須割去。○皮肉间不潔膏

屬細〻拭去。○大鷹大雄小(腳)鷹小雄腳。適

中矣。○食腳筋則成霜角須拔腳筋。○内陋

則人尿浸飼。○極寒母野飼野飼則食佽凍

損雖暮還家飼食。用衡称肉飼之妙。○作

食洗手洗刀俎。

臂

緊定臂力令鷹安坐。常以左手刷其劍羽尾

弟九頁

羽翔則舉臂不動待其自上慎勿低昂揮轉

○臂若失法鷹傷腳力又而不差非徒攫雉

失敏甚者不能卒坐俯身顛倒矣○新鷹叉

臂則足熱或用清水布也或用瓦礫蹈之足

掌○北人雖巢鷹常臂之非執役執事未嘗

暫離（釋）故馴擾無失○不放坐養則懷凌雲之

志雖二三日坐養須朝自雞鳴昏至初更臂

之○性悍者雖熟獵恒臂

呼

蕉廬鈔存

新鷹呼引自近漸遠若初遽遠則維來必飄
去其習不美○維老鷹遠近間呼飼在野亦
馴恃其熟老直飼不呼大不可也○或隔山
呼之或暗中呼之使呼聲所及處皆即尋來
維失易得○上木不下者朝暮飼時坐之高
架呼下飼之不下則不飼使飢甚速下為度
既下甘飼則可變

肌

今人養鷹多言晝夜勤臂肌則肥之樂妨古

第十頁

人豈不知此理而貴瘦乎有得馴性者肥而
放之其於二三手也果甚健壯及至三四手
則輒生怠心一日因暮失之明朝覓之則見
人驚翔遂冲雲霄瘦者非徒勤獵失之三四
日聞呼亦來乃知勤臂之功只存百隔宿則
亡矣古人瘦之之意良有在也然冬月稍
肥其故何哉瘦則易凍易病春秋不可不瘦
其故何哉肥則速勞速渴氣不清爽喜於凌
風鳥○過瘦則力憊飛低且遲不及趂雉作

蕉廬鈔存

遂旋棄止於林莽過肥則心驕頡頏揚〻獵
不盡力可捉還止上木不下養者於是加減
其食儻驕無差則善矣○瘦則撣風堅坐淡
枚肥則喜風聳翅盤空○肥瘦既中連日放
獵則必瘦此時添食不然過瘦生病肥瘦既
中坐休累日則必肥此時減食不然肌堅揚
去矣○性馴而瘦者早朝小飼出獵名曰達
驤性悍者毋過二三點不飼亦可○瘦者用
乳汁和飼則易肥○溫肉數〻夜飼則易肥

第十一頁

〇無論肥瘦性悍内陋連用布鴘〇偷食則上肥内陋瘦之ゝ鴘ゝ而放之〇春秋不肥無害極寒不可不肥雖坐鷹不肥不可

鴘 俗称加伊五音

或用細羽或用去核木花或或有核木花或用布將飼時先以右件物漬水接掌如彈丸大量宜碎分裹内飼之布傷鷹有核者次之去核者平々細羽最善吐鴘之日鷹内悪不喜獵

藤廬鈔存

鷹之內陋皆以煱治之

放

新鷹初須夜臂漸漸晝夜不離手惟飼食後暫坐食半消還臂勿瘦野肥而調習性度稍馴呼引而飼之呼引既熟約飼水食中其肥瘦臂而蹈山再三呼飼如此一二日更須詳察若斂羽凸目遠視高嘯數數踴躍神氣揚揚是忌人惡紲而思欲擊飛不可輕放也若鼻傍旋毛森然豎頂毛亦起延頸竦身口

第十三頁

作小雀群鷇鷇攫鞲見物輒動若起若止投之以石亦欲退赴譬如攫金之人徒見金不見人人之類則是心專於禽而欲獵之甚也於是用熅治內終日行山暮放上手既浮捏之慎勿直前以致驚颺退立候呼待其甘啄背立俯身徐行潛進先結長纓此皆慮新鷹不熟人驚起也次乃殺雉剝出內臟飼既半飽以人大指內鷹兩腳間用拇指及三四指微執兩腳則自然鮮雉矣下手不熟則多傷鷹腳不如齊執

蘗盧鈔存

足纓緩緩舉之引雛膝下徐徐解取之為便也○翌日二手數日以後三手一朔之後毋過五手雖老鷹不可多放疲勞○每日初手穿内臟甘飼小許不然即時解奪則有怨心不喜獵二手以後小飼腦髓眼睛及翅内○鷹若頻頻視天當有鷲冲霄不可放也○鷹若相攫急執兩鷹項則解○凡鷹間間坐休不盡其力使神氣常旺可也○瘦鷹堅坐不放輒病

雉

雉自遠而來橫過鷹前者上手也雉飛向原野而原野無林藪者次也雉直來衝前者次也雉鷹後高飛者下也雉踰嶺者下也雉遠引於田陵亂嶂之間者最下也○新鷹初中上手後亦喜獵雉老鷹久坐則初放時須擇上手○浪放下手累出不中則鷹怒因以作驚鮮不揚去○鷹性巧知主知家又知好惡其惡雄雉而好雌雉者憚雄之強也每飼雄

蓮廬鈔存

雉。○雉踰山。須察雉向頭處。次察鷹側翅處

尋之。○雉逾山。鷹騰空直上。見雉則鼓翅疾

逝。不見雉則垂翅緩下。○不見雉而放。名曰

薮馬。須上地。

地

兩山高峻。中有平原。一瞰俱徹。雖風可放。上

地也。背高山臨大野。遠近洞豁。無風可放。次

也。山回谷轉。翳薈蒙蘢。前遮後蔽。不知抵落

最下也。○鷹雖才。不知地形。多失利焉。

第十四頁

時

二月以後十月以前陽氣暄然切無當午放

使○秋冬午後春則午前放使○大抵薄暮

喜獵

安

鷹呼吸與人同節每食速下食俻上則柔軟

下則堅硬健拂羽奉一足左右伸氣肩背羽

不動肛門窄小而冷一日二三屎屎莖麁長

末大如掌黑白相離宿則回頭插背此乃安

蘀廬鈔存

之候也

羽

翅羽謂之翮以其堅利故古稱劍羽翮三翮

鷹六翮鶻有二翮者鷂鶻是也鷹有七翮者

角鷹是也鶻類有一翮者鷹類亦有五翮者

以此優劣鈍捷者為第一羽曰高古第二曰

過強自第三至第十曰縱羅里漢後十一以後曰

步緩也尾羽則十二而居中二羽曰雄古

奴居兩邊者曰築鋤兀亦有十四羽者為

斂羽尾羽沸水醮出則不折○捏雉則急揭

膝上令鷹尾羽毋損○羽折而不斷灸蓍根

劈之乘熱挾於折處羽直如故矣○冬月或

因而雪或因捏雉羽若沾濕即坐陽地無烟

細火遠照之又烘手撫之則速乾

鈴 足纓長六寸五分有奇

鈴要小而鳴單長堁（鈴要）務輕便懸之過高則

鈴激脊端成瘡過低則飛緩○鈴鐵多銅少

者碎銅納鈴心外裏黃泥壯火燒赤板上轉

冷則怏鳴○望羽塵污者劈冬瓜肉扶之則潔白

架

無烟淨廳寒温適中架地也○春秋貴陰地冬節宜向陽人物喧鬧處佳○最忌糠烟切須遠之○北人繫鷹或於穀石或於衣桁架亦低畢無異土几（名短架）坐卧相狎與猫犬雜處故馴如家畜了無野性矣

逸

第十六頁

逸鷹切勿進前呼之以長繩繫活雉若活鷄置相望處隱身弄之鷹若來攫徐待甘啄或被駭或被篝從鷹前匍匐而進以竿繩潛罥鷹項若無活雉繫死雉過樹枝遥執繩端或陞之或墜之使有生氣則鷹亦來攫若草密艾去○久逸之鷹須用機羅勿用竿繩○止宿木上燃火於一里計漸進燃之至四五處既迫木下用繩竿○到處進逐使不得獵飢甚然後謀取亦可○譬他鷹徐徐潛進誘以

蓮廬鈔存

此字未能識，當是勻字

餌則不驚

救急方

鷹鶻天地間奇物，故王公大人莫不愛之。窮谿壑，施羅網，晝夜調養，其勤如此。而淩霄之氣見屈於人，傷心迫情，外勞內熱，病疾易生哉。至掃群曾無治術，拱手待斃，其亦不仁甚矣。故觀其飲啄之勢，察其肥瘦之候，以尋生病之根，將本草因藥性，遂著爲方云。

龍腦丸

龍腦半分，研　大黃五分　人參三分

右三味，除龍腦合爲細末，入龍腦令勻。

第十七頁

滴水作丸如赤小豆大以金箔為衣每服二丸

當歸散 當歸一分大黃三分右二味咬咀用童便煎去滓待冷灌下

皂角湯 皂角半分水半鍾煎待冷入鼻令搐之

黃連散 黃連大黃蒲黃柏人參右五味各量一錢咬咀都作一服用井花水一小鍾煎至半鍾去滓待冷灌下

朱砂散 朱砂研雄黃研各一分麝香研半分三稜三分山茨菰千金子大戟蒲黃各一分半右七味各量四分除蒲黃合為細末入蒲黃令勻納豬肝肉以葉包裹用童便煮熟去肝取藥丸如赤小豆大每服三丸漸加至五丸

內裏

蕉廬鈔存

水銀散 水銀半分輕粉麝香各一分右合研不息水星爲度擦有虱處

煑肝丸

鷹鶻如有失其常度飲食不調或吐食或逆下或屎渾濁或鼻端激熱促息漲氣困倦多睡目睛不厲羽毛不快此等病證皆以龍腦丸黄連散煑肝丸治之龍腦丸尤妙

鷹鶻如有促息漲氣鼻塞而目有淚者以朱砂散次之亦用龍腦丸此藥尤宜於鶻若無朱砂散以皂角湯代之

第十八頁

鷹鶻如或為物所觸目睛迷眩而勢急者用

當歸散

渴證有二一喘息急二鼻塞咳嗽北人謂之鼻頂匿久則黃水自口出若青水出則立死〇若喘急大黃細末裹肉飼之或煮水灌之又黃蘗實搥碎裹飼又野人乾水浸肉飼之〇若鼻塞萬病元細末吹鼻孔又令人吮出鼻中濃汁汁出即止過吮則傷〇鼻頂匿針刺鼻傍旋毛洞貫灸三七或只刺神庭納

蒹廬鈔存

爻氣

不食肉喜飲水日漸消瘦而屎潔者北人謂之內項匿此證最危

脚趾浮腫者謂足項匿針破後胡王師根引민刊矣邑刭納針穴令爛出妙又火鐵針之納艾氣然百無一差

睛有被瞙淚流不止回頭拭肩者謂目項匿

山椒津企到引和初男乳汁滴眼中神妙又熊膽和乳滴之又雉膽滴之

第十九頁

目眛物致傷陳榛子細末和乳滴之觸傷之
目久則自愈滴乳亦佳
内冷外熱所屎成塊白反青緑者用甘草湯
和飼無甘草則温水
有毀傷處輕粉松脂細末塗之成痂去痂塗
童便令不成痂
屎有長蟲煎狼牙草根灌下又細末狼牙根
裹飼二三片
蟲食煮苦參湯浄洗

蓮廬鈔存

凡

有虱子浴草榻湯又梨蔞根栢部根二味為
末加輕粉黃連細研裹飼為妙
有下熱之候或屎硒而短月經水浸飼又熊
膽數粒裹飼清心丸小豆大裹飼
用藥多少隨鶻之大小
凡有不安之候忌鴨白鷄黃狗肉
鷹鶻之病與人無異凡證宜推類要在斟酌
用藥
經驗方

第二十頁

有畜鶻鶻者百（一目）鼻息塞急目有露淚人皆謂

項遥欲灸之畜者謂鷹鶻不可以人病治之

試以朱砂散吹之用糞肝丸果有神效云

有畜黄白鷹者值鷹疫方興十無一活而白

黄鷹亦有吐食激熱之候用龍腦丸得存云

有值鷹疫而以黄連散得免云

有畜鷹者病勢方扡人言放令捉雉飽飼温

血肉則差云畜者謂鷹病皆由熱而生勞身

放獵豈不加熱况飼温血肉豈能速下乎乃

疑是作字

蓮廬鈔存

坐〻水盆中石塊上令水氣常潤捕雀及鼠
去毛及臟挼〻掌中血肉通赤適中飼之果
得效云
柳木上虫家狀如鳥卵有班文者其中有虫
取虫擣水和食飼之神効云

第三一頁

養鷹鑑戒

星山 李燗撰

余謫北方聞老師之言曰新鷹初捉姑勿懸鈴坐無烟暗廳一二日屏後氣潛入繫肉於架慎勿仰面視之旋即退避待其自食如是二三日漸以手執肉飼之如是二三日漸漸晨昏臂之如是二三日漸漸通夜臂之如是二三日漸漸晝夜不離手四十日後放之百無一病或云必待三朔後放之尤妙此爲可鑑○余見北方諸郡多

蕅廬鈔存

捉良鷹連架溢聽未經一朔掃地無遺挂
而向之則皆反右法初捉之日即令臂之
無向晝夜驚心未定飢渴先逼勞悖生病
轉相薰染此可為戒○庸師言初捉之日
通夜臂之則無病謬妄無理莫甚於此極
可戒也○余初學鷹時恐〻然惟颺去之
憂日夜勤臂初放捉之既放之後不敢浪
放安坐休養輒生瘦病竟至不救余益惑
焉詢於老師言新鷹放捉之日前肌必下

第二十二頁

二倍須甘飼善肉量宜半飽勿拘晝夜又須逐日放獵毋令熱鷹心鬱結但勿多放勞熱庶免生病但如是五六日則肌堅不馴於此之時約飼水食勿令生驕如遇風雨不得放獵則須飽飼令無欲心如是半月則無他病亦可鑑戒〇余得性悍者惟務瘦之累日不放輒生躁渴老師言悍鷹雖勿多飼令鷹肥瘦必須畧畧頻飼庶免生病云〇懸鈴時令人臂以懸之須勿臥縛

其翔不過五六度則不驚動

第二十三頁

聞見常談

鷹上則圓大下則尖，殺如箸根者良。○觜
柱圓厚，觜端長者壽。○觜柱薄且小者短
壽不才。○小者足粗大脛長者良，大者足
足清勁，脛短者佳，皆貴瘦硬無肉鱗甲麁而
怒起者良，最忌軟細而伏。○或云小者脛
長則無力，大者脛短則手鈍。○指如十字，
爪短而直者佳，指同川字，爪曲如鉤者下。
也。○斂翮幹勁，葉薄尖如鋸刀，末端直捷

蓮廬鈔存

不內曲者快○方云翮短飛急然翮短則
無遠飛之才○大者翮端尖銳小者稍廣
者佳○頰欲圓短項欲秀長○目向前而
淡者良若向腦而凸者性悍○上睫廣旋
毛茂者壽○側身而坐橫蹋架者良○起
架上翔架上回架上者佳起架上而直墜
懸翔者亦佳右皆高飛架下起而架下翔
者不佳○鷹肌惟於曉頭空其肥瘦○黃
水赤水為上淡黃淡赤為次白水為下或

云淡黃才云又有黑水者亦一種也○栢子
點絲點蛏點羅親點土卯點點布紋半
點布紋土卯紋等名號頗多而駿驚不係
於是云或云蛏點壽絲點不才亦非的論
也○海青與鷂鶻形體略同而鷂鶻則尾
短與劍翮齊海青則尾稍長如鷹此其異
也且皆栢子點維陳不改但陳則點差小
○海青有甚小者鷂鶻亦有至大者○北
人稱海青純白者曰白松鶻半白者曰蘆

蒨廬鈔存

寛永癸未即
崇禎十六年西曆一六四三

花松鶻黄紫者曰黄松鶻或云灰松鶻青
黑者曰青松鶻或云玉松鶻○海青雛大
風逆風了無掀欹直逝尤疾搏鳥不中則
張翅緩浮雖甚遠聞呼即来此其奇也調
養肥瘦與鷹一同但積久始調不得欲速
也鶚鶻貴瘦之肥則徑去不顧○大抵海
青鶚鶻皆利于原大澤不宜灌茅叢薄○
鷹鶻臍下細羽無點者不才○鷹鶻身如
圓木左右前後視之如一者佳

寛永癸未初秋 二条鶴屋町南綸書堂刊行

附録第三種

燒爐新语

附录 第三种《烧炉新语》

出版说明

《烧炉新语》不分卷，清吴融撰，乾隆刊本。六十年代于北京图书馆简编书中拣得，讶为奇书。遍查公私书目未见著录，知极罕见。

铜炉是明清时期流行的一种文玩，它与青铜器不同，花纹形制，十分简练，多数光素无文。历来藏家以其色泽幽雅，精光内含，不着纤尘，静而不嚣为贵。能如此，大都经过多年炭墼烧爇，徐徐火养，少则十年八载，多则累世相传，才达到完美无瑕的程度。铜色也会在火养中渐渐变化，有的竟出人意想，呈现闪烁星空，悠闲云影，或斑驳嫩若新苔，苍如古柏，使人叫绝。当年陈仲恕（汉第）、邵伯褧（章）丈书斋案头，各陈置铜炉十余具，曾告襄各炉几年来色泽的变化等。爱炉者正是在长期的添炭培灰、围巾裹帕、把玩摩挲中得到乐趣和享受。不过我相信人同此心，心同此理，烧炉者一定都渴望能有一种快速烧成法，不必穷年累月始见成效，于短期内便奏奇功。吴融正是通过操作、实验，发现并掌握了前所未有的快速烧炉法，写成《烧炉新语》一书。

《新语》卷首有序文十二篇（作者为：陈德荣、王廷诤、袁枚、许惟枚、张辅、郑世兴、方鲁、刘瓒、凌洪仁、罗世斌、魏允迪、国秋亭）之多，或作骈体，或为长歌，多赞誉之语，词藻华丽而内容空泛，似无全收必要，故只保留述及作者生平行实较详者三篇。本文三十二篇及图则全部依次照录。

《新语》可能于仓促中付梓，雕版既是俗工，印刷又十分草率，多处模糊不清，故无法用原书的晒蓝本影印。且书中讹误甚多，错别字一再出现，圈点失位更随处可见。故付印之前，不得不作一番校正、标点工作。

凡对原文有增补，或原文费解，须加注释者，均用双行小字说明。错别字当为改正者，如：「慢慢」多次误作「漫漫」，「包浆」多处误作「胞浆」，「剞劂」误作「剟刻」，「纯熟」误作「纯热」，「一日至半月」误作「一日自半月」，「豆瓣」误作「豆辨」，「掐碎」误作「搯碎」，「晃不动」误作「幌不动」，「对径」误作「对经」，「一遍」误作「一偏」，「窑变」误作「磘变」，「烧出晚柑红」误作「晓出晚柑红」，「庶几」误作「度几」，「复手」误作「复予」，「分裆」误作「分铛」，「总之」误作「聪之」，「抖净灰」误作「陡净灰」，「斑点」误作「班点」，「硇砂」误作「碙砂」，「磨去重烧」误作「磨去从烧」，「压经」误作「壓经」，「笑而颔之」误作「笑而含之」，「参同契」误作「参同气」，「独私于己」误作「独私于巳」，「请尝试之」误作「诸尝试之」等等，不下四五十处之多。均已改正，不另作说明。讹误未能发现，句逗误标者，仍然难免，只有留待读者校正。

吴融快速烧炉法，并非妄诞，我信而不疑。这是因为藏炉家赵李卿先生前辈，用杏干水煮炉，去尽污垢，再用高温烧炼，多次获得成功。我也曾如法烧新得「琴友」款蚰耳炉，一夜而色幽泽润，焕然改观。烧法和吴融主要不同在火力更猛（冬日将炉放在取暖煤炉子顶面铁盖上），炉外不扣罩。赵老也有再煮再烧，毫无成效，终被弃置者。我之成功率亦仅十之一二而已。《新语》第二篇「论铜色不可制」开列何种铜质之炉不必烧，烧亦徒劳。可谓传授辨别铜质之心得，值得重视。至于若干名词、术语，如「复手」（原书为「複」，简作「复」），不知究竟指炉哪一部位。据廿一「做橘皮炉法」：「烧做橘皮，其法用面酱涂炉外面，周围复手约一制钱厚，里子不涂。」似复手即炉口内一圈。若然，则「複」应作「覆」，因取炉时，总是手心向下也。又如「出肥」、「发雾」等，乃指烧炼过程中出现之现象，须经实践，看到变化，方能获得进一步之认识及理解。

铜炉色泽多异，是由其本身铜质及所含合金成分不同决定的。中国科学院自然科学史研究员何堂坤曾发表有关古代金属器物分析报告若干篇，对铜炉研究也感兴趣。据称如从实物取样作定性、定量分析，费用不高；倘作无伤害分析，则所费不赀。我表示即使从本人所藏铜炉里内取样，亦愿尽力支援。后因铜炉测定无关国计民生，未能获得立项而作罢。

以今日之科学技术，快速烧炉完全可用电力加温，并设计出远比吴融，赵老更科学、更简易之烧炉设备，取得更理想效果。说不定今后会有科学家或好事者愿为铜炉作定性、定量分析，最终解开铜炉合金与色泽多异之谜。为此特校订《新语》付印，供人研究参考。

最后仍不免有一遗憾，即未能于赵老谢世之前发现《新语》。否则送呈一读，必喜出望外，曰：「吾道不孤，早在二百年前已有先行者创快速烧炉之法矣。」

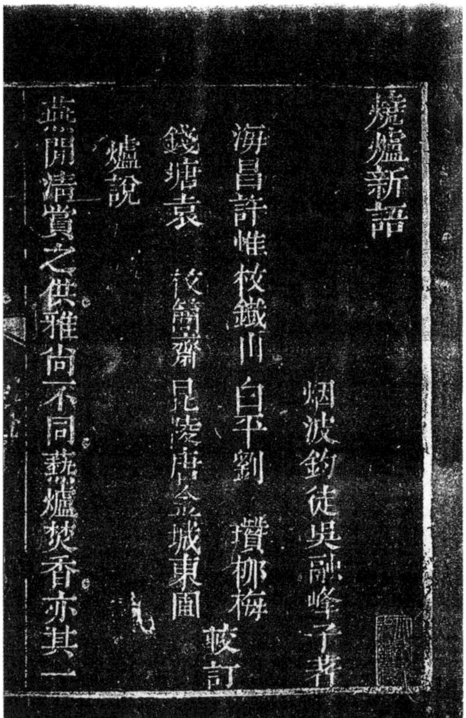

《烧炉新语》书影

据北京图书馆藏乾隆刊本晒蓝制作

《烧炉新语》序

吾友雪峰吴先生，性磊落，具壮志，少年即历阅名山大川，足迹将遍天下。当世名公巨卿，无不欲识之而乐与游者。平生嗜好，不克臻神妙不已。雅善鼓琴，高山流水，虽世乏知音，而铿锵响应，悠扬余韵，黄童老妪，闻之皆识其为喜为悲，为怒为怨，其神妙可想见也。继擅指画，人物鸟兽，花卉草木，天然生动，机趣飞舞。大司徒高公爱之真，赏之确，谓与公之从兄少司寇笔墨相颉颃。于题先生小照中，备为赞美不置。常游国门，几至纸贵。其神妙固何如耶。又尝以病，独坐斋中，玩炉焚香，忽究得精微之奥。屏绝做色，崇尚清水涤垢，磨光煅炼温养，为功甚速。人有毕生烧一炉而不成者，先生则不论炉之大小，一月之内，即变态万状，灿烂陆离，夺造化之权，有难以言尽致者。一时欣赏，莫不咸服，恶紫夺朱，因作辨论，以公同好，曰《烧炉新语》。予与先生交最久，向于京邸时，见先生散贮笥中，未能发梓，深恐其轶失之。今晤于金陵，一时名公巨卿，俱欣鉴赏，已付剞劂，将不日成之。予方奉命北上，喜此书之出而尽洗皮毛色相，聊缀数语，以彰缁衣之好云尔。

乾隆十二年岁次丁卯三月下浣廿有九日石梁方鲁壮猷氏题

《烧炉新语》序

自五行布而百产出，虽制器尚象操之于人，要不啻化工之橐籥所鼓铸而成。顾时分今古，而物之新旧因之。惟返本归元，俾新不失乎旧，则人工之妙，能补化工之巧，实于吴子见之。吴子名融，居黄山，别号峰子，为人倜傥，有名士风，诗书六艺罔弗谙，而于游艺之余，复究心于炉。夫炉之为物，铜质各殊，总需烧炼以发其光。每见人穷年敝日，迄无一成。即善做假色，适足为识者所嗤。吴子陶炼功深，本心得创为捷技，不假造作，只就本来面目，不匝旬而火候已足，约得色之异者，十有其二，洵几席间一大韵事也。技至此，复不自私，爰著新语一谱，以公同志。取其平日所烧诸色，按谱胪列而参玩之，觉陆离光怪，宝焰盈室，是诚返本归元，新也而不失乎旧。所谓人工之妙，能补化工之巧者，微斯人其谁与归。

北平刘瓒拜稿

《烧炉新语》序

黄山雪峰先生与余称莫逆交久矣。侨居海陵，沉静博学，于诗古文词无不能。尝以一琴自随。尤工画，画以手指运，更奇绝。久见许于大司徒高文良公。尝方之从兄少司寇之指画，可相伯仲云。辛酉秋，复聚于曲阜圣府石屏公斋头，诗画更工风雅愈迈。自文良公以下，以诗文题赠者日富。当是时，先生与余各有河工之役，遂别去，不见叔度者四五年。鸡鸣风雨之夕，辄兴渭北春天之感。丙寅冬，又相遇于白下，把酒话旧，甚乐也。出《烧炉新语》一帙，指示其理，屏去古今成法，炉无新旧，一经先生手，不日可成。成则自现各种天然异色，若有神助。噫，异哉！画学以三寸管，欲摹肖万物自然之状，良非易事。舍笔用指，又高出于笔。意到墨不到，得意全在无墨处。推之可远而极之若无。炉出于五金，依法用火，极惨淡经营，犹未必尽成。成亦寻常颜色。今《新语》各论，及座上所供，色泽神采，当在宣炉上。有自然之用，发前人所未及。惜古人未见后人，而后之君子，上供郊庙朝廷之用，下修图书翰墨之助，先生之功伟矣。

茗水凌洪仁跋

《烧炉新语》目录

烧炉新语

烟波钓徒　吴融峰子　著
海昌许惟枚铁山　白平刘　瓒柳梅
钱塘袁　枚简斋　昆陵唐金城东圃　校订

一　炉说

燕闲清赏之供，雅尚不同。爇炉焚香，亦其一也。嗜古者每重之。然伪赝乎真，朱夺于紫。大抵讲求于色泽之间，而于炉之精华，究不见也。夫天地一陶冶也，古今一洪炉也。人物即洪炉中所陶冶而成之者也。人事胜者，天质必不全，何独于炉而疑之？故即炉可以知化工焉。予素有嗜炉之癖，家藏百有余座，日事锻炼，时加润色，于炉究一无所得。问之博古者曰：「炉有白铸，其光莹莹，不着色相，乃铜之精。」予几欲试之，而恨未悉其术。一日得予友石湖山人过访。茗战之余，作画鸣琴，谱及炉事，谓予曰：「君知炉有白铸之名乎？即俗所云清水炉也。予为之三载，未见其佳。昨裹以重棉，爇之三昼夜，其色如故。至后覆以毡笠，烧之阅五昼夜，乃觉微有所得，此中可为知者道也。」予请试之，石湖曰：「可。」适案头有钵盂款者，呼童磨去旧色，如法烧炼，不三昼夜而成。焰光腾远，恍惚迷离，几不能名其状，约俗所称佛面金者相似。予既喜其色之精，而更异其功之速，始信天壤间不染色相，乃是大色相。庐山自有真面，原非独开生面也。予宦游四方，见赏鉴之家，着色者多，白铸者少。即嗜奇好古，亦不过讲求斑驳，遂自以为得之。毋亦以白铸之难成，不及着色之便欤？孰知任天者逸而功倍；任人者劳而功废。舍本质之精莹，而求诸后起之增饰，几何不强西子太真，而污以脂粉哉！癸亥予赴都门，舟次淮阴，遇方子羽飞、潘子与闲、罗子象坤、朱子羽逵、白门僧，具授以术，试之皆验。而犹虑鉴赏者未之信也，故于药炉茶灶之间，略缀数语，付之剞劂，以公同志之好云。

二 论铜色不可制

烧炉先辨铜质老嫩，嫩质下火就成，不费气力。若铜质老的，费尽力气也烧不出好色。余之烧炉，无论品式之高下，必先细辨铜质之老嫩。譬如人之面貌虽陋，而腹藏锦绣。一朝发达，声名远播矣。盖铜者，本也。炼烧者，末也。强嫫者而妍之，是为外烁。若铜质本佳，而品式又高，方称全美。今将铜色不可制者，开列于后。

一真正红铜炉，系云南铸。烧出红色来。出火时旬日后黑紫，往后去色，会碎碎驳落。

一红棉铜。见火死黄不结，再烧发焦斑。

一白阙铜。见火青黄不结，烧久亦起焦斑。

一白铜。见火微青，淡黄带紫，终不结色。

一青铜。见火青黄，再烧起黑黝，退不下。原书「黝」作「黝」，并旁注「音秀」。

一青白色铜。见火红灰色，久后边底黑，六十日成，成则不堪老色。

一老黄白色内有黑星子铜。见火青亮，周身起鼠足紫点子，六十日结，不堪坏色。

一满身砂眼之炉，无论铜质高低，终无异色烧出，切不可制。

以上数种，切勿烧炼，若初烧炉之人，见他结色，讶有好处。及至烧炉久，阅历已多，则底里全知。以上诸铜，俱是不堪坏色，观于海者难为水，故详识之。

三　急火烧炉法

夫急火烧炉者，务要选一静室上火，勿与阴人生人见之，恐无异色烧出。取一未烧之炉，用磨炭磨去垢尘，碰伤作色，要打磨干净，斑点去尽，纯熟为佳。用新布揩抹一两日，以灶下草灰，如平日烧炉灰相似，将炭墼烧红，架入炉内。上再以草灰盖之，不可露火。使大方砖一块，烧炼过为佳。恐砖潮湿，炉要起斑，故而炼之。将炉放在砖中，用罩罩上，四不沾依，勤看火候。恐灰潮罩湿，炉冷火灭，竟有一刻而成者，形如肉红玛瑙相似。透肥，即刻取出，不要候他发雾。不用灰退，只用布揩，以火养之，日后海棠红无二（后下疑脱与字），此之谓嫩色也。凡炉上火，任他飞升变化。但炉初见火时，或紫、或黑、或青、或赤、或酱色、或油绿、或青铜、或水银，惟油绿色者耐常，一日至半月才可飞升，以上紫黑等色，俱系种种恶铅浊气，均非正色。任他飞升，不可揩抹，仍然如法烧炼。候他飞定，自然现出正色精华。

再用制钱十五文，垫在底脚，犹恐底枯，故用钱垫脚。但不可早垫，直待浊气飞尽方可垫。或用铜垫亦可，如早垫，底足不能一色。待正色发出，候他发雾过了，退出。倘或包浆不足，身上结得不全，又有恶斑，须再依法炼之。候他发雾，斑点一飞，取出退之，周身结全，若底、脚、颈有未结全者，而颜色已佳，出罩慢养之，不数月自然结全。恐其恶斑不飞，周身龌龊，色又可恶，仍用磨炭打磨纯熟，再依法烧炼，候雾发再退。若是真正旧炉，铜质又高，或者内里现出朱砂、雪片、金星、银点、苍蝇翅种种不同丘壑异色，再兼炉中之造化，真有莫之知而致者。若退后，已成之炉，再罩片刻，不用发雾取出，如同又烧过载余工夫。还有一种真正宣炉，上火不青、不黄、不绿、不变等色，就本身结起灵透，上火就成，自生微雾，此真宣炉结法，最是上乘。切勿烧过火候，恐异色飞去，又要再磨再烧，反难得此好色。倘或偶得美色，即刻取出，退去微雾，用养火罩罩烧，不上月余，慢慢养成。或者亦有全结的，百中一二。总是不要放他结全，留与日后好养，才是守住嫩色的道理。故烧至六七分就住手，留三四分养成。或铜质又高，又是重合铜的，竟烧不出好色来，此又何故？因内里恶铅浊气，未曾炼尽，将就混结出来，务要多磨多炼，烧出异色方住。盖急火烧炉，竟有炉风之说。比方此月烧出海棠红来，就有种种海棠红烧出来。若得秋葵色，就要烧出许多秋葵色来。若得落霞红，亦便烧出许多落霞红来。此之谓炉风也。

四 制造烧炉具法

炉罩，乃急火烧炉之要具，须如法制造。用方高纸为佳。厚三十层，长短高低，看炉酌用。大炉对径约有尺余，罩子要高出（出字新增，不增文义难通。）五寸，或口有对径二尺者，亦只用高出（出字新增，不增文义难通。）五寸。炉小而身高一尺五寸，（此句有误，炉小焉能如此之高。）口有五六寸对径，上只空三寸半足矣。若小炉，上只空二寸八分。大炉周围要空一寸。中号炉周围只空六分。三号只空半寸。若大炉口面小，上只空三寸足矣。不可过分，过分则其法缓矣。顶上用方高纸四十五层厚，万不可少。少则不聚火。多则会隐火。用面裱，宜坚实。若松了，又会系火。如裱不坚实，要起层剥落，恐掉落炉上，易致烧坏。第一晒宜干，将三十层围起一圈子，若纸硬难圈，多用炭火烘熨，便可就圆。比定尺寸，以铜丝穿扎如吊桶样。然后将顶上四十五层，规成圆圈，周围要大二分，再用铜丝穿扎，外用旧棉花包裹。包二寸半厚，中炉二寸，小炉寸半。不用新棉花包。棉花外要用棉布紧紧包裹，盖因新棉泄火气，又惹火，须以针线缝起，顶上要厚些，亦如此做法。造成用火盆装炭，火上盖灰，若用坏炉盛炭亦可。仍先将罩子放火盆上，烘他一日。去其潮气，恐飞落在炉上起斑点，故要烘之。顶上靠边，大罩锥四眼，小罩对径锥二眼，用头条铜丝穿过去，做成钩子，留着吊炉听用。

五 打磨香炉法

磨炭，系广炭中拣选的，并非是硬的，指甲可以掐得动的。若是真磨炭铜炭，均下亦无痕迹，好事者恐辨不清白，问打铜店去买的，可以用得。夫磨炭者，乃磨炉之要物，务要辨清。凡有庄楼上出来的炉，垢尘满身，兼有鼠尿铜绿，非磨炭不能得下。用木盆盛水半盆，将炉放在水内，下垫布一块，以炭蘸水磨之。复手口边，如有碰损伤痕、碎点，周身细细磨尽。有鼠尿痕，形如砂眼，似黄豆、绿豆瓣大小，最为可恶，万不可留。倘磨洗不尽，纵烧十回，也要出来的。所以尿斑务要除尽。既已除净，又将干布一块垫着，再以些须清水、头发蘸宝砂，周身尽擦，令其炭磨痕迹，一毫不存。又用指头蘸砂，些须带水，加力一退，形如镜面。却用熟布指抹一二日为佳。指则何故，因周身有头发宝砂之牛毛纹迹，所以用指除，果否光润纯熟，上火如法烧炼之。切勿擦伤里子，倘或鳅鱼、乳索、朝冠、天鸡等，务于头耳内，上下打磨干净，不致靠耳起斑积色。慎之。慎之。

六 烧炼方砖法

方砖系香炉之底座，蹾炉、盖罩、聚火等用。恐有潮气，着炉起斑，故先用炼之，以大火盆架红炭数斤，将方砖立于炭中，一旁铁箸顶住。用扇扇之，约有一壶茶时，敲之如铜声乃止。烧炉以砖砌四五层，将方砖蹾得平平的。砖上罩炉，便不染潮气。

七 制造宝砂法

烟店切烟磨刀砖，磨下来泥取回，以瓷盆盛之。量泥之多少，着满水，将泥捣碎。将竹竿调水，水大转，去竹竿。将上面水急倾一盆，余剩泥加水再调，再倾，弃去粗脚。前盆之泥，如法再调，再倾。将泥水澄清，轻轻倾出上面清水。将泥晒干，研细听用，此即赖（赖字费解）宝砂也。此系旧法，非余新语。且为擦炉之要物，故表而出之。

八 洗油头发法

用妇女乱头发入盆。以滚水冲炭灰，滤清。趁热将发多揉多洗。洗净，另用热水再揉，再洗。务去尽油腻，才能下色下铜。如油腻洗不尽，铜色擦之不下，反道此法不效也。

九 急火烧炉分上中下三法附坎炉架式（末五字据目录补）

上法烧炉：将炉打磨干净，口朝下，用钩钩口，有耳者钩耳，外将钩丝系紧，使炉晃不动。用铜箸一只，穿着铜丝，恐炉重坠压罩顶，要常常转换。若下面炉大，罩上可以吊得两只。只是要四不沾依，恐怕靠着，炉发焦色。吊一二日，用铜盘，或者铜垫，或制钱亦可，仍旧系紧炼之。所以一举两得。其垫又可烧出上炉，底足又不枯，候雾发便成。凡大炉吊烧，又速成，又肯出红色，此之谓上法也。中法者：用架子插在大炉内，四不沾炉，架是三条脚，腿要铁的，上圆圈是铜的，对径五六寸大，高五寸。上面放铜箸二只，随意坎大小香炉，不时要转换，恐炉发斑。如无架子，烧大乳索炉，索上用铜丝，绑上大铜箸二只，坎炉在箸上，亦要转换，此中法。因铜质老，又不结，故用中法烧之。如无大炉，用瓦盆亦可。又恐中法烧，于将成之时要起黑气，须兼用上法烧一二日，黑气自飞，现出光怪陆离。但中法炉会

式架炉坎

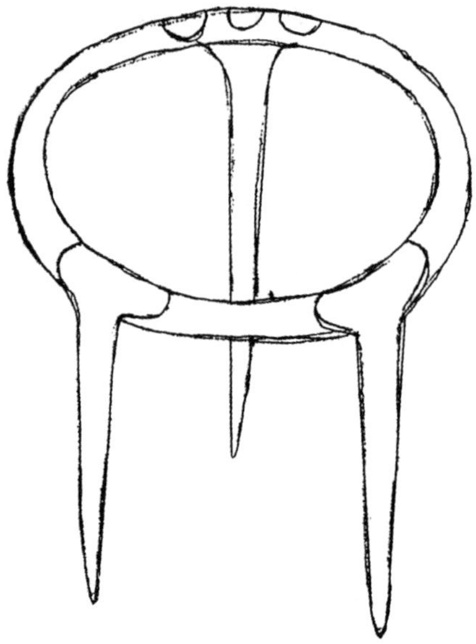

烧坏里子，只是要出假黑漆古。初火时，黑而且亮，养至日久，其色自飞。此上中法，专烧橘皮，北铸。或者用盆烧炉，炉罩亦要如法。再者，乳索耳炉，若擦过第二回，不可使中法烧之，恐后乳索有形迹。大鳅耳、天鸡亦可烧得，只是铜箸要转换，恐口上有迹。有一种溪南铸，大天鸡铜垫，十多斤重，用头条铜丝束在垫腰，外用铜丝四条，做上四圈，留着生根。下法：烧天鸡大炉，将此垫垫。正面朝顶，里子向下，紧紧系住。外用竹竿二根，穿着铜丝。若有顶粗铜箸亦可。穿则何故？恐其坠下罩顶。垫子亦常转换。若遇大铜盘、瓶、花樽等物，只要打磨干净，如法烧炼，烧出好色，亦可赏玩。凡下法烧炉，烧过旬日，发过竹竿青后，难以上雾，即改上法，一刻既成。如迟不过一昼夜，无疑。

十　论红藏金结雾法

急火烧炉，俱要候雾发，才占得住异色，才算得个告成。若雾不发，便守不住原色，反怪此法不效。红藏金者，色如赤金相似，红中现黄，内有猪鬃红点，初生雾时，形如涂淡淡粉水，有影无形。磨之易下，此色成矣。从上上重合铜中得来。还有一种，退出内带绿色，紫霞气，有大黑斑点的。再用上法吊之，再退，点子、霞气飞净便成。如点不飞，霞气仍在，再吊烧之必成。

十一　论水乍白结雾法

水乍白者，即水银古也，炉色中之神品，万中难得一座。余二十年来，究心香炉，不啻万计，只晓得一座狮头北铸，重四斤十二两，身高六寸五分，头大精工。上火八昼夜，竟不变色。忽而一刻雾成，色如鼠皮相似，周身结全。退出形如水晶，内有白棉，大点小块，磊磊落落。其炉铜色金黄，约有四六合铜。有善博古者云：「此炉名曰李大官，乃宣德五年人也。兄弟二人，善铸狮头。弟名李二官，铸小高狮头。系扬州府泰州人。」余得此炉，爱护非常。乾隆六年，衍圣公石屏先生索去，至今耿耿。

十二　论黑漆古结雾法

黑漆古者，炉中可遇而不可求者也。形如元色缎相似，内有绿豆大小之金星，自内里现出精华。初上火时，大青大紫飞去浊气。不三日雾起，退出如秋梨般黄，周身白点。有未结之处，仍然再烧。只一夜，雾如瓦霜，淡白灰色。候他半日，取出退火。凉透，轻轻退出，其色成矣。此自嫩黄铜中得来。

十三　论水查白结雾法

水查白，色如糯米山查同。初上火时，不青只绿，后淡红色。周身铜星闪闪，如难结得的意思。取出退之，再炼，仍然淡红。徐徐结出淡白姜黄色。初发雾时，如仙桃毛相似。重者，如冬月降下甘露一般。退之易下。恐色不旧，多烧、多退，出火便旧，从淡合铜烧来。

十四　论秋葵结雾法

淡秋葵，乃宣炉中之上上嫩色。内带白丝，亦有红点。初上火时，飞尽各种恶铅浊气；三四日后，才慢慢起淡黄黑青色；再两三日，微微雾发，其色红黄。退之一遍，不能结全。再炼之，发雾红黄，秋葵成矣。系淡合铜中发出。此色于急火下法中可得，或者上中法内偶得，亦不能有红白丝现出。

十五　论黄藏金结雾法

黄藏金，形如佛面金相似，黄中现红。初发雾时，微微白色，形如杨花剪碎，点点落落，如涂淡淡粉水，有影无形。内里有蝇脚黑点一般，黑似金墨仿佛，光怪陆离，包浆纯熟，自重合铜中烧出。

十六　论落霞红结雾法

此色上法中出得易，下法中出得少，名曰窑变。重合铜中烧出，才是真红，其色光润，红从内里射出。淡合铜烧的，红在外面包着，此为外结，还算不得落霞红。

真落霞红，乃炉中造化，形如朱砂，内有碎黑点，红光触目。有一种上红下黑相侵的，名曰西落霞，又名祥云捧日。又有一种樱桃红，其色嫩鲜，红有绿色相侵。初发雾时，形如紫李身上白霜相似，抹之易下。不用重退，淡淡灰，轻轻退出，使布揩抹。但樱桃红，色虽嫩而不旧，暴气难免，全在养之工效。此三色雾同。

十七　论蟹壳青结雾法

蟹壳青，做色中之下品。惟余白铸中得之，为真异色。色嫩如油绿素缎相似，内有蚕豆大小黑斑，又有红气相侵。初生雾时，白红灰色相似，此色可遇而不可求，从嫩黄铜中现出。

十八　论苹果绿结雾法

苹果绿，上有血斑，如牙刷（原作刷牙）蘸胭脂水弹上相似。嫩红嫩绿，可爱可嘉。初生雾与落霞红相似，如羊毛一般，内带绿黑色，易退易下，淡合铜中练出。此色退出，大有火光暴气，养之三年，方能沉静。真正至宝，可爱可爱。

十九　论藏锦色结雾法（藏锦当非单色，故不知究为何色。）

此色如藏锦纸（可能为藏经纸之误。）相同。内有瓜子米大小雪片。初生火时，大青大绿，易结难成。满身绿豆大小朱砂斑，不计其数。只是不肯发雾。候到二日，红斑变作黑点，一刻雾起。退出满身隐隐白斑，其底未结，暴气太重。又炼三日夜，不觉大雾周身结全。退出如雪片、瓜子大小相似，黑点仍在。其色旧而包浆厚，淡合铜中得来。此十二种异色，俱自内里结出。光怪陆离，包浆纯厚，些须不苟，才为异色。系北铸而铜质又高，方能炼得此异色。南铸之中，千难得一。或者溪南铸中偶得之，如海棠红、桃花片二者，色虽嫩，此法中甚多，未以为异。但真海棠红，是淡合铜、真黄铜烧出来的。着火时并无浊气，即结红绿色，或如松花，其色可爱。可站得十多日，然后结得海棠红也，只要灵透。另有才结松绿色，形如洒水，斑斑点点似竹叶，不必动，自然飞去，切勿揩抹，由他自飞自结。若海棠红，烧过火后，可以变老秋葵、鳝鱼黄。又有铜质老的重合铜，可烧出晚柑红来。候他雾老些，退去上面红色，底下现出秋葵，只是难起肥。再者，如栗壳、鲇鱼斑、荔枝红等色，此不足挂齿，法中之茶饭耳。

二十　论铜质老嫩难结法

烧炉之法不一，惟因质者易成。苟不于铜质之老嫩，以为火候之上下，是舍本求末，未易几也。人谓烧炉，全在罩烧之力，非也。罩子只罩得五分，人力有一半。惟辨明铜质之老嫩，则庶几矣。如北铸炉内，有一种老铜质的，其铜白青色，上火微红，似结非结。一两日后，红上加淡淡白气，形若瓦霜，并有铜星闪闪，此非好兆。炼至旬日后，复手焦黑，铜星更甚，下面底是精铜不结，倘或退他，下手现出原形。磨去再炼，仍旧如初，万不能制的。果否款品俱佳，不忍弃之，只得要做橘皮，用上中法烧炼，旬日可成。此等铜质，假溪南铸炉中颇多。有种上上嫩黄铜，色如淡嫩绿黄色，上火起斑，日渐日多，日渐日厚，形如蝉蜕壳相似。周身铜星见见不结，若要退，下手不得。砂去重烧，依旧如故。因铜质过嫩，所以不受大火，要减去三分火，换大一围的罩子，徐徐烧炼，将来成海棠红无疑，或者黑漆古亦未可知。有一种淡合铜，铜色金黄，上火则口边复手，如桃花一般，身上又兼鳝鱼黄。又有几点竹竿青，内带紫绿色。还有两处本铜，形似烟熏一般，一条一条的，下阔上窄，此乃铜嫩火大之故。结得不均，要砂去减火二分，不要换具。旬日内秋葵、藏锦可望。有一种炉上火油绿色，内兼影影红色，又嫩肥，且光亮可爱。不二日，彼色飞去，现出本身，再烧三两日，复手口边微黄，肚子发青，上有脂膏白色，时而又有紫微点，又不肯结，退之无益。再过两日，复手口边俱黑，即砂去，以中法炼之，廿日可成糙米色。此等铜质色淡黄，也是合铜。因铜质老而下火小，烧他不透，故不出精华。还有一种北铸真正嫩黄铜，上中下三法都烧不来，此又何故？多因铜质太嫩，所以不受此法。用前法砂净，移入养火罩内，罩上多盖几层棉布，一样发雾，旬日可成嫩色。凡炉上火，见大青、大绿、红、紫等色，此等最好。另有一种苏铸炉，蛮大而轻，只有一层纸厚。再是铜质又老，虽仙术亦难烧。纵使烧出，也无好色。凡南北铸炉，俱要嫩重合铜为妙。合铜者，对铜也。百炼百胜，虽则急火烧炉小法，千变万化，岂一概而论。余目击既确，聊述数种，恐好事者，烧着此等费力之炉。若不道破窍妙，反讥前法之不效矣。故不惮烦而赘于右。

二十一 做橘皮炉法

橘皮炉，非炉中所铸出，乃人力所为。因铜质老，铅气重，做不出好色来，故才做橘皮。吾急火中遇着此等铜质，极是难烧。既结得迟，又无好色，纵然烧成不堪的老色，任凭磨数十次，仍然烧不出。只有炉品本高，又重款式、图章，俱堪入赏，不忍弃之。只得要发大火，烧做橘皮。其法用面酱涂炉外面，周围复手约一制钱厚，里子不涂。再用硼砂五钱，炉大再增，内外撒到。又以皂矾一两，撒盖上面，要匀，用手拂之。先用数斤大炭烧红，将炭分开，内埋二砖，砖上着粗铜箸二根，铁箸亦可。横担在上，将炉坎上。然后慢慢将炭架之悬空，底上少将炭，压重恐压化了底。周围布沿用扇扇之。候绿火一起，片刻，将炭退去。以火钳钳炉于清水中，水要预备，不可烧过，化了耳底。又不可火候不到，火力不到，则橘皮少。取出打磨，周身如锡铸的相似。亦有五色俱全的，是铅之谓也。此法乃前人留传，非余新语，偶附记之。

二十二　打磨橘皮糙熟法

其法用二条铁丝，三四两，剪一尺三四寸长。双起编成三花辫子，下头留一寸，以线紧紧扎住。辫子蘸水刷炉，刷尽炉上火黝，再用硬刷子，带水蘸瓷灰刷之。俟橘皮内刷如铜一般发亮，乃佳。倘有红黑紫斑，铅迹不净，烧出一团滞色，不起肥的，又要再刷，再磨，再烧，再用磨炭蘸水磨之。用净刷连着磨炭、黑灰，尽力细刷、细磨，纯熟为佳。再以头发宝砂如前法打磨，要用上中二法烧炼，其功可速。下法徐徐而成。

二十三　退炉法

烧炉容易，退炉难。此何故也？清水烧出的，雾轻易退，雾重便费力。且不似做色炉退法做色的。用净炭灰，指头摩抹一回，便自夸曰「炉黄矣」。过几日，退一遍，又夸曰「炉白矣」。然只自欺，终属无补。况烧做色炉，要其成功，纵费一年半载工夫，尚徒自费力。若余清水烧炉，眼前功效，退出来好丑便见，藏不得些须毛病，所以可羡。十二中异色法中，已备言之矣。内有几种雾轻的，原是易退，有几种雾重的，要留心仔细，若退伤异色，纵使复烧，已不能得此美色矣。凡烧炉发过雾的，须倾出灰，候冷定，先用布揩净里面灰，不使炭屑擦出痕路。退时以指头蘸净灰，碾而又碾。弹去灰渣，先以大指，复手内轻轻试退几下，看色之老嫩。若一两下就退出精华，即逐一依样退之。倘或退不动，再碾灰，蘸水，在原处退起。下手勿重，慢慢退出精华，再用布细揩。但清水炉中，要明白有几种难退者，如晚柑红、赖藏锦。雾重的，退出来有一两处不肯起肥。再养几日，如或揩重些，现出黄碎点子来，便非柑红。藏锦内里尘埋的是老秋葵色，再依法烧，候起雾过，如法退去上面红色，见出秋葵。凡是香炉退出，须要水天一色为妙。又如索耳缝内，最难退的。以大指甲裹细布，带水徐徐推退自下，切勿退出铜来。退净以布徐揩。但橘皮炉又是一样退法。先以棉布手巾，带水加力揩一次，揩下许多黄色，洗去又揩两三次，用灰带水退之，现出些微本色铜来，以花杂便好。橘皮炉，以多炼多退为妙。盖橘皮处是洼的，无皮处是高的，洼则积色，高则光润，所以多退才纯熟。光处如蜜蜡，越退越好，不怕烧过火候的。凡退炉时，先将外套解开，恐其钮子擦伤香炉，故并附记。凡橘皮退过之后，务用硬刷，周身图章内，重刷一遍，再用布揩。刷者何也？恐皮内积下炭灰，故此要刷。花纹内亦同。

二十四　煮花纹炉法

煮花纹炉者，将炉放在无油净锅内，着水平口，仍以明矾四两，投入水中。炉大加量，其水不可漫入炉内，恐漫入炉内，有伤炉之里子。却用文火煮数滚，炉色发红为度。取起，以磨炭锤碎，硬刷蘸水带炭，于花纹处尽力刷。如不干净，再煮，再刷。有一种铜质老的，当初出火时，打磨未尽，须用炒米砂，或瓷灰刷之。再者，狮头等炉，刷难洁净者，以小刀剔去，再用前法刷磨，以纯熟为佳。

二十五　论各炉款式（式字据本书目录补入）结法

炉有各款，铜有各性，故先后上下之结法不同。有先结底者，似底枯身上还未结，以发醮宝砂去底，身上不可动。再烧炼，不数日便周身结全矣。又一种，浑身不结，复手先结枯的，也照前法砂炼，俟雾发便成。独三元、九箍、复手、口外，上三箍，要砂去两三次，才应得周身齐结。索耳、朝冠、乳足、琴炉等规矩耳索，易结易枯也，要砂去耳索数次，方能周身全结。见机而作，竟有一齐结全的，终是百难得一。惟有索耳分裆三处，颈下不结，朝冠颈下不结。钵盂、宝珠、结上下而不结中间。狮、象、龙、虎、如意耳、玉带花边、天鸡花纹、头带不结，只是出火慢慢再养，他自然结全。马槽、太白斗、玉觞，俱用上法锻炼。盖烧急火法，变化无穷，总之从心所欲耳。

二十六　揩抹香炉法

凡炉初出火，必用养火罩罩之。以三尺长飞花布一块，水洗捶过数次，倒出炉灰，先揩里，将布陡（疑为抖之误。）净灰，再揩外面，轻重均匀，切勿揩伤。若揩伤炉口，名曰锁匙边，这是忌病。初出火时，一日揩一次。半月后，三五日揩一次，永远如此。炉又肯灵，又起肥，又肯长包浆。若是大炉连火揩，十余日去灰揩一次，并揩里子，方能纯熟。不拘冷热都揩得。布必烘干，勿沾灰损炉。火只烧五分，要人力五分，若不揩抹，终不肯起肥。炉在养火罩内，一年半载，周身结全。去罩如常养之，若生微雾，用微灰轻轻退之；如无滞色，切不可退。清水不比做色的，时常要退。凡烧炉，无论清水、做色，只烧不揩，总不肯纯熟起肥。每见人带炉至浴室内洗浴，殊可一笑。倘余若遇见真正结绿里子，垢尘护满，烧揩不出，五七日后，用面水洗一次，现出真绿，便不再洗。只用火养，自然而成。但包浆精华，水是洗不出的，还是用火功人力为上。此法烧炉，好在不伤里子，里外一齐见工。

二十七　论炉清水做色之辨

每见赏鉴家言及清水包浆，亮光闪烁，火气太重，此乃真正做色，并非清水，余拜服之至。急火烧炉，初出火时，原有火光暴气难免。若是真正旧炉，出火就旧；若是新炉，出火要养半年，或三四月，将一团暴气火光自然养退，宛如数十年之包浆。清水烧出的炉，不比做色之假旧，此何以故？清水包浆，若铜色高的真正旧炉，从铜内吐出精华。若对太阳一照，看进去若几十层，并无半点滞色，色且皎洁。若做色炉，难免烟熏做旧，花纹头耳如何得干净？若在太阳中一照，上面有种种斑点，多厚的滞色护定，此清水、做色之辨也，近来苏州做色的秋葵、淮扬做色的海棠红，比余清水中烧出的炉更胜。朱紫相杂，反致生疑。但余清水烧出的秋葵，一任大火煅炼，其色渐渐淡白下来，形如葱干（gān）相似，然且纯厚，不变不泛。若海棠红，渐烧渐红，不怕大火，再不得烧泛的。若做色秋葵，一连三四日大火，就变紫黄黑色，满身发斑起点。海棠红若用大火一架，色变黑黄，久而变栗壳色，鲇鱼斑。此做色之所以不耐而可以一言致辩也。余亦学做色、做旧、竟不用硇砂、铜绿，只用香橼一枚取水，用些须皂矾做色，做出各种色来，谁不看是真旧。但做色做旧，未免欺人，余真白存心，不屑为也。且香橼等物做出来的，亦守不住，亦会烧泛，难逃识者。仍要烧去橼水，才能吐出内里精华。虽三二年之火工，尚恐不能烧去。又不若清水之真且速也。虽有暴气，不过是初出火的数月，有些火光。若是养得到家，自然纯厚。再者炉的本质、骨格尚存，旧的还是旧，新的只是新，听其自然。余见人将上好炉品，用锤头周身打成碎眼、细点子，说是真旧，竟有人说好。但炉逢橘皮，其品最下，可受得再打成细眼。打点之炉，淮安的土产，别地未见。余若遇见真正旧炉，包浆沉静，又无伤损，岂不是至宝？难道也要磨去包浆，用此法烧炼，则何异于焚琴煮鹤耶！余间亦有磨去重烧者，盖因庄楼上出的旧炉，有鼠尿并各种伤损秽迹。惜其品高质好，只得磨去重烧。用数日火工烧成，以免做色，亦可赏心，聊作人生乐事之一端。此亦于不得已之中作权变耳。

二十八 论北铸做色难成

夫北铸炉，重合铜者多。质水最高款多者，太乙、法盏、车光里子，道是真旧。奈何私款者多，官款者少。余见一客，好讲北铸诧款宣炉，案头有一北铸鳅耳，重六斤四两，边阔身扁，车光里子，款书「大明壬午年金台施制」，做色烧过六年，仍然如故。余云：「如此厚炉，这等烧法，到百年后再看。」客不怿。余云：「烧炉原为养性，助阳开心，此炉若不用法制，如何得成。方架乌薪，炉还未热，炭已罄矣，再要烧去做色，长起包浆，不知几多年月，空劳何补。人生百岁，日月几何，为人作嫁，徒虚工力。余非肆口妄谈，于此中陶炼，二十余年，始得自然之趣。不着色相，北铸百炼百成。大者五六十斤，小者三五十两，如探囊取物。」客闻此言，自愧自咎，乃云：「目下新得一座糙熟钵盂，大有宣意。炉价只得三十二金，人谓真旧，敢不请教。」「余闻但凡炉中糙坯，乃宣德年开局呈样之品，一款只有一座，多有金钉胎者。余自到淮山，连此炉共见有百余座。不独钵盂、鸡心、索耳、三元、压经，并其连铁胎丁还未曾出去。此等炉，姑苏新铸，道地水红铜，每斤连做色，价银二钱七分。不论大小，上秤称来。」彼听之不寒而栗。仔细视之，果有铁钉，拍案大叫曰：「我还有一座鸡心索耳，价银四十两，也是糙坯。」余笑而颔之。从来粗汉，强作解事，往往如此。苦哉苦哉。非余好辩，恐伪乱真，故言。

二十九　下炉色免磨法

凡炉，烧过一次，色不如意者，用香橼一枚，剖开，以半枚将炉周身擦到，少待片刻，用头发蘸宝砂轻轻一擦，其色即下。

三十　制造养火罩式法

凡急火炉烧出，必用养火罩养半年，或三四个月，方能结全。养退火光暴气，看炉大小高低做罩，罩要用纸做，厚实为佳。上空三寸半，周围空一寸，其形高方，上开微洞。若罩高八九寸的，不用开洞，不用提梁。底要方，将炉蹾在中央，然后盖罩，合而为一。若有眼的，以布叠作三五层，盖着罩眼。凡大炉，用蒸笼板作圈为罩，就炉之便，用皮纸里外糊好，上盖铁丝枥子。枥上放纸，又可坎多少小炉。上以布袱盖好，胜如架炭烧的一般，其工甚捷。

三十一　打炭墼法

赏家烧炉用炭，必选上好道地谷城炭。预先量炉大小锯备，并请讲用炭之法，何曾想及炭墼，未免贻笑。但清水烧炼法，乃余自创始。烧用急火法，又自余创之。火以急称，惟用炭墼始妥。盖用炭，炭每自熄，非勤看火不得。炭墼不自熄，耐久省便，自觉省手。造法：每炭屑百斤，拣去草棒，筛过再拣，捶打极细。以干面一斤，打成稀糊，入炭屑调匀。糊不足加水，如有米汤，不用面糊。炉大，用大模圈打。炉小，用小模圈打。打极坚实，晒干听用。用时灶内烧红，看炉大小用之。大墼重斤余，可用一昼夜，来朝移入小炉内，又可一日夜。用墼自晨用起，午后宜吊转一次。灰满常常减去，则火不熄而事省。余案头之炉，终年常用口津轻轻一擦自下。如染得重，洗不去，仍用口津慢慢洗擦自下，以手掌擦干水迹，微灰一退，便可如故。又有蜘蛛、蝙蝠、苍蝇、蚊虫、鼠尿等斑点，用指头蘸水洗擦，如或不去，再以舌舐津退，切勿用干灰擦。盖虫尿迹有多大，则洗退后就现出铜色亦有多大，以火慢慢养起，可以如故。若以干灰退，则现出铜色。更大于原迹，又费力结起。且炉上一着鼠尿，当时便起铜绿，迟则烂入铜里，俱成深坑，所以即宜洗去。炉一交霉天，收入书柜，或盒子盛起，以避虫尿。如未出火之炉沾上酒茶等物、手指斑点，用水洗之亦效。余少游山水，阅历人物，赏心胜境，情常者，莫过炉焉。助我之阳，养我之性，开我茅塞，贻我精神，解寂寞、破愁烦。有若参同契者，又不忍独私于己，此物敢以告之同志，请尝试之。当不以余言为谬也。

三十二　洗除斑点法

炉乃案头赏玩之器，烧成一座，不知用多少精神心血，逐日不离，积有岁月，才养起包浆，使精华发现，以娱心目，有如抚育婴儿一般，诚求保护。乃有一等人，竟对炉说话，更以指头弹炉，也有用手摩的，也有在炉上吃烟的，对炉喷烟的。又有一种近视眼，靠在炉上说话，还要大赞「好炉！好炉！」种种恶习，假托相知，自许在行。殊不知喷上许多口气、烟唾、手腻、油汗等秽垢，无论炉之冷热，顷刻间已隐隐暗成斑点。当时令人敢怒难言，恐伤忠厚。再者，凡上插瓶的花枝水，花盆内之花梢露、屋漏水、茶酒点子，初染上一时看不出，日后现出斑点，切勿使灰重退，灰退则伤炉。须出去炭火，候冷定，以舌尖舐过，指头醮□□□□（四字看不清，当为「口津一擦」字样。）故不惮反复谆谆，而是编所以著也。

烧炉新语终

王世襄编著书目

家具

《明式家具珍赏》（王世襄编著）中文繁体字版，三联书店（香港）有限公司/文物出版社（北京）联合出版，1985年9月香港第一版。艺术图书公司（台湾），1987年出版。中文简体字版，文物出版社（北京），2003年9月第二版。

Classic Chinese Furniture（《明式家具珍赏》英文版）三联书店（香港）有限公司，1986年9月出版。寒山堂（伦敦），1986年出版。China Books and Periodicals（旧金山），1986年出版。White Lotus Co.（曼谷），1986年出版。Art Media Resources（芝加哥），1991年出版。

Mobilier Chinois（《明式家具珍赏》法文版）Editions du Regard（巴黎），1986年出版。

Klassiche Chinesische Möbel（《明式家具珍赏》德文版）Deutsche Verlags Anstalt（斯图加特），1989年出版。

《明式家具研究》（王世襄著，袁荃猷制图）三联书店（香港）有限公司，1989年7月第一版（全二卷）。南天书局（台湾），1989年7月出版。生活·读书·新知三联书店（北京），2007年1月第二版（全一卷）。

Connoisseurship of Chinese Furniture（《明式家具研究》英文版）三联书店（香港）有限公司，1990年出版。Art Media Resources（芝加哥），1990年出版。

Masterpieces from The Museum of Classical Chinese Furniture（美国加州中国古典家具博物馆选集，与柯惕思[Curtis Evarts]合编）Chinese Art Foundation（芝加哥和旧金山），1995年出版。

《明式家具萃珍》（王世襄编著，袁荃猷绘图）中文繁体字版，中华艺文基金会（芝加哥和旧金山），1997年1月出版。中文简体字版，上海人民出版社，2005年11月出版。

工艺

《髹饰录解说》 1958年自刻油印初稿本。文物出版社，1983年3月增订本，1998年11月修订再版。

《髹饰录》(〔明〕黄成著，〔明〕杨明注，王世襄编） 中国人民大学出版社，2004年1月出版。

《故宫博物院藏雕漆》(选编并撰写元明各件说明） 文物出版社，1983年10月出版。

《中国古代漆器》 文物出版社，1987年12月出版。

Ancient Chinese Lacquerware（《中国古代漆器》英文版） 外文出版社，1987年12月出版。

《中国美术全集·工艺美术编·竹木牙角器卷》 文物出版社，1988年12月出版。

《中国美术全集·工艺美术编·漆器卷》 文物出版社，1989年2月出版。

《清代匠作则例汇编》(漆作、油作）1962年油印本，尚未正式出版。

《清代匠作则例汇编》(佛作、门神作） 1963年6月自刻油印本。北京古籍出版社，2002年2月出版。

《刻竹小言》(影印本，金西厓著，王世襄整理） 中国人民大学出版社，2003年11月出版。

《竹刻艺术》(书首为金西厓先生《刻竹小言》） 人民美术出版社，1980年4月出版。

《竹刻》 人民美术出版社，1992年6月出版。

Bamboo Carvings of China（中国竹刻展览英文图录，与翁万戈先生合编）华美协进社（纽约），1983年出版。

《竹刻鉴赏》 先智出版事业股份有限公司（台湾），1997年9月出版。

《清代匠作则例》(王世襄主编，全八卷，已出一、二卷） 大象出版社，2000年4月出版。

《中国鼻烟壶珍赏》 三联书店（香港）有限公司，1992年8月出版。

绘画

《中国画论研究》(影印本，全六册）1939–1943年写成。广西师范大学出版社，2002年7月出版。

《画学汇编》(王世襄校辑） 1959年5月自刻油印本。

《金章》(王世襄编次先慈画集并手录遗著《濠梁知乐集》） 翰墨轩(香港)，1999年11月出版，收入《中国近代名家书画全集》，为第 31 集。

《高松竹谱》、《遁山竹谱》（手摹明刊本。同书异名，高松号遁山） 人民美术出版社，1958 年 5 月出版。香港大业公司，1988 年 5 月精印足本。

音乐

《中国古代音乐史参考图片》人民音乐出版社，1954–1957 年出版 1–5 辑。

《中国古代音乐书目》 人民音乐出版社，1961 年 7 月出版。

《广陵散》（书首说明部分） 音乐出版社，1958 年 6 月出版。

游艺

《明代鸽经　清宫鸽谱》（赵传集注释并今译《鸽经》） 河北教育出版社，2000 年 6 月出版。

《北京鸽哨》 生活 · 读书 · 新知三联书店，1989 年 9 月出版。辽宁教育出版社，2000 年 4 月中英双语版。

《说葫芦》 壹出版有限公司（香港），1993 年 8 月中英双语版。

《中国葫芦》 上海文化出版社，1998 年 11 月增订版。

《蟋蟀谱集成》（王世襄纂辑） 上海文化出版社，1993 年 8 月出版。

综合

《锦灰堆：王世襄自选集》（全三卷） 生活 · 读书 · 新知三联书店，1999 年 8 月出版。

《锦灰堆：王世襄自选集》（繁体字版，全六卷） 未来书城股份有限公司（台湾），2003 年 8 月出版。

《锦灰二堆：王世襄自选集》（全二卷） 生活 · 读书 · 新知三联书店，2003 年 8 月出版。

《锦灰三堆：王世襄自选集》 生活·读书·新知三联书店，2005年6月出版。

《锦灰不成堆：王世襄自选集》 生活 · 读书 · 新知三联书店，2007 年 7 月出版。

《自珍集：俪松居长物志》 生活·读书 · 新知三联书店，2003 年 1 月出版，2007 年 3 月袖珍版。

图书在版编目（CIP）数据

王世襄集 / 王世襄著 . -- 北京 : 生活·读书·新知三联书店 , 2013.7 （2024.4 重印）
ISBN 978-7-108-04560-7

Ⅰ . ①王… Ⅱ . ①王… Ⅲ . ①王世襄（1914 ~ 2009）—文集 Ⅳ . ① C53

中国版本图书馆 CIP 数据核字 (2013) 第 142067 号